에마뉘엘 레비나스의 타자철학을 통한 아서 밀러 극의 연구

에마뉘엘 레비나스의 타자철학을 통한 아서 밀러 극의 연구

This Edition was published by Jipmoondang in 2020, Seoul, Korea.

에마뉘엘 레비나스Emmanuel Levinas의 타자철학을 통한 아서 밀러Arthur Miller 극의 연구

윤희억 지음

집문당

윤희억 尹羲億, Heeoyck Yoon

서울 출생으로 한국외국어대학교 영어과를 졸업하고 동 대학원에서 영문학 석사학위를 취득한 후 미국 미주리 주립대학교 대학원에서 영문학 석사 및 박사 학위를 취득했다. 한국외국어대학교 강사를 거쳐 현재는 영남대학교 영어교육과 교수로 재직 중이다. 2002년 영국 케임브리지대학교에서 방문교수로 연구했으며, 2009년 미국 하버드대학교 영문과에서 방문교수로 연구했다. 셰익스피어를 전공하였으며 영문학 관련 논문 다수를 발표했다.

에마뉘엘 레비나스의 타자철학을 통한
아서 밀러 극의 연구

2020년 4월 30일 1판 1쇄

저자 | 윤희억
발행인 | 임동규
발행처 | **(주)집문당**
등록 | 1971. 3. 23. 제2012-000069호
주소 | 03134 서울시 종로구 돈화문로 82, 5층
전화 | +82-1811-7576
이메일 | sale@jipmoon.com
홈페이지 | www.jipmoon.com

ISBN 978-89-303-1866-2 93840

가격 20,000원

이 도서의 국립중앙도서관 출판시도서목록(CIP)은 e-CIP홈페이지(http://www.nl.go.kr/ecip)와 국가자료공동목록시스템(http://www.nl.go.kr/kolisnet)에서 이용하실 수 있습니다.
(CIP제어번호: CIP2020013337)

아내 수정과 딸 현선에게

머리말

국내에서 1980년대에 비롯되어 1990년대에 정점에 이른 후 2000년대 초반까지 포스트모더니즘의 파고가 영미문학비평계를 휩쓸고 있었다. 자크 데리다(Jacques Derrida)에서 시작한 서구철학에 대한 재현과 전복적 통찰을 보고 이러한 이론에 매료되어 여러 영미문학텍스트에 비평적 접목을 시도하였으나 다른 한편으로 포스트모더니즘의 비평적 사고는 내게 서양철학 전반에 대한 엄밀한 재공부를 요구하게 되었다. 그렇지 않고서는 포스트모더니즘의 이론에 짓눌려 나 자신의 목소리에서 나오는 비평을 쓸 수 없다는 생각에 이르게 되었기 때문이다. 그 이후 지난 10여 년을 서구의 형이상학의 전통과 중세철학, 근대 자연과학의 발달과 함께하는 데카르트(Renè Decartes), 칸트(Immanuel Kant) 그리고 헤겔(G.W.F. Hegel)에 이르는 주체 중심의 철학을 심도있게 다시 읽게 되었으며, 나아가 20세기에 들어와 이러한 서구 형이상학 전통 전체와 근대철학의 관념론적 접근을 존재망각으로 보는 실존론적 존재론과 타자철학으로 대변되는 현대철학의 재연구에 특히 많은 시간을 할애하였다.

그동안 서구의 형이상학의 철학적 전통에 대한 전복적 사고를 탐구하면서 쇠렌 키에르케고르(Soren Kierkegaard), 에드문트 후설(Edmund Husserl), 마르틴 하이데거(Martin Heidegger), 장 폴 사르트르(Jean-Paul Sartre), 에마뉘엘 레비나스(Emmanuel Levinas) 등의 철학에 흥미를 갖게 되었다. 그리고 그러한 연구과정에서 특히 레비나스의 타자철학이 아서 밀러의 극에 나타난 윤리적 휴머니즘과 밀접한 상관성을 보여주고 있다는 점을 통찰하게 되었다. 그래서 지난 수년간 레비나스의 타자철학을 통해 아서 밀러의 극에 나타난 타자윤리학을 체계적으로 접목하여 다시 읽어내고자 하는 연구를 해왔다.

그러한 결과물로서 최근 2014년부터 밀러의 대표극들인『모두가 내 아들』(*All My Sons*),『세일즈맨의 죽음』(*Death of a Salesman*),『시련』(*The Crucible*),『다리 위에서 본 전망』(*A View from the Bridge*),『전락 이후』(*After the Fall*), 그리고『비시에서 일어난 일』(*Incident at Vichy*) 등을 레비나스의 타자철학과의 상관성의 관점에서 추적하게 되었고 이러한 주제로 한국영어영문학회, 한국현대영미드라마, 현대영어영문학회, 외국어대학교 영미연구, 신 영어영문학회지 등에 각각 게재하게 되었다. 이와는 별도로 현대철학과 문학의 학제적 접근에 대한 독자들의 관심을 고려하여 테네시 윌리엄즈의『욕망이라는 이름의 전차』(*A Streetcar Named Desire*)를 장 폴 사르트르(jean-Paul Sartre)이『존재아 무』(*Being and Nothingness*)의 철학을 통해 살펴 본 "『욕망이라는 이름의 전차』(*A Streetcar Named Desire*): 사르트르의 타자의 시선과 몸"이라는 논문을 부록으로 싣는다.

2020년 3월 16일

영남대 연구실에서

차 례

아서 밀러

에마뉘엘 레비나스

아서 밀러와 에마뉘엘 레비나스

아서 밀러 Arthur Miller

아서 밀러는 1915년 10월 17일 뉴욕에서 출생했다. 아버지는 의류 제조업을 하였으며, 어머니는 전직 교사였다. 그는 유대인계 중류 가정의 3남매 중 둘째 아들로 태어나 브루클린에서 성장하였다. 그의 소년 시절인 1929년에 경제대공황이 불어 닥쳐 아버지의 사업이 기울어져 가정이 경제적으로 몰락했다. 그는 1933~1934년 고등학교 졸업 후 접시 닦기, 사환, 운전사 등 여러 직업을 전전할 수밖에 없었고, 대학 학비를 벌기 위해 자동차 부품 회사에서도 일했다. 이때 인생의 밑바닥을 체험하면서 자본주의 사회의 기업가의 횡포와 비윤리성, 그리고 열악한 환경에서의 노동자들의 비루한 삶과 실직자들의 경제적 어려움을 목격했다. 그리고 이를 계기로 자본주의의 폐해에 눈뜨게 되고 막시즘(Marxism)에도 관심을 갖게 되었다.

이후 고학으로 1934년에 미시간 대학에 입학하여 저널리즘을 전공하고 대학 신문 기자로도 활동했다. 재학 중에 쓴 몇 편의 희곡으로 상을 받고, 졸업 후 뉴욕 시에서 라디오 드라마를 쓰며, 틈을 내어 희곡 창작을 계속했다. 극작가로 입문하기 전에도 농장에서 일손으로 일하거나 뉴욕항 주변에서 잡역부로 일하면서 다양한 직종의 일을 체험하는데 나중에 이러한 체험이 그의 여러 작품에 소중한 소재가 되었다.

밀러는 입센(Henrik Ibsen)의 사실주의적 사회극에서 깊은 영향을 받으며, 자본주의 사회에서의 개인에 대한 사회의 윤리적 책임과 개인의 사회에 대한 윤리적 책임을 보통사람들을 주인공으로 내세워 그의 작품들에서 구현하고자 했다. 1944년에는 브로드웨이에서 "억세게 운이 좋은 사나이"(The Man Who Had All the Luck)를 발표하여 초연하나 공연 6회 만에 막을 내림으로써 좋은 평은 받지 못했다. 그러나 1947년에 제2차 세계대전 중에 군수납품비리를 저지른 사업가와 아들의 대립을 다룬 『모두가 내 아들』(*All My Sons*)로 비평가 및 관객들의 절찬을 받으며 극작가로서 주목받게 되고, 이 작품으로 1947년 뉴욕 연극 비평가상을 수상했다. 1949년에는 『세일즈맨의 죽음』(*Death of a Salesman*)으로 뉴욕 연극 비평가상과 퓰리처상을 수상함으로써 미국의 가장 대표적인 극작가로 우뚝 섰다. 같은 해 뉴욕 타임스에 평론 "보통 사람과 비극"(Tragedy and the Common Man)을 기고하였고 그 후 다양한 평론을 발표하여 평론가로서로 인정을 받았다.

1953년에는 당시 전 미국을 휩쓸었던 매카시즘의 광기를 신랄하게 비판한 『시련』(*The Crucible*)을 발표했고, 1955년에는 이민 온 브루클린 노동자들의 고단한 삶을 그린 『다리 위에서의 전망』(*A View from the Bridge*)으로 다시 한 번 퓰리처상을 수상했다. 1950년 전후에 미국사회를 몰아친 매카시(McCarthy)의 마녀사냥을 비판한 밀러는 1958년에 미 의회의 고발로 반민특위에까지 서게 되었다. 그는 매카시즘의 광기로 인해 공산주의자로, 마르크스주의자로 매도되는 가혹한 시련을 겪지만 무혐의로 결론이 났다.

밀러는 1940년에 메리 슬래터리(Mary Slatery)와 결혼했으나 1956년 첫 부인과 이혼하고 여배우 마릴린 먼로와 재혼했다. 그러나 그녀의 심리적 불안정이 극도로 심해지며 우여곡절 끝에 1960년에 이혼했다. 1957년에 밀러는 자신의 에세이 선집(Collected Essays)을 출간하고, 장편소설 『부적응자』(*The Misfits*)를 발표했다.

1964년에는 반자서전적인 이야기와 나치의 전체주의를 다룬『추락 이후』(*After the Fall*)와 나치의 잔혹한 전체주의의 공포와 대량학살, 그리고 악의 평범성 문제를 다룬『비시에서 생긴 일』(*Incident at Vichy*)을 발표하지만 당시에 커다란 관심은 끌지 못했다. 밀러는 1980년대 이후 새로운 작품을 발표하기보다는 기존의 작품들을 재공연하는 데 관심을 두었다. 1987년에는 자서전적인 성격의『시간의 굴곡』(*Timebends*)을 출간하고, 1991년에는『모건 산을 내려가다』(*The Ride Down Mount Morgan*)를 출간하여 런던에서 초연했다. 밀러는 2005년 2월 10일 코네티컷 자택에서 심장마비로 사망했다.

에마뉘엘 레비나스 Emmanuel Levinas

에마뉘엘 레비나스는 1906년 1월 12일 리투아니아(Lithuania)의 카우나스(Kaunas)에서 유대인 부모 아래서 태어났다. 그는 탈무드 교육이 강조되는 유대 가정에서 히브리어 성경은 물론이고 톨스토이(Aleksei K. Tolstoi), 도스토예프스키(Fyodor M. Dostoevskii) 등의 러시아 문학 등을 읽으며 성장하였다.

제1차 세계대전이 일어나자 그의 가족은 우크라이나로 이주하였지만, 러시아 혁명 이후 리투아니아로 다시 돌아왔다. 1923년 프랑스로 유학을 떠나 스트라스부르(Strasbourg) 대학에서 철학을 전공했다. 1928년부터 1929년까지는 독일 프라이부르크(Freiburg) 대학에서 후설(Edmund Husserl)과 하이데거(Martin Heidegger)의 강의와 세미나에 참석해 현상학(現象學, phenomenology)을 공부했다.

1930년 다시 프랑스로 돌아와 『후설 현상학의 직관 이론』(La théorie de l'intuition dans la phénoménologie de Husserl)이라는 논문으로 스트라스부르 대학에서 박사 학위를 받았다. 이 논문은 그 해에 바로 출판되었고, 프랑스에 후설의 현상학을 소개하는 데 크게 기여하였다. 박사 학위를 받은 후 프랑스 시민권을 취득했으며, 1932년 오스트리아의 빈(Wien) 출신의 음악가 레이사(Raissa)와 결혼하였다. 이 시기에 그는 파리(Paris)에 있는 유대인 학교인 동방 이스라엘 사범학교(Ecole Normale Israelite Oriental, ENIO)에서 학생들을 가르치면서 후설과 하이데거의 사상을 프랑스에 소개하는 글을 발표하였다.

제2차 세계대전이 발발하자 레비나스는 프랑스군에 지원하여 러시아어와 독일어 통역을 맡았다. 하지만 1940년 독일군에게 체포되어 5년 동안 포로수용소에서 벌목(伐木)을 하며 강제노동에 시달렸다. 그가 수용소 생활을 하는 동안 리투아니아에 있던 가족들이 나치(Nazis)의 대량학살에 희생되는 불행을 겪었다. 그는 수용소 생활 동안에도 철학적 성찰을 계속하여 플라톤(Plato)과 아리스토텔레스(Aristotle) 그리고 중세철학과 이후의 서구 철학의 존재론적 전통을 비판적으로 성찰하고 그가 심대한 영향을 받았던 후설이나 하이데거, 그리고 사르트르의 영향에서 벗어나 독창적인 타자철학을 주창하게 된다. 그 내용은 1947년 『존재에서 존재자로』(*Existence and Existents*)라는 책으로 출간된다.

제2차 세계대전이 끝난 후 레비나스는 1961년까지 동방 이스라엘 사범학교(ENIO)의 교장으로 있으면서 프랑스 내 유대 지식인 콜로키엄(colloquium)을 창설하며 유대주의 재건에 참여했다. 이후 그는 본격적으로 탈무드를 다시 고찰하기 시작하였고, 유대교의 전통은 물론이고 그의 철학의 출발점이었던 현상학에서도 벗어나 자신의 독창적인 사고를 발전시켰다.

장 발(Jean Wahl)(1888~1974)의 철학학교(College Philosophique)에서 강의하였으며, 1946년부터 1947년 사이에 행한 강의의 내용들은 1979년에 『시간과 타자』(*Time and the Other*)라는 저서로 출간되었다. 1961년에는 쁘아띠에(Poitiers) 대학에서, 1967년에는 낭떼르(Nanterre)의 파리 10대학(Université Paris X)에서, 그리고 1973년부터 1978년까지는 소르본 대학(Université de Sorbonne)에서 후학을 양성하였다. 1979년 이후에는 교수직에서 물러나 책을 저술하는 데에만 전념

하였으며, 1995년 12월 25일 프랑스 파리에서 사망했다.

레비나스는 언제나 타자로서 유럽의 여러 문화를 거치며 다양한 체험을 하였다. 러시아의 변방 리투아니아에서 유대인으로 태어나, 후설과 하이데거의 독일 철학에 매료되었고, 결국 프랑스에 정착하여 프랑스에서 활동하며 저술활동을 했다. 이는 레비나스로 하여금 주인이 아닌 손님, 아니 이방인의 시각에서 서구 철학의 전통을 비판적으로 성찰할 수 있게 하였다. 그리고 그가 유대인으로서 겪었던 제2차 세계대전의 폭력성은 한나 아렌트(Hannah Arendt)가 말한 우리 모두의 악의 평범성에 대한 윤리적 성찰로 나아갔으며, 여기에서 그의 타자철학이 내생되고 발전된다.

레비나스는 서구 형이상학의 철학적 전통의 뿌리를 전복시키며 현대 문명의 전체주의적 폐해를 극복할 수 있는 새로운 윤리학을 정초하려고 했다. 레비나스의 "윤리학은 존재론에 앞선다"(Ethics precedes ontology)." 그리고 서구 철학의 전통에 대한 전복적 사고는 자크 데리다(Jacques Derrida)에서 시작하는 포스트모더니즘(postmodernism)의 파고에 기폭제를 마련해 주었다.

그의 주요 저작들로는 『존재에서 존재자로』(*Existence and Existents*), 『존재와 다르게』(*Otherwise Than Being*), 『전체와 무한』(*Totality and Infinity*)(1961), 『시간과 타자』(*Time and the Other*), 『윤리와 무한』(*Ethics and Infinity*) 등이 있다.

아서 밀러와 에마뉘엘 레비나스

대부분의 비평가들은 아서 밀러(Arthur Miller)의 초기 극들인 『모두가 내 아들』(*All My Sons*)과 『세일즈맨의 죽음』(*Death of a Salesman*)에서는 개인의 정체성과 자아인식의 발달에, 중기 극들인 『시련』(*the Crucible*)과 『다리 위에서 본 전망』(*A View from the Bridge*)에서는 동일성의 폭력과 타자의 마녀화에, 그리고 후기 극들인 『전락 이후』(*After the Fall*)와 『비시에서 일어난 일』(*Incident at Vichy*)에서는 제2차 세계대전 하에서 현대의 인간이 처한 나치의 전체주의적 폭력성에 주목했다(편의상 여기에서는 1940년대, 50년대, 60년대에 밀러가 쓴 주요 극들에 한정하여 전기, 중기, 후기 극들로 구분했음을 밝힌다).

이러한 비평적 전통은 1960년대 이후 현재에 이르기까지 크게 달라진 기류를 보여주지 못하고 있다. 한때 부조리극의 위세에 눌려 1980년대 이후 정체 상태를 보여준 밀러 극에 대한 비평은 새로운 시각의 통찰이 필요한 시점이다. 그러한 점에서 기존 비평과 달리, 본 저자는 밀러의 극에 나타난 자본주의 사회의 동일성의 문제를 나아가 전체주의적 폭력성의 문제를 에마뉘엘 레비나스(Emmanuel Levinas)의 타자 철학의 관점에서 접근해 보고자 한다. 왜냐하면 밀러가 그의 극에서 정초하는 윤리체계가 같은 유대인으로서 동시대를 살았던 레비나스의 윤리 철학에 관통된다는 사실은 주목할 만하기 때문이다. 이러한 접근 방법은 학제간의 융합적 사고를 통해 밀러 극에 대한 해석에 새로운 지평을 열어줄 수 있다고 믿는다.

밀러와 레비나스는 각기 비슷한 시대를 살면서 제2차 세계대전의 나치의 전체주의와 홀로코스트의 비극 등을 목격하면서 인간의 잔악성에 대해 분노하였다. 그리고 종교의 힘만으로는 이러한 악이 치유되지 못한다는 데 깊이 회의했다. 하지만 그들은 신이 부재한 이 부조리한 세계에서 카뮈(Albert Camus)와 카프카(Franz Kafka)처럼 실존주의적 절망에 주저앉지 않았다. 밀러는 이 세계에 만연하고 있는 인간의 이기주의와 전체주의적 폭력의 극복을 기독교적 신이 아니라, 절대적 윤리성의 회복에 의한 타자에 대한 배려에서 찾았고, 레비나스도 타자를 개인의 착취 대상에서 벗어난 독립된 초월적 존재로서 보는 타자철학을 통해 이러한 절망을 극복하고자 하였다.

레비나스에 관한 한 윤리는 비판이다. 윤리는 모든 타자성을 그 자체로 환원시키고자 하는 자아의 인식의 제국, 동일성의 제국을 문제 삼는 것이다. 윤리는 타자의 위치를 재위치화시키는 것이며, 동일성으로 환원될 수 없는 외재성(exteriority)이라고 부르는 것이다("Introduction" Simon Critchley 15). 레비나스는 이에 대해 이렇게 말한다.

> To be good is a deficit, waste and flooshness in a being; to be good is excellence and elevation beyond being. Ethics is not a moment of being; it is otherwise and better than being, the very possibility of the beyond(Sean Hand "God and Philosophy" 179)

> 성스러움은 존재에 있어서 적자도, 낭비도, 어리석음도 아니다. 성스러움은 존재 저 편의 고양이며 탁월성이다. 윤리는 존재(하이데

거적 존재, 내던져진 존재)의 한 순간이 아니며, 그것은 존재와는 다른, 훨씬 나은 것인, 바로 저 편(초월)의 가능성이다.

레비나스가 "윤리를 제1철학"이라고 했다면, 청교도적 도덕주의자로 알려진 밀러도 그의 극에서 윤리를 제1철학으로 삼고 있다고 볼 수 있다. 레비나스가 줄곧 펼쳐온 타자철학은 동일성의 폭력을 통해 타자를 마녀화하는 전체주의에 대한 밀러의 통렬한 비판과 일치한다. 우선 레비나스와 밀러가 공유한 유대인의 혈통과 나치의 전체주의적 폭력과 반유대주의에 대한 저항 그리고 성장 과정에서의 그들의 종교적, 문학적, 철학적 배경을 제시하고자 한다.

첫째, 성장 과정에서의 문학적 영향

고등학교 시절 레비나스는 톨스토이(Leo Tolstoy), 도스토예프스키(Fyodor M. Dostoevskii), 투르게네프(Ivan S. Turgenev) 등의 러시아 작가들의 영향을 크게 받는다. 특히 레비나스는『카라마조프의 형제들』(*The Brothers Karamazov*)의 "우리 모두는 죄인이다. 그리고 나는 타인보다 더 큰 죄인이다."라는 구절에서 큰 감화를 받는데, 그 자신이 타자에 대한 책임과 대속을 논하면서 이 구절을 인용한다(Seán Hand "God and Philosophy" 182). 숀 핸드(Seán Hand)는 레비나스가 가장 인용하기 좋아하는 구절이라고 말한다("Introduction" 1).

고등학교 시절에 밀러도 도스토예프스키의『카라마조프의 형제들』에서 깊은 영향을 받았다고 회고한다(Nelson 19, Miller "The Question of Relatedness" 8). 특히 그러한 영향은 그의 작품에서 아버지와 아들의 갈등 문제와 신의 문제에 대한 고뇌를 깊이 있게 다룬다는 데에서 드러난다 .『전락 이후』(*After The Fall*)에서 밀러가 퀜틴(Quentin)을 통해 드러내는 "우리 모두가 죄인"(Neither of us is innocent)(109)이라는 도덕적 죄의식은 바로 레비나스가 그의 타자철학에서 일관되게 강조한 윤리이다. 레비나스와 밀러가 젊은 시절 접했던 도스토예프스키를 비롯한 작가들의 작품들은 후일 한 사람은 철학자로서, 또 한 사람은 극작가로서 윤리 체계를 정립하는 데 큰 영향을 미쳤다고 볼 수 있다.

둘째, 유대인 혈통과 유대교 신앙

우선 레비나스와 밀러가 공유한 유대인의 혈통과 성장 과정은 그들의 삶의 철학에 지대한 영향을 미쳤지만 또한 그것을 넘어선다. 레비나스는 유대교의 종교적 영향 하에서 성장하였지만, 그의 사고는 편협하게 거기에 예속되지 않았다. 성경과 탈무드와 토라의 유대적 유산없이 레비나스의 사상을 생각할 수 없지만, 그래도 그를 단순히 유대인 철학가로 규정지어서는 곤란하다. 그는 자신이 유대 사상가가 아니라 사상가일 뿐이라고 말했다. 레비나스는 철학가인 동시에 유대인이었던 것이다(Simon Critchley 22).

레비나스는 아브라함(Abraham)의 "여기 있사옵니다"(Here I am)를 구약에서의 신에 대한 엄격한 순종의 의미로 보지 않고 타자에 대한 무조건적인 승복의 기호로 본다. "여기 있사옵니다"라고 말하는 수동성은 자아의 박탈이며, 자기 동일화의 은밀함으로부터 자아의 벗어남이며, 이미 타자에게 보낸 기호이며, 회피할 수 없음의 기호이며, 대신될 수 없음의 기호이다(*Otherwise Than Being* 145). 레비나스는 성경의 계시의 신비와 믿음의 경험에 의존할 수 없었다. 레비나스의 유다이즘은 극도로 유대전통의 신비주의에 적대적이었다. 유대인이면서도 그가 그의 주저인『전체와 무한』(*Totality and Infinity*)에서 이성에 대한 믿음에 바탕을 두며 유대 성전의 기록보다는 플라톤의 대화편에 의존한다는 점이 그러한 면을 보여준다("Introduction" 23).

자크 데리다(Jacques Derrida)가 암시하고 있는 것처럼, 밀러와 레비나스는 구약에서의 신께 복종하여 아브라함이 이삭을 제물로 바치는 것과 신약의 누가복음에서 예수가 "무릇 내게 오는 자가 자기 부모와 형제와 자매 및 여자의 목숨까지 미워하지 아니하면 나의 제자가 되지 못하고"(Luke 14:26)라고 말한 것에 대해 인간으로서 받아들이기 힘든 것으로 본다(*The Gift of Death* 64). 비록 이 말이 자기의 모든 소유를, 모든 육친적인 것을 버리고 하나님에 대한 사랑을 최우선에 둘 것을 의미한다고 할지라도, 그들의 입장에서 사랑하는 사람들의 살인은 비인간적이고 비윤리적인 것임을 부인할 수 없는 것이다. 그들은 마태복음 5장에서 심령이 가난한 자(the poor), 애통하는 자(those who mourn), 온유한 자(the meek), 의에 주리고 목마른 자(those who hunger and thirst for righteousness), 긍휼히 여기는 자(the merciful), 마음이 청결한 자(the pure in heart), 화평케 하는 자(the peacemaker), 의로움으로 박해 받는 자(those who are persecuted for righteousness)들이 천상에서 보상받는다는 것에 만족하지 않는다. 그들은 이러한 약자들이 이 사회에서 의롭게 환대받기를 바라는 것이다.

레비나스처럼 밀러는 이러한 유대적 기독교의 엄격한 계율은 사랑의 윤리를 중시하는 유대-기독교 정신과 모순됨을 본다. 그러므로 밀러와 레비나스는 구약에서 아브라함이 자기가 가장 사랑하는 자식을 제물로 바치는 신앙은 거부하고 유대적 기독교 전통의 사랑의 윤리에서 더 나아가 타자를 위해 자신을 죽이는 주체의 살인을 요구한다. 아브라함이 아들을 너무 사랑해 그를 죽이는 것이 자신의 의사에 반(反)함에도 이를 극복해 낸 것처럼, 레비나스는 자신을 죽이는 것이 자신의 의사에 반함에도 이를 거역하고 타자를 자기 앞에 세워야 한다고 주장한다.

레비나스는 타자의 돌봄을 종교의 차원으로 끌어올린다. 자신의 이기적인 향유를 벗어나 자신의 타자에로의 노출은 자신에 반하여 자기로부터 빼내어 자신의 입에서 빵을 뱉어내는 것, 지갑을 여는 것을 넘어서 대문을 여는 것(걸식자와 함께 너의 빵을 나누라, 너의 집에 비참한 이를 들여라: 이사야서 58)에 기반을 둔다(*Otherwise Than Being* 74-5).

레비나스는 유대교의 종교적 차원을 넘어 타 인종, 타 문화에 대해서도 사랑과 화해 정신에 기초한 휴머니즘을 강조하였다(레스쿠레 156). 레비나스는 유대-기독교의 신과 종교를 보다 윤리적 휴머니즘의 관점에서 이해하고자 한다. 그는 기독교적인 신과 형이상학적인 신과도 거리를 두어 타자를 형이상학적 진리의 거처로 규정하며 신과 나와의 관계에 필수적 요소로 세운다(*Totality and Infinity* 79).

레비나스처럼 밀러도 엄격한 유대적 교리에 갇혀 있지 않았으며 기독교적인 신을 굳이 내세우지도 않았다. 루비 콘(Ruby Cohn)은 밀러의 극은 주로 그의 유대적 배경에 의존하고 있다고 말하고(45), 해럴드 블룸(Harold Bloom)은 밀러의 윤리적 비전이 거의 랍비적(rabbinical)이라고 말한다("Introduction" Arthur Miller 1-6). 그럼에도 불구하고, 밀러에게 종교란 유대 기독교적 전통과는 거리를 둔 휴머니즘에 가까운 어떤 것이다.

그런 점에서 레비나스와 밀러는 공히 성경, 탈무드, 토라 등의 유대교 유산을 상속했음에도 종교적 차원을 넘어 폭넓은 인간애를 중시하는 휴머니즘을 이상으로서 추구하였다. 그들은 기독교인들이 유대-기독교적 전통을 초월하여 범인류의 형제애가 구현되는 사회를 희망했다. 곧 데리다가 말하는 "규정된 동일성의 전체성"(a finite totality of the same)(107)을 현실 세계에서 철저히 극복하고자 했다.

셋째, 실존주의 철학의 배경

독일 유학 시절 레비나스는 후설(Edmund Husserl)의 현상학과 하이데거(Martin Heidegger)의 실존론적 존재론에 영향을 받았다. 하지만 그 후 하이데거 철학의 영향에서 벗어나 독자적인 타자철학을 발전시킨다. 레비나스는 후설의 의식의 현상학이 지향성이론을 통해서 시선을 현실의 역사적인 현장으로 돌렸지만 의식에게 대상을 통합하는 능력을 부여함으로써 칸트(Immanuel Kant)의 관념론에서 완전히 탈피하지 못했다고 본다.

레비나스는 후설이 지향성 이론은 여전히 사물 그 자체로부터는 분리되었다고 하더라도 대상을 객관화하는 행위인 재현에 기초한다고 말한다(Sean Hand "Ethics as first philosophy" 78). 레비나스는 하이데거가 말하는 것처럼 이 지상에서의 우리의 현존을 인간 사이의 이기적인 관계, 즉 도구적 관계로 보지 않는다. 레비나스는 하이데거가 타자를 존재론에 예속시킴으로서 타자에 대한 근원적인 근접을 하지 못한다고 본다(*Totality and Infinity* 89). 그리하여 레비나스는 인간이 처한 상황을 부조리한 세계로 보는 실존주의적 관점을 거부한다.

나아가 현실을 절망적으로 해석하려는 사르트르(Jean-Paul Sartre) 등의 실존주의 철학자들과도 거리를 둔다. 레비나스는 "사르트르의 경우 타자와의 만남은 나의 자유를 위협하고, 또 다른 어떤 자유의 시선 속에서 내 자유가 약화되는 것과 같다"고 말한다. 그는 사르트르에게 자유는 타자와 더불어 멈추는 것 같다고 말한다(*Totality and Infinity* 338; 미카엘 쉐롱 73-4).

밀러도 당시 풍미하던 하이데거, 사르트르, 카뮈 등의 실존주의적 철학의 전통을 알고 있었다. 그러나 실존주의 철학에 암암리에 영향을 받은 사무엘 베켓(Samuel Beckett), 외제느 이오네스코(Eugene Ionesco), 해럴드 핀터(Harold Pinter) 등의 부조리극들과는 거리를 둔다. 밀러는 이러한 절망의 극, 소외의 극은 예술이 저항하고자 하는 세력에 암묵적으로 결탁하는 것일 수 있다고 본다(Bigsby "Introduction" 4-5). 밀러는 재닛 발라키언(Janet Balakian)과의 대담에서 사람들이 삶의 무의미성을 환호하려 하면 결국 파시즘이 닥치게 된다고 말하며, 그러한 점에서 그들의 철학에 다소 불편해 했던 것은 사실이라고 말한 바 있다("A Conversation with Arthur Miller" 491).

밀러는 부조리한 인간 조건에 대한 무기력한 절망에 반대하며 인간애의 회복에 의해 이를 변화시킬 수 있다고 믿는다. 그렇지 않으면 극은 역겨움과 환멸과 절망의 패턴을 되풀이하는 운명을 지닐 수밖에 없다고 본다("Morality and Modern Drama" 208). 밀러가 보여주는 도덕철학은 주체가 함몰되는 하이데거의 존재론적 철학도, 희망이 엿보이지 않는 절망 속에서 책임을 강조하는 사르트르의 고립된 주체 철학도, 사회 현실의 부조리성을 강조하는 카뮈의 철학도 아닌 레비나스의 타자철학 체계와 긴밀한 상사성(相似性)을 보인다.

넷째, 나치의 전체주의적 폭력과 반유대주의

레비나스는 제2차 세계대전 초기 전쟁에 참여하여 통역관으로 근무하였으며, 전쟁포로로 잡혀 4년간 옥고를 치른다(레스쿠레 174). 그후에도 프랑스에서 교수직에 있으면서 나치 정권의 반유대주의가 유럽에 휘몰아쳤을 때 생명의 위협을 느끼며 산 적이 있다. 레비나스는 나치 정권은 인간으로부터 선택의 자유와 사상의 자유, 즉 인간의 존엄성 자체를 박탈했다고 정의 내린다(레스쿠레 164). 밀러 역시 제2차 세계대전 당시 전쟁 상황을 직접 체험했으며, 이 때 채집된 이야기를 *Situation Normal*에 담아냈다(Sheila Huftel 34-5; Benjamin Nelson 53-55). 또한 뉘른베르크 전범 재판(Nürnberg War Trials)을 직접 지켜보았으며, 나치 정권의 유대인에 대한 대학살의 만행을 보고 느낀 전율과 환멸은 그의 극들에 투영되어 있다.

하지만 레비나스와 밀러는 나치정권의 가공할 폭력이 가져온 절망과 환멸에 무릎을 꿇지 않고 이러한 비극을 딛고 일어설 윤리체계를 구축하고자 했다. 레비나스는 나치의 전체주의적 폭력의 비극에서 벗어나기 위한 인간성의 회복을 그의 타자철학에서 강조하고, 밀러도 도덕주의자로서 동일성의 폭력을 넘어선 타자에 대한 배려와 사랑의 윤리학을 강조한다.

다섯째, 타자철학으로서의 윤리학

레비나스는 윤리로부터 신을 사유한다. 그는 인간과 신의 관계에서 신의 거룩함을 보려하지 않고 인간과 인간의 관계에서 신의 성스러움을 보려한다. 기존 형이상학의 전통에서 윤리는 언제나 가장 기본적이라는 존재론적 층위로 여겨졌다. 그렇게 윤리는 곧바로 동일자에, 자기와 동일적인 것에 의거하는 것이었다. 그러나 윤리는 세계, 동일자, 동일자의 인식에 의거하지 않고 의미를 줄 수 있다. 레비나스에게 앎은 타자를 향해 스스로를 초월하는 것이고, 동일자로부터 타자로 나가는 것이다. 레비나스에게 타자는 비가시적인 것으로서 채우기를 기대할 수 없다. 그것은 담을 수 없는 것이고, 주제화할 수 없는 것이다. 그것은 무한한 초월이다.

윤리는 타인과의 관계, 이웃과의 관계다(이웃의 근접성은 공간적 의미에서 이해될 수 없다). 이웃이란 타인이며 최초로 온 자이다. 이 관계는 타인에 대한 책임의 근접성이다. 레비나스에 따르면 타인은 나를 포위하여 나를 볼모로 삼는 자로서 이 자아는 자신의 자리를 잃고 존재의 조건을 넘어서는 지점에까지 문제시된다. 이것이 동일자 안의 타자의 두드림이다. 이것은 이웃에 대해 깨어나는 깨어남이다. 중요한 것은 동일자 안에 타자가 빚는 이질성, 타율성(heteronomy)을 사유하는 것이다. 이 이질성 속에서 타자는 동일성을 극복시키는 것이 아니라 동일자를 일깨운다.

레비나스의 철학은 타자철학이라 불린다. 타자 윤리학이란 타자의 관점의 위치화이다. 크리칠리(Critchley)는 레비나스가 타자가 군중 속에 "익명의 얼굴"(a faceless face)이 되고, 누군가의 삶과 죽음이 타자에게 무관심의 대상이 되는 현대 사회를 우려한다고 지적한다(13). 레비나스는 우리 사회의 상호관계가 타자와의 윤리적 관계에 의해 강조되지 않으면, 최악의 결과가 올 것이라고 말한다. 그러므로 인간성의 회복을 위해 레비나스는 가치의 체험의 윤리학이 아닌, 타자에게 다가가는 타자철학을 강조한다(*Difficult Freedom* 293).

비평가들의 지적처럼, 밀러도 그의 작품과 극론에서 도덕성을 제1 원칙으로 강조해 온 인물이다. 빅스비는 400여 쪽에 달하는 밀러의 극론 대부분이 사실상 윤리적인 논의라고 본다(*Twentieth- Century American Drama* 158). 그는 나치 정권의 잔악한 폭력과 유대인들이 겪은 비극과는 별도로 인간의 잔악성은 우리 모두의 보편적인 문제라고 본다("Shadows of the Gods" 235-6). 그러므로 비극에는 이 세상에서 올바로 사는 길을 제시해 주는 윤리성이 담겨 있어야 한다고 말한다("The Nature of Tragedy" 156).

앞서 살펴본 바와 같이, 레비나스는 그의 철학에서, 그리고 밀러는 그의 비극에서 현대의 기계화된 자본주의 사회와 전체주의적 폭력세계가 가져온 절망을 딛고 일어설 윤리 체계를 정초하고자 하였다. 레비나스와 밀러는 각각 인간의 마음속에서 잔혹한 악의 보편성을 보며, 첨예한 자본주의 경쟁사회와 나치의 전체주의적 폭력이 낳은 비극에서 벗어나는 인간성 회복의 처방을 그들의 타자철학의 윤리를 통해 구현한다. 이제부터는 본론에서 이러한 점에 초점을 맞추어 아서 밀러의 주요 극들을 분석해 보고자 한다.

레비나스의 타자철학을 통한 아서 밀러의 『모두가 내 아들』의 고찰:
동일성의 폭력과 타자의 망각의 문제

아서 밀러의 『세일즈맨의 죽음』: 레비나스의 타자철학을 통해 본
윌리의 두 세계, 동일성의 경제, 그리고 타자의 망각

레비나스의 여성성과 모성 개념을 통해 본
『세일즈맨의 죽음』에서의 린다의 여성성과 모성의 연구

아서 밀러의 『시련』: 레비나스의 타자철학을 통해 본
동일성의 유령과 타자의 마녀사냥

『다리 위에서 본 전망』:
아서 밀러의 윤리 체계와 레비나스의 타자철학의 상관성 연구

아서 밀러의 『전락 이후』와 레비나스의 타자철학:
전체주의의 동일성의 폭력, 타자의 얼굴 그리고 타자의 망각

아서 밀러의 『비시에서 일어난 일』:
레비나스의 타자철학을 통해 본 전체주의의 폭력과 타자의 망각

아서 밀러의 극에 나타난 얼굴의 형이상학과
에마뉘엘 레비나스의 얼굴 철학

레비나스의 타자철학을 통한 아서 밀러의 『모두가 내 아들』*All My Sons*의 고찰: 동일성의 폭력과 타자의 망각의 문제

I. 서론

아서 밀러의 초기 극들은 개인의 정체성 위기와 사회와의 관계에, 그리고 이후 극들은 전체주의의 폭력과 타자의 문제에 초점을 맞추고 있다고 해석되어 왔다.[1] 배리 그로스(Barry Gross)는 이러한 규정적 해석에 이의를 제기한다. 그는 『모두가 내 아들』(*All My Sons*)은 주인공의 전쟁의 사익 추구(War-profiteering)에 대한 비판으로, 그리고 『세일즈맨의 죽음』(*Death of a Salesman*)은 주인공의 자본주의 세계에 대한 비판으로 단선화하여 읽을 수 없다고 말한다(63). 초기 극들에 대한 이러한 해석은 자연적으로 전쟁 중 불량 부품 군납으로 사익을 추구한 조 켈러의 정체성의 문제에, 그리고 외판 업계에서의 성공을 위해 부도덕한 행위마저 수용하게 되는 윌리의 정체성의 문제에 초점을 맞추게 된다는 것이다.

---

1) 로버트 코리건(Robert W. Corrigan)은 밀러의 초기 극들인 『모두가 내 아들』과 『세일즈맨의 죽음』은 주인공들의 정체성의 위기에 초점을 맞춘다고 보고(2-7), 제럴드 윌즈(Gerald Weales)는 아버지와 아들 사이의 가족 간의 갈등을 주된 극적 구조로 삼는다고 본다(334-335). 빅스비(C. W. E. Bigsby)는 개인과 사회와의 관계에 주목했다고 평한다(246-247). 이들 모두는 초기 극들에서의 정체성의 위기가 이후의 극들에서는 타자의 위기로 진화되어 간다고 보는 데에는 의견이 일치한다.

이와 관련하여 오옴 외버랜드(Orm Överland)는 밀러의 극에서의 이질적 요소의 혼합에 주목한다. 그는 사회적인 것과 심리적인 것의 충돌과 대립이 극적 통일성을 해치고 있다고 보는 비평가들과 개인 심리와 사회적 동기가 절묘하게 균형을 유지하고 있다고 보는 비평가들이 갈려있다고 말한다.[2] 외벌랜드는 밀러가 복합적인 요소의 대립과 갈등이 있는 극적 형식 속에서 개인의 정체성과 가족의 범주를 벗어나 사회라는 주변 환경 속에서의 인간관계를 조명하고자 했다고 본다.

밀러의 극은 가족 관계를 사회적 관계로 확장하여 그려내며, 이 둘이 충돌하는 지점에서 보다 심도있는 의미의 휴머니즘을 제시한다. 밀러는 이 세상이 서로가 익명으로 살아가는 무정한 세계로 변질되고 있음을 경계하며, 타자를 환대하는 하나의 가정이 되어야 한다고 말한다. 밀러의 궁극적인 목적은 "어떻게 인간은 그 자신을 위해 광대한 낯선 자들의 세계에 하나의 가정을 만들어 낼 수 있으며, 어떻게 그러한 광대한 세계를 하나의 가정으로 전환시킬 수 있을까?"("The Family in Modern Drama" 85) 하는 문제를 모색하는 데 있었다.

밀러의 초기 극들의 해석에서 자주 언급되는 낱말들은 정체성, 자아, 가족, 사회, 관계 등이다. 밀러의 극에서 주인공 "나"의 정체성은 모든 사회관계에 있어서 최우선 순위를 가지며, 나 이외의 외부 세계는 타자 개념 대신 사회 공동체라는 다분히 뭉뚱그린 말이 대용되었다. 사회관계 속에서의 주인공의 정체성에 초점을 맞춘 비평은 그가 누구인가에 대한 물음으로부터 시작한다. 그가 누구인가에 대한 물음은 그의 이름은 무엇인가, 그가 어떠한 출신인가, 그의 직업은 무엇인

---

2) 양분된 논의에 대해서는 78 참조.

가에 대한 물음이다. 이 세상의 모든 것을 판단하는 주체의 인식론적 관점에서 사회의 또 다른 나인 타자라는 개념은 상당히 낯설게 되었다.

본질적으로 조 켈러(Joe Keller)의 농경시대의 가족 중심의 철학은 한 뿌리라는 동일성의 개념에 기반을 두고 전환기의 시대에 도시에서의 삶에서도 그러한 철학은 공고히 유지된다. 가족을 넘어서는 외부세계, 즉 타자의 세계에 대해서는 울타리를 쳐 경계선을 만든다. 이 극에서 밀러가 문제 삼고 있는 것은 바로 이러한 타자에 대한 배제요, 망각이다.

『시련』(*The Crucible*) 극 이후 밀러가 타자의 문제를 더 부각시킨다는 것은 부인할 수 없는 사실이다. 하지만 타자의 문제는 초기 극에서부터 그의 중심 주제였다. 밀러는 악의 실존을 고려하지 않고서는 인간의 의지의 문제가 의미 있게 진화되어 갈 수 없다고 말한 바 있다("Morality and Modern Drama" 211). 그렇다면 이 극에서 조 켈러를 자본주의 시대의 전형적 악인으로 그려낸 까닭은 밀러가 조와 크리스(Chris)의 가치관을 대치시켜 후자가 지향하는 타자를 망각하지 않는 사회를 조명하고 싶어 했기 때문이다.[3)]

이 극에서 조는 "만사를 무시하는 성벽"(16)(a talent ignoring things)이 있는 인물로 묘사된다. 여기서 "만사"를 무시하는 성벽은 자기 주체에 반하는 일은 안중에도 두지 않는 태도를 지적하는 것이다. 실라흘

---

3) 그런 점에서 스티븐 센톨라(Steven R Centola)를 비롯한 일부 비평가들이 현실의 실상과 동떨어져 보이는 크리스의 아버지에 대한 냉혹한 비판과 이상주의도 조 켈러의 그릇된 기업 윤리관만큼이나 죄가 있다고 보는 것은 타당해 보이지 않는다(131). 왜냐하면 밀러가 크리스를 조와 대립되는 인물로 그려내는 것은 조와 함께 크리스의 이상주의를 비판하려고 한 것이 아니라, 이들의 긴장과 대립 속에 인간이 서로 공존하는 하나의 가정 같은 세계에 대한 꿈을 극화해 내려 했다고 보아야 하기 때문이다.

텔(Sheila Huftel)은 이 극에는 "만사"를 피하려는 자들과 직면하려는 자, 그리고 의도적으로 눈감는 자와 보려고 하는 자들이 대치되고 있다고 본다(33). "만사"에 눈감는 자들은 타자를 망각하는 자들을 말하는 것이다.

밀러는 "사회는 인간 내부에 존재하며, 인간은 사회 내에 존재한다" ("the Shadows of the Gods" 185)고 말한 바 있다. 그런데 그 사회에서 우리가 직면하는 삶은 "정글 같은 실존"(a jungle existence)이며, 우리가 존재하는 사회는 "무관계성의 성채"(the fortress of unrelatedness)라는 것이다("Introduction to *Collected Plays*" 19). 밀러는 실존적 인간의 무관계성은 동일성의 폭력과 타자의 망각에 기인한다고 본다.

『모두가 내 아들』(*All My Sons*)에서는 동일성의 폭력과 타자의 망각을 극복하고자 하는 밀러의 윤리 철학이 레비나스의 타자철학과 상당 부분 맥을 같이 하고 있다는 데 주목하고자 한다. 왜냐하면 밀러와 레비나스는 각각 유대교의 화해 정신에서 인류의 이상인 휴머니즘을 발견하였으며, 동질성의 폭력과 타자의 망각 문제를 그들의 윤리체계의 핵심으로 다루었기 때문이다.

밀러는 그의 극에서, 그리고 레비나스는 동일성과 타자 문제를 그의 윤리철학의 제1체계로 삼는다. 레비나스는 "윤리학은 철학의 한 분과가 아니라 제1철학이다"(Morality is not a brach of philosophy, but first philosophy)라고 규정한다(*Totality and Infinity* 304). 『전체와 무한』(*Totality and Infinity*)에서 그는 타자를 동일성으로, 다원성은 전체성으로 환원시키고자 하는 철학적 사고를 문제 삼는다(a philosophical thought which reduces the Other to the same and the multiple to the totality)(294). 레비나스는 타자들 전체 속의 동일성의 구소에 읍

수하려는 것은 폭력, 전쟁, 관료주의 없이는 불가능하다고 말한다. 레비나스는 진리를 사랑하는 철학은 내가 주제화한 존재자와는 구분된 존재자인 타자를 그 자체로서 동경하며, 자율성(autonomy)에 상반되는 타율성(heteronomy)이라고 하는 형이상학(metaphysics)을 추구한다고 말한다("Signature" *Difficult Freedom* 294). 이와 같이 레비나스가 그의 철학에서 "타자의 망각"을 문제 삼았다면(Simon Critchley 19), 밀러는 이 극에서 타자의 망각을 본격적으로 문제 삼는다.

그러한 맥락에서 이 극을 레비나스의 타자철학의 관점에서 살펴보고자 하는데, 이 극에 나타난 타자의 망각을 해석해 내기 위해 비평가들이 사용한 개인의 정체성(identity)과 사회라는 대립된 개념 대신 동일성(the same)과 타자(the other)라는 개념을 차용하고자 한다.[4] 왜냐하면 개인의 정체성의 집합체인 사회는 개인의 개별성이 정제된 집단적인 질서의 의미를 포함하고 있기 때문이다. 밀러가 지향하는 사회의 개념은 이질적인 것의 동일성 속으로의 틈입을 두려워하는 기존 이데올로기의 통합된 사회의 개념이 아니라 이질적인 것들이 서로 함께 어우러지는 개인의 차별적 독립성이 보장된 사회의 개념인 것이다. 그러므로 이 극의 해석에 있어서 집단적 의미가 함축된 사회 개념보다 개별적 특이성을 강조한 타자의 개념을 적극 사용하도록 할 것이다. 이러한 방법론은 개인의 정체성의 위기와 자아인식의 문제를 논파한 비평들보다 좀 더 포괄적으로 동일성과 타자의 문제, 나아가 타자의

---

4) 자크 데리다(Jacques Derrida)는 서구의 형이상학이 '정체성'(identity), '동일성'(the same), '자아'(the ego)를 주관주의 철학의 견지에서 구별하여 사용하는 듯하지만, 기실은 '정체성'은 '동일성'의 다른 말이며, '자아'에 상응하는 말임을 레비나스의 철학을 인용하며 밝힌다(109-110).

망각의 문제를 성찰케 해 줄 수 있다고 믿기 때문이다.

II. 현대 사회의 신의 죽음과 불확실성

1막에서 조 켈러(Joe Keller)와 아내 케이트(Kate), 그리고 아들 크리스(Chris)는 소도시 교외에 살고 있다. 이웃에는 짐 베이리스(Jim Bayliss)와 수(Sue) 부부와 프랭크 루비(Frank Lubey)와 리디아(Lydia) 부부가 살고 있다. 정원에서 조는 이들과 세상 돌아가는 이야기를 나누기도 하고, 이웃 아이와 경찰놀이를 하기도 하는 한가로운 일상을 보낸다.

에드워드 머리(Edward Murray)는 조의 가족과 스티브 디버(Steve Deever) 가족을 제외한 부수적인 인물들을 평면적인 인물들로 규정하고, 프랭크는 굳이 필요한 인물로도 보지 않는다(58). 데니스 웰런드(Dennis Welland)는 버트(Bert)는 불필요하며, 루비 가족도 본질적인 줄거리에 거의 기여하는 바가 없다고 본다(96). 머리와 웰런드의 지적처럼, 짐 부부와 프랭크 부부, 그리고 버트의 역할은 본질적으로 필요해 보이지 않는 것도 사실이다. 밀러는 2막에서의 긴장 고조를 위해 교외 소도시의 평화로운 일상 속의 권태감을 강조하였다고 말하는데("Introduction to *Collected Plays*" 18), 이러한 권태감의 환기가 극적 진행을 느리게 보이게 하는 까닭이라고도 볼 수 있다.

하지만 이 극에서 짐, 프랭크, 버트의 역할은 결코 비본질적이지 않다. 왜냐하면 1막에서의 짐 부부와 프랭크 부부 그리고 버트의 등장은 2막에서의 조의 가족과 스티브 가족을 둘러싼 갈등과 심리적 불안과 공포를 은유적으로 환기시켜 주는 역할을 하기 때문이다.

짐은 시골 환자를 돌보는 의사이다. 의학 연구에 열의를 보이는 그는 의사라는 직업도 결국 돈벌이를 외면할 수 없다는 현실에 부딪친다. 부유한 조 가족 옆에 살면서 아내 수는 남편이 돈벌이에 능한 현실적인 의사가 되기를 바란다. 「시골의사」(A Country Doctor)에서 카프카(Franz Kafka)는 현대 사회에서 신앙의 퇴조와 인간의 영혼을 어루만져주지 못하는 의사의 한계와 영혼의 치유의 절박성을 다룬다.[5] 카프카는 의사의 손이 육체적 질병은 치유해 줄 수 있으되, 영혼의 치유에 무력함을 드러내며 현대인이 삶의 상처로 고통 받고 있는 실상을 드러내 준다. 이 단편 소설에서 그는 신이 부재한 세계에서 인간은 타인은 물론이고 자신도 구할 수 없음에 좌절하는 현대인의 모습을 그려내고 있다.

밀러가 바라보는 당시의 상황도 이와 다를 바가 없다. 결국 이 세상의 비극을 종식시키는 일은 인간이 서로에게 적대적인 행위를 중단하는 윤리적 실천 행위를 필요로 한다는 것이다. 인간은 자신의 이익을 도모하기 위해서는 타자의 영혼에 상처를 입히는 것은 물론이고, 심지어 전쟁을 일으켜 인명을 죽이는 것을 서슴지 않는다. 이 극에서 밀러는 이 세상이 점점 더 사랑보다는 증오에 의해 지배되어가고 있다는 사실을 강조한다. 케이트가 크리스에게 "사람들이 얼마나 미워할 수 있는지 넌 모르는구나. 크리스, 그들은 이 세상을 파탄나게 할 정도로 증오할 수 있단다."(You don't realize how people can hate. Chris,

---

5) 카프카의 「시골의사」는 1919년에 쓰였다. 밀러를 해석함에 있어서 카프카가 체코계 유대인의 혈통을 타고났으며, 법학을 공부하여 노동자들의 비참한 사회적 실상과 정부조직의 권위주의와 부패 등에 관심을 가졌다는 점은 주목할 만하다.

they can hate so much they'll tear the world to pieces)(42)라고 말할 때, 이는 이러한 밀러의 생각을 잘 반영하고 있다.

그런 측면에서 현대 사회에서 의사의 역할은 제한 받는다. 짐은 동네의 환자들을 왕진하며 진료해 주지만 조의 부도덕한 심장을 치유할 수는 없으며, 케이트의 불안 심리에 대해서도 손을 쓰지 못한다. 해럴드 클러맨(Harold Clurman)이 "우리는 정신분열증적인 사회에 살고 있다"(We live in a schizoid society)고 말한 것도 그런 정황을 반영하고 있는 것이다(17). 3막에서 케이트가 불면증에 시달리자 짐은 "제 환자의 절반은 완전히 미친 사람들이에요. 얼마나 많은 사람들이 몽유병자처럼 돌아다니는지 아무도 모르죠…돈이죠. 돈, 돈, 돈, 돈 때문이라니까요." (Half of my patients are quite mad. Nobody realizes how many people are walking around loose...Money. money-money-money- money)(73)라고 말한다. 현대 사회의 불모성이 낳은 인간의 정신질환은 의사 치료의 한계를 벗어나고 있음을 보여준다.

다른 한편으로 이 극에는 점성술사 프랭크가 등장한다. 밀러는 프랭크의 점성술을 현대인의 정신질환을 치유할 수 없는 의사의 한계와 병치시킨다. 신의 죽음을 선언한 현대 사회에서 프랭크의 등장은 삶의 불확실성에 대한 인간의 불안을 드러내 주는 것으로 볼 수 있다. 아들 래리(Latty)를 전쟁에서 잃은 케이트도 이러한 현대인의 자화상을 잘 보여준다. 짐 부부와 프랭크 부부는 조의 집에 들렀다가 마당에 있던 나무가 폭풍에 꺾여 넘어진 것을 목격하게 된다. 그 부러진 나무는 래리의 출생을 기념해 심은 것이다. 케이트 부인은 이러한 불길한 징조를 실종된 아들 래리의 생사 문제와 연결시켜 불안해한다. 삽시간에 평화롭던 분위기에 불안감이 엄습한다. 심적으로 불안정한 그녀는 앤에게 이렇게 말한다.

> 일이야 그렇게 되기도 하고, 그렇게 되지 않을 수도 있잖아. 태양이 뜨는 것과 같은 이치라고. 신이 계신 까닭이지.
>
> Because certain things have to be, and certain things can never be. Like the sun has to rise, it has to be. That's why there's God. (28)

케이트는 신에 대해 언급하지만 그녀의 신앙은 이미 약화되어 있음을 보여주며, 자그마한 징후에도 흔들리는 모습을 보여준다. 스티븐 센톨라(Steven Centola)는 케이트가 불안감 속에서 아버지의 잘못으로 아들을 죽게 하시지는 않으리라는 신에 대한 믿음과 미신인 점성술 사이를 오고간다고 말한다(129). 종전 후 많은 부모들이 신의 가호 아래 자식들이 전쟁터에서 살아오기를 애타게 바랐지만 그렇게 되지 않을 수도 있다는 것을 경험한 부모들처럼, 케이트는 더 이상 어디에 구원의 손길을 내밀어야 할지 알 수 없었다. 케이트는 그녀의 간절한 기도에 신이 응답하기를 바라지만 래리가 태어난 달에 뒷마당에 있던 나무가 폭풍에 부러져 넘어진 불길한 징후에 더 신경이 쓰인다. 그녀는 "썩 잘 맞추는 미신도 있단다."(Some superstitions are very nice!)(60)라고 말하며 프랭크의 별점에 의지한다. 현대인들은 삶이 불확실하면 할수록 운명에 의지하는 나약함을 드러낸다. 짐은 운명의 별이 아닌 양심의 별을 이상으로 삼으려 했다. 그러나 양심의 별이 지상에서 점점 사라짐을 아쉬워한다.

> 인간은 저마다 별이 있죠. 정직의 별 말이죠. 평생을 그것을 찾아 헤매지만, 그 별은 한번 점멸되면, 결코 다시는 빛을 발하지 않죠.
>
> Every man does have a star. The star of one's honesty. and you spend your life groping for it, but once it's out it never lights again. (74)

불확실성의 시대에 순수한 꿈의 별, 희망의 별, 양심의 별은 꺼져가고 불안한 앞날에 대한 운명의 별점이 그 자리에 대신 들어서고 있는 것이다. 짐은 질병을 연구하는 연구자로서의 자신의 꿈을 접는다. 그리고 가족을 위해 시골 의사 생활에 안주하게 됨을 일종의 타협이라고 본다. 밀러는 현대사회에서 많은 사람들이 윤리적인 사회를 위한 꿈을 등지고 현실과 타협하는 것을 양심의 별이 꺼져가는 도덕적 위기로 본다.

마지막으로 버트는 조와 경찰놀이를 하는 이웃 아이이다. 아이는 경찰놀이를 하며 지하에 있는 감옥을 보려고 하지만 조는 보여주지는 않는다. 밀러는 이 놀이에서 죄를 은밀히 감추고 있는 조의 심리를 드러낸다. 그는 “온 이웃이 네게 의존하고 있어. 경찰은 묻지 않는 법이야”(The whole neighborhood is depending on you. A policeman don't ask questions)(13)라고 말하며, 경찰 조사의 허술함을 조소하는 듯한 어투를 사용한다. 그러나 케이트는 조가 투옥된 적이 있었기 때문에 아이가 감옥이란 말만 언급해도 경찰놀이를 집어치울 것을 요구한다. 케이트가 경찰놀이에 대해 예민한 반응을 보일 때, 조가 “내가 숨길 게 뭐가 있다고 그래”(What have I got to hide)(23)라고 말하지만, 그의 언성은 불편한 심기를 드러내주고 있다. 준 슈루터(June Shelueter)는 아이들이 범법자 조를 경찰로 혼동하는 것은 범법자 조가 스티브에게

법 집행자 역할을 하는 혼돈스런 상황과 병치된다고 말한다(115-117). 경찰놀이를 통해 밀러는 겉으로 태연함을 가장하는 조가 실은 마음 속 깊숙이 위치한 지하 감옥에 살고 있음을 희화화하고 있는 것이다.

사실 조만이 지하 감옥에 갇혀 있는 것은 아니다. 짐도 물질주의적 욕구가 그 앞에 쳐놓는 감옥의 창살을 본다. 수는 "자기 앞에 감옥의 창살을 보면 나쁜 거죠. 짐은 언제나 감옥에 갇혀 있다고 생각해요" (But it's bad when a man always sees the bars in front of him. Jim thinks he's in jail all the time)(44)라고 말한다. 짐은 의사로서 돈벌이에 매달려 있는 자신이 감옥에 갇혀 있다고 생각한다. 짐을 통해 밀러는 현대인들이 생존 경쟁의 감옥 속에서 자신을 폐쇄적 공간에 가두고 있는 실존적 상황을 보여주고 있다.

그런 점에서 짐과 프랭크와 버트가 극적 구조상 비본질적인 불필요한 인물들이라는 평가는 적절하지 않다. 1막에서 짐과 프랭크가 현대 사회에서의 개인의 삶의 불안과 부조리적 상황을 환기시킨다는 점에서, 그리고 조와 버트의 경찰놀이가 동업자 스티브에게 죄를 뒤집어씌운 조의 범법 행위를 희화화하고 있다는 점에서 그들의 역할은 되레 은유적 해석을 띠게 된다.

III. 가족적 이기주의와 동일성의 폭력

20세기 초반을 특징짓는 불확실성과 불안의 시대에 조는 자본주의 사회에서 성공 신화를 이룬 기업인이다. 그런 만큼 그는 스스로를 영웅으로 받드는 자기-숭배적 인물이다. 신앙이 퇴조한 현대 사회에서 조는 자신의 운명을 지배할 수 있다고 믿는 자이다. 크리스토퍼 인즈(Christopher Innes)는 미국의 상업주의는 그 자체가 종교가 되었으며, 종교 그 자체가 상업화되었다고 말한다(70). 조는 사업가로서의 "경험과 농경 사회적 통념"(experience and a peasant-like common sense)(6)을 통해 자신이 믿을 것은 혈육과 금전뿐이라는 것을 배웠다고 말한다. "경험"은 사업을 통해 얻은 지혜를 말하며, "농경 사회적 통념"은 가족 중심 노동과 그 노동의 대가로 소유한 토지의 중요성에 대한 통념을 말한다. 농경 사회에서 토지 소유의 욕망은 산업화 사회에서 재화의 소유의 욕망으로 전환된다.

농경 사회적 통념에 입각한 조는 혈육은 배신하지 않는다는 원시적 친족 관계를 신봉한다. 그의 편협한 가족 중심 철학은 타자에 대해 폐쇄적인 태도를 취하게 한다. 그는 아들 농사가 "내가 성취한 전부야"(all I accomplished)(49)라고 말한다. 조의 부성의 강조는 넓은 의미의 형제애를 부정한다. 그에게는 가족보다 더 큰 개념은 없다. 부성은 일반적으로 동일성에 의해 존립하는 불평등한 관계를 의미하는 반면에, 넓은 의미의 형제애는 타자성에 의해 존립하는 평등한 관계의 출발점이다. 레비나스는 모든 사람들이 형제라는 것은 그들의 닮음에 의해서도, 같은 틀에서 찍어낸 메달처럼 공통 원인에 의해서도 설명되지 않는다고 말한다(*Totality and Infinity* 214). 그는 부성은 단일성, 유일성, 일치성을 강조하나, 형제애는 내 곁에 다른 유일성이 있음을 용인한다고 말한다. 반대로 조는 부성의 동일성을 형제애의 타자성에 앞세운다. 베리 크로스는 "그는…오로지 가족에게만 헌신하는 인간이다"(He is an engaged man…only to his family)(64)라고 말하며, 그의 세계의 한계를 규정한다.

또한 가족중심주의 못지않게 조는 성공한 사업가로서 돈의 소중함을 강조한다. 그런 만큼 조는 현실적이고 실용적이다. 1막에서 신문광고를 보며 사람들의 구입 품목에 관심을 보이지만(6-7), 타자에 대한 관심이 아니라 경제적인 차원의 관심에 불과하다. 심지어 손가락 없는 아이를 낳게 하면 의사는 돈방석에 앉을 거라는 농담을 하며 직업의 신성함도 경제 논리의 대상으로 삼는다(11).

조의 가족중심주의와 각박한 경제 철학은 그의 사업을 승승장구하게 한다. 때마침 전시 상황은 그의 사업이 활황을 맞는 호기를 제공해 준다. 그러나 그의 물질적 축재의 호기는 도덕적 위기도 함께 가져온다. 조는 부품조달이 시급한 전시 상황에서 불량 실린더 헤드를 군납하게 되고, 젊은 조종사들의 죽음에 대한 책임에 직면하게 된다. 이 때 조는 모든 과실의 책임을 동업자 스티브에게 전가하여 무죄 방면된다. 내막을 모르는 스티브의 딸 앤에게 "난 결코 사람을 희생시켜서는 안 된다는 신념이 있단다."(I never believed in crucifying people)(31)라고 말할 때, 그의 비양심적인 기만성이 드러난다.

스티브의 아들 조지가 진실을 알게 되면서 조의 철면피함을 다그치자, 그는 전시의 비상 상황에서 실린더 헤드의 결함을 메워 조달할 수 밖에 없었던 사정을 "인간적"(human)(32)으로 감안해 달라고 말한다. 조가 말하는 "인간적"의 의미는 밀러가 사용하는 "인간적"의 말과 극명하게 대치된다. 밀러는 극을 쓰는 이유를 인간을 더 "인간적"으로 만들어 내는 데서 찾는다("Introduction to *Collected Plays*" 11). 밀러의 "인간적"이라는 말은 타자에 대한 배려를 의미한다.

그러나 조의 세계에서 타자는 망각된다. 오히려 그는 기만적인 수사술에 의존하여 자기 합리화를 시도한다. "인간적"이라는 말은 자신의 추함을 감추기 위한 수사술이 한계에 달했을 때 그가 마지막에 꺼내드는 카드다. 레비나스는 수사술의 본성은 주체의 자유를 붕괴시키는 폭력이고, 불의이며, 타사와의 진정한 대화를 통해 폐기가 가능하다고 말한다(*Totality and Infinity* 71). 그러나 경영자로서의 조의 이윤 추구 앞에서 타자는 실종된다. 레비나스는 그러한 "물질적 욕망은 결핍이며, 영혼의 공허"(a void of the soul)라고 본다(*Totality and Infinity* 62).

영혼이 공허한 조는 자기 가족만의 동일성의 향유 속에서 타자를 망각한다. 그는 모든 세상의 일을 일인칭 관점에서 바라본다. 자신의 가치관과 경영 철학을 진리로 신봉하여 타자를 사업체의 생산성의 효율을 높이기 위한 도구적 존재로 여긴다. 레비나스는 자신의 동일성을 유지하려는 인간의 욕구를 코나투스(conatus)라고 부른다(*Otherwise Than Being* 4-5). 나의 존재를 실현하려면 타자인 세계가 필요하기 때문에 우리는 '나 중심으로' 세계를 기획하고 관리하게 되고, 나의 존재를 실현한다는 것이다. 조도 타자를 자아실현을 위한 도구로 보기 때문에 자기중심적이다. 밀러는 "조 켈러의 마음의 틀은 그가 개인적으로 그의 세계와 어떤 생존의 연관성이 있다는 것을 인정케 할 수 없다"고 말한다("Introduction to *Collected Plays*" 19).

IV. 타자의 망각과 책임의 윤리의식

이 극에서 조가 무법자적인 남성성을 대변하는 인물이라면, 아들 크리스는 "무한한 애정을 가진 사람"(A man capable of immense affection)(11)이다. 타자를 사랑하는 여성성[6]이 크리스를 특징짓는다. 짐은 앤에게 “크리스는 사람을 안 가리고 좋아해요. 대대에서는 대모 맥켈러로 알려졌죠”(He [Chris] likes everybody. In the battalion he was known as Mother Mckeller)(24)라고 말한 바 있다. 크리스의 여성성은 레비나스가 말하는 여성성에 근접한다. 레비나스에 따르면, 여성성은 모성애나 부드러움 같은 여성의 속성을 말하는 것이 아니라 근접한 이웃이 고통을 당할 때 긍휼히 여기는 마음이며, 타자의 고통의 공유를 뜻한다(*Otherwise Than Being* 54-6). 그러므로 크리스의 여성성은 타자를 환대하는 무한한 사랑으로 규정될 수 있다.

에드워드 머리는 이 극에서 조와 크리스 중 주인공이 누구인지 문제 삼는다. 1막에서는 조가 압도하고, 2막에서는 크리스가 주도한다고 볼 수 있다. 그는 후반부로 갈수록 갈등을 고조시키는 역동적인 역할을 한다는 점에서 크리스를 주인공으로 본다(52).[7] 그러나 보다 중요한 것은 밀러가 1막과 2막에서 동일성과 타자성이라는 반대 개념을 극명하게 대치시킨다는 것이다. 이 극의 전반부가 조의 주체적 동일성을 문제 삼는다면, 후반부는 동일성의 폭력성과 타자의 망각에 대한 크리스의 비판을 다룬다.

---

6) 레비나스는 타자의 환대는 ‘여성성’(the Woman)에서 나온다고 보는데 성별의 ‘여성성’을 의미하지 않는다. ‘여성성’은 이기적인 향유에서 벗어나 타자를 다감하게 대하기 위한, 타자를 다시 세우기 위한 조건이다(*Totality and Infinity* 155). 그는 모성 속에서 타자를 위하는 책임은 타자에 대한 대속(substitution)으로까지 가고 고통을 겪는 것으로까지 가는 것을 의미한다고 말한다(*Otherwise Than Being* 144).

7) 그러나 밀러가 말하는 진정한 이 극의 주인공은 사실 이 극에 인물로 존재하지 않는다. 아마 이 사회의 진정한 주인공은 크리스가 지휘했던 중대원들일 것이다. 그들은 자신의 목숨을 부지하기 위해 타자를 착취하지도, 이용하지도 않았으며, 구질하게 변명하지도 남을 탓하지도 않았다. 크리스의 말에 따르면, 그들이 진정으로 타자를 망각하지 않은 이 극에 드러난 주인공들이라고 볼 수 있다.

조와 크리스의 대립과 관련하여, 아빈 웰스(Arvin Wells)는 아버지를 인류애에 반한 범죄를 저지른 죄인으로 단죄하는 크리스의 행위를 현실을 무시한 "지나친 이상주의"(a rigid idealism)(31)라고 비판한다.[8] 그러나 이러한 시각에는 문제가 있어 보인다. 왜냐하면 이 극에서 밀러는 크리스가 발견한 타자에 대한 배려를 "인간의 인간에 대한 일종의 책임"(A kind of--responsibility. Man for man)(35-6)으로 규정하며 그의 제1철학으로 내세우고 있기 때문이다. 타자를 존엄한 인격체로서 우리 앞에 다시 세우는 일은 "지나친 이상주의"가 아닌 20세기의 잔혹한 현대의 역사를 체험한 인류의 당위의 과제인 것이다.

크리스는 독립된 개체로서의 타자의 숭고함에 대한 의식이 확고한 인물이다. 교전 중 희생된 중대원들의 죽음으로 인한 죄책감이 트라우마로 작용한다. 타자의 희생 속에서 자신만이 살아남았다는 자책 속에 양심의 가책을 느낀다. 크리스에게 있어서 "인간적"이라는 말은 조 켈러의 것과는 다른 의미를 지닌다. 그에게 "인간적"이라는 말은 자신의 이익을 위해서 타인을 불행에 빠뜨리지 않는 윤리를 말한다.

또한 참전한 병사들의 희생의 대가로 얻어진 부에 대해 아무런 양심의 가책도 없이 물질적 풍요를 향유하고 소비하는 세태를 개탄한다. 전쟁에서 귀환하여 그는 한동안 은행통장을 개설하고, 새 차를 구입하고, 새 냉장고를 사는 등 무심한 행위를 했던 것이다(36). 그는 "실용

---

8) 밀러는 크리스에 대해 이렇게 말한다: To clarify my own thought on the subject, I wrote an essay arguing that if Marxism was indeed a science of society, a Marxist writer could not warp social probability and his own honest observations to prove an a priori point of political propaganda. In short, Chris keller would not become a revolutionary in real life, and in any case that was not what the play was about. (*Timebends* 237).

적”(practical)(80)인 삶은 자신만을 위한 삶이며, 비인간적인 삶이었음을 자각한다. 아빈 웰스가 말하듯이, 그는 전쟁 중 동료병사들이 보여준 자기희생의 정신을 통해 이상적인 형제애의 윤리를 구축하게 된다(29).

전쟁의 트라우마와 동생 래리의 죽음, 그리고 현실의 안주 사이에서 갈등하던 크리스는 앤에게 청혼한다. 그리고 앤과 조지의 연이은 도착은 아버지에 대한 진실을 폭로하는 전환점이 된다. 무심결에 터져 나온 어머니의 말실수는 실린더 헤드를 군납한 날 조가 독감에 걸려 사업장에 나오지 못했다고 말한 것이 거짓임을 드러낸다. 불량부품의 납품을 자식을 위해 한 일이라고 아버지가 둘러대자, 크리스는 격분하여 말한다.

> 사업이라는 그 세계는 대체 어떻게 되먹은 거예요? 나를 위해 그 짓을 했다는 것은 대체 무슨 말이에요? 아버지는 나라도 없어요? 이 세상에 살고 있지 않아요?
>
> What is that, the world--the business? What the hell do you mean, you did it for me? Don't you have a country? Don't you live in the world? (70)

아버지가 전쟁 중 축재한 돈으로 가족 모두가 살아가고 있었다는 것에 대해 크리스는 환멸을 느낀다. 하이데거처럼 레비나스는 인간은 선험적으로 사회에 내던져진 존재임을 망각하면서 산다고 본다. 그러나 하이데거와는 달리 레비나스는 타자를 완전한 자유의 독립체로 본다. 크리스가 볼 때, 현실 세계는 서로가 증오하여 잡아먹으려 하는 “동물원"(a zoo)(81)이다. 그런 점에서 자신의 이익을 앞세워 타자를 착취하는 인간들은 동물에 다름 아니다. 크리스가 아버지의 비도덕적인 행위를 동박하는 이유도 그러한 관점에 연유한다.

조는 현실에서 생존의 법칙을 중시한다. 그는 전시나 평화 시나 "달러와 5센트, 10센트 동전들"(dollars and cents, nickels and dimes)(82)이 세상을 지배한다고 믿는다. 반대로 크리스는 아버지 조와 같은 사람이 자본주의 사회를 지배한다면, 결국 이 사회는 익명의 사람을 겨누어 죽이는 전쟁터로 바뀌어 버릴 것이라고 비판하는 것이다.

조는 이러한 세상에서 자신이 감옥에 가야한다면 거의 절반의 사람들이 감옥에 가야 한다고 말하면서 자신만이 이러한 비리를 저지른 인간이 아님을 강조한다. 치열한 경쟁 사회에서 자신이 범한 그만한 실책은 전시 상황에서 용서가 가능한 행위라는 것이다. 사업가로서 이윤추구 과정에서 누구도 완전히 양심에서 자유로울 수 없다는 것이다. 조는 "돈이 너무 많아서, 그게 신경 쓰인다는 거냐?"(You got too much money? Is that what bothers you?)(81)라고 크리스에게 말하며 배부른 소리로 몰아세운다.

크리스는 한 가족의 물질적 풍요를 넘어서서 사회공동체와 타자에게로 환대의 손길을 뻗치고자 하는 휴머니스트이다. 휴머니즘은 자신이 살아남기 위해 타자를 부정하는 동물 같은 저열한 인간 본능을 거부한다. 크리스가 집착하는 타자에 대한 희생과 책임의 윤리의식은 레비나스의 타자철학에 가깝다. 조는 자신이 살기 위해 타자에 반(反)한다면, 크리스는 타자에 대해 책임을 다하기 위해 자신에 반한다. 레비나스는 타자의 빈함을 다음과 같이 정의한다.

> 타자를 위함…자신의 반함에도 불구하고 타자를 위하는 삶은 자신의 입 속에 있는 빵을 뱉어내는 것, 자신은 굶으면서 타인의 배고픔을 해결해 주는 것이다.
>
> For the other...to-be-for-another, despite oneself, but in interrupting the for-oneself, is to take the bread out of one's own mouth, to nourish the hunger of another with one's own fasting. (*Otherwise Than Being* 55-6).

밀러와 레비나스는 동시대를 살면서 자본주의의 병폐에 대해 환멸을 느꼈으며, 제2차 세계대전 등을 직접 체험하면서 인간의 잔악성에 대해 분노하였다[9]. 밀러와 레비나스는 종교의 힘만으로는 이러한 악이 치유되지 못한다는 데 깊이 회의했으나 이 부조리한 세계에서 카뮈와 카프카처럼 실존주의적 절망에 주저앉지 않았다. 그들은 공히 이 세계에 만연하고 있는 인간의 이기주의와 전체주의적 폭력성의 극복을 기독교적 신이 아닌 절대적 윤리성의 회복에서 찾았으며, 타자에 대한 사랑과 배려를 통해 이러한 절망을 극복하고자 하였다.

이 극에서의 크리스의 휴머니즘은 밀러가 추구하는 도덕 철학을 대변하고 있으며, 밀러의 철학은 레비나스의 타자철학과 상통한다. 밀러는 인간세계가 서로를 약탈하는 뺄셈의 생존방식에서 벗어나 서로를 사랑하고 인간의 존엄성을 인정하는 덧셈의 윤리철학으로 전환할 수

---

9) 밀러는 제2차 세계대전 동안 전쟁 영화를 위한 시나리오 제재를 구하기 위해 전쟁 상황을 직접 체험했다. 이 때 채집된 이야기를 그는 *Situation Normal*에 담아냈으며, 그때의 일화는 이 극의 내용에 일부 반영되어 있다(Sheila Huftel 34-5, Benjamin Nelson 53-55).

있기를 원했다. 밀러는 "크리스 덕분에 사람들은 가능한 더 나은 사람이 되기를 원하죠"(Chris makes people want to be better than it's possible to be)(44)라고 말하는데, 그 자신이 이러한 이상주의의 실현의 꿈을 포기하지 않는다. 밀러는 크리스를 통해 우리 모두가 가정의 울타리를 넘어 서로 형제라는 범휴머니스트적인 사고로 사회적 책임과 윤리를 다 할 때, 비로소 이 세상에 희망의 빛이 비칠 수 있다는 믿음을 보여주고 있다.

V. 레비나스 철학과 타자의 얼굴

3막에서 래리의 유령은 앤을 통해 나타난다. 앤은 죽기 전날 밤 래리가 보낸 편지를 가져온 것이다. 편지 내용에 따르면, 래리는 아버지 공장에서 제조된 부품결함이 비행기 추락 사고의 결정적 요인이었다는 보도를 듣고 죽음의 길을 택한 것으로 되어 있다. 레비나스는 부자간의 관계에서 아들은 아들로서의 동일성을 부성에서 물려받음으로써 가족사의 연속성을 가져온다고 말한다. 그에 따르면, "누군가의 아들이라는 것은 아들 자리에 있다는 것이고, 본질적으로 아버지 속에 존재한다는 것이다"(to be one's son means to be I in one's son, to be substantially in him(*Totality and Infinity* 278-9)). 존재가 과거 전체의 짐을 지는 연속성 속에서 과거는 존재의 무한성에 한계를 짓는다. 아버지의 떳떳하지 못한 과거는 래리와 크리스의 현재를 한계 짓는다. 래리는 부친 살해의 욕망을 느러낼 정노도 극노의 수치심을 드러낸다.

난 얼굴을 들고 다닐 수가 없어.

I can't face anybody. (83)

래리가 얼굴을 들고 다닐 수 없다는 것은 자신이 더 이상 도덕적인 존재로 살 수 없다는 것을 의미한다. 그는 얼굴을 잃어버린 것이다. 크리스는 "얼굴을 가리면서 울먹인다"(covering his face as he weeps) (71). 그 역시 더 이상 양심의 가책으로 얼굴을 들 수 없다고 생각한다. 밀러는 극중 인물이 자신의 진실에 직면하게 되는 극적 순간에 어느 극작가보다도 "얼굴"이란 낱말을 많이 사용한다. 밀러에게 얼굴을 들고 다닌다는 것은 인간답게 존재하는 것을 의미한다. 밀러가 사용하는 얼굴의 의미는 레비나스의 얼굴 철학에서 더 구체적인 모습을 띤다. 레비나스는 낯선 자, 과부, 고아 등의 타자의 얼굴을 무한한 연민을 끌어내는 성스러움의 차원으로 끌어 올린다(*TI* 78). 그러므로 타자를 인간으로서 환대하지 못했음은 인간의 성스러움을 해쳤다는 것을 의미하며, 인간의 성스러움을 해쳤다는 것은 인간으로서의 면목을 잃었다는 것이다.

레비나스는 타자의 얼굴을 신의 영역으로 확장시킨다. 인간은 얼굴로 신의 사랑을 구현한다는 것이다. 크리스가 바라는 세상은 서로의 얼굴을 마주 보고 사는 데 거리낌이 없는 사회이다. 타자의 존재를 망각했던 조는 크리스에게 이렇게 말한다.

크리스, 인간은 이 세상에서 예수처럼 살 수는 없어!

Chris, a man can't be a Jesus in this world! (83)

조는 이 범속한 세상에서 인간이 예수처럼 희생적일 수는 없다고 말한다. 자신이 저지른 범죄행위는 누구나가 저지를 수 있는 것이라고 변명하면서, 자신에게 면죄부를 주려 한다. 크리스가 맞서고자 하는 것은 "신의 목소리"(the voice of God)(56)를 가진 듯이 타자를 가차 없이 심판하는 자들의 폭력적 독선이다.

밀러는 이러한 인간의 부정성과 맞서는 인물로 크리스를 내세운다. 크리스는 신의 죽음을 선언한 냉엄한 현실 세계에서 인간이 서로에게 신이 되어주기를 바라는 꿈을 포기하지 않는다. 레비나스는 인간의 비극적 조건을 벗어나는 첫 걸음은 내가 소유한 세계, 향유한 세계에 대한 이기적 집착에서 벗어남으로써 시작된다고 본다(*Totality and Infinity* 76). 주체의 관대함의 타자에게로 향함은 이기적 향유의 소유를 넘어설 때 가능하다는 것이다.

아들이 자기의 분신이라고 여기는 조는 래리의 편지에서 자신을 죽이고 싶어 하는 아들의 욕망을 들여다보게 된다. 크리스도 더 일찍 아버지의 비리를 알았더라면 감옥에 보냈을 것이라고 말한 바 있다. 가장 소중하게 여긴 아들들이, 나아가 자신의 성취를 가장 자랑스러워할 줄 알았던 아들들이 그를 외면하는 것이다. 래리의 편지는 조 자신이 아들의 죽음에 책임이 있음을 극적으로 깨닫게 하는 계기를 마련해준다.

> 맞아, 래리는 내 아들이었어. 하지만 그에겐 모두가 내 아들이었던 것 같아. 그러니 그들이 모두 내 아들들이었다는 생각이 드는군.
>
> Sure, he was my son. But I think to him they were all my sons. And I guess they were. (83)

결국 그는 아들을 잃고 나서야, 아들의 자살 충동의 심정을 읽고 나서야, 자기가 아들을 죽였다는 것을 확인하고 나서야 크리스의 비판을 받아들인다. 그리고 전사한 자들이 모두 자기 아들들이나 다름없다는 깨달음에 이른다. 왜냐하면 진정으로 사랑했던 래리가 죽음 직전에 한 말이기 때문이다.

조는 총기자살을 선택한다. 조의 자살에 있어서 뭔가 도약이 있어 보이는 것은 사실이다. 하지만 크리스가 조에게 바친 말은 밀러의 타자에 대한 철저한 책임의 윤리 의식을 보여준다.

> 가족 말고도 온 세상 사람들이 있으며, 거기에 대해 책임이 있다는 것을 제발 아셔야 해요.
>
> Once and for all you can know there's a universe of people outside and you're responsible to it. (84)

조가 래리의 죽음을 통해 가족의 경계를 넘어서는 진정한 자각에 이르렀는지, 아니면 아들들이 등 돌린 상황에서 더 이상 물러설 곳이 없어 자살했는지는 의견이 분분하다.[10] 다만 밀러가 충격적인 결말을

---

10) 사무엘 욕스(Samuel A. Yorks)는 조는 진정한 자각에 회의적이며, 오히려 자식들에 의해 배신당하는 것으로 본다(24). 레너드 모스(Leonard Moss)도 조가 완강히 거부했던 철학에 무릎 꿇는 과정이 돌발적이고 그의 윤리적 개종이 미흡하지만 두 아들이 등 돌린 상황이 그를 죽음으로 내몰았다고 본다(104-5). 아빈 웰스는 조 켈러의 죽음에 대해 크리스의 엄격한 이상주의를 문제 삼으며(31), 에드워드 머리는 극적 갈등 없는 조 켈러의 자살을 문제 삼는다(51). 윌리엄 헤이언(William Heyen)은 윌리는 끝내 자각에 이르지 못하지만, 조는 마지막 순간에 자각에 이르는 것으로 본다(48-9). 이들 모두는 조의 자살의 급작성에 대해 문제 제기하지만, 진정한 자각에 이르렀는지에 대해서는 의견이 갈린다.

통해 진리의 거처는 가족을 넘어 타자에 있다고 선언한 것만은 분명하다. 그는 한 인간이 타자에 대해 주체의 입장에서 심판을 내릴 수 없으며 오로지 책임이 있다고 보는 것이다. 밀러는 "우리는 위대한 인간에게 무엇을 이루었나가 아니라 이 세계를 위해 무엇을 했느냐고 묻기 시작하고 있다"(we are beginning to ask for the great man, not what has he got, but what has he done for the world)고 말한 바 있다("The Salesman has a Birthday" 14).

조가 마지막 순간까지 망각한 것은 타자의 받아들임과 타자와의 소통이다. 레비나스는 소통은 자아를 지워 손해를 감수하는 탈소유로부터 가능하다고 말한다(*Otherwise Than Being* 120-1). 그러니 조는 자신의 지배 영역인 사업에 있어서 모든 타자를 자신의 주체 속으로 동일화시키려 한다. 그가 자신의 주체의 목소리를 진리로 여기는 대신 타인의 목소리에 조금 더 귀를 열어젖혔다면, 자아의 광기에서 탈존할 수 있었다면 진정한 소통의 열림은 가능했을 것이다.

VI. 결론

이 극에 대한 고찰에서 개인의 정체성의 위기에서 자아인식에 이르는 해석에서 벗어나 동일성의 폭력과 타자의 방식의 문제에 초점을 맞추고자 했다. 밀러는 실존적 존재인 인간에게 주체와 타자는 불가분의 존립 요소라는 것을 인식하고 있었다. 이 세상에 존재하는 나는 타자 속에 존재하고, 타자는 내 속에 존재한다는 것이다.

그런 맥락에서 레비나스의 타자철학과 밀러의 윤리 체계의 상관성에 주목함으로써 밀러의 동일성의 폭력에 대한 고발과 타자의 관점의 재위치화를 조명하고자 했다. 레비나스처럼 밀러는 현대 사회에서 타자가 군중 속의 익명의 얼굴이 되어, 그의 삶과 죽음이 무관심의 대상이 되는 것을 우려했다. 이 극에서 밀러는 동일성의 벽을 넘어, 즉 나와 타자 사이의 벽을 초월하여 타자를 내 앞에 세울 것을 제시한다. 타자는 정복하고 극복해야 할 대상이 아니라 우리와는 또 다른 완전한 독립된 인격체라는 것이다. 이 극에서 밀러는 나와 타자 사이의 인간관계가 윤리적 관계에 기초하지 않으면, 최악의 결과가 올 것이라고 경고한다. 그는 인간이 저지르는 동일성의 폭력을 넘어 타자에 대한 도덕적 책임을 강조하고 있는 것이다.

인용 문헌

- 레비나스, 에마뉘엘. 『존재에서 존재자로』. 서동욱 옮김. 민음사, 2003. Print.
- Bigsby, C. W. E. *A Critical Introduction to Twentieth Century American Drama* vol. 2. Cambridge: Cambridge UP, 1984. Print.
- Centola, Steven R. "All My Sons." *The Cambridge Companion to Arthur Miller*. Ed. Christopher Bigsby. Cambridge: Cambridge UP, 2010. Print.
- ________. "Bad Faith and All My Sons." *Arthur Miller's All My Sons*. Ed. Harold Bloom. New York: Chelsea House, 1988: 123-142. Print.
- Corrigan, Robert W. "Introduction: The Achievement of Arthur Miller." *Arthur Miler: A Collection of Critical Essays*. Ed. Robert W. Corrigan. Englewood Cliffs.: Prentice-hall, Inc., 1969: 1-22. Print.
- Clurman Harold. "Arthur Miller's Later Plays." *Arthur Miler: A Collection of Critical Essays*. Ed. Robert W. Corrigan. Englewood Cliffs: Prentice-hall, Inc., 1969: 143-168. Print.
- Critchley, Simon and Robert Bernasconi (eds). "Introduction." *The Cambridge Companion to Levinas*. Cambridge: Cambridge UP, 2002: 1-32. Print.
- Derrida, Jacques. *Writing and Difference*. Chicago: U of Chicago P, 1978. Print.
- Gross, Barry. "All My Sons and the Larger Context." *Arthur Miller's All My Sons*. Ed. Harold Bloom. New York: Chelsea House, 1988: 63-76. Print.
- Heyen, William. "Arthur Miller's *Death of a Salesman* and the American Dream." *Arthur Miller's Death of a Salesman*. New York: Chelsea House, 1988: 47-58. Print.
- Heidegger, Martin. *Being and Time*. Trans. Macquarrie & Eduard Robinson. Oxford Basil Blackwell, 1973. Print.

- Huftel, Sheila. "Miller, Ibsen, and Organic Drama." *Arthur Miller's All My Sons*. Ed. Harold Bloom. New York: Chelsea House, 1988: 33-46. Print.
- Innes Christopher. "The Salesman on the Stage: A Study in the Social Influence of Drama." *Arthur Miller's Death of a Salesman*. New York: Chelsea House, 1988: 59-76. Print.
- Levinas, Immanuel. *Totality and Infinity*. Trans. Alphonso Lingis. Pittsburgh: Duquesne UP, 1969. Print.
- _______. *Otherwise Than Being*. Alphonso Lingis. Pittsburgh: Duquesne UP, 1998. Print.
- Miller, Arthur. *All My Sons*. New York: Penguin, 2000. Print.
- _______. *Arthur Miller's Collected Plays*. New York: Viking, 1967. Print.
- _______. "The Question of Relatedness." *Arthur Miller's All My Sons*. Ed. Harold Bloom. New York: Chelsea House, 1988: 5-14. Print.
- _______. "The Shadows of the Gods." *The Theater Essays of Arthur Miller*. Eds. Robert A. Martin & Steven R. Centola. New York: Da Capo, 1996.: 175-194. Print.
- _______. "The Family in Modern Drama." *The Theater Essays of Arthur Miller*. Eds. Robert A. Martin & Steven R. Centola. New York: Da Capo, 1996: 69-85. Print.
- Moss, Leonard. "the Perspective of a Playwright." *Arthur Miller*. Ed. Harold Bloom. New York: Chelsea House, 1987: 79-92. Print.
- _______. "All My Sons." *Arthur Miller's All My Sons*. Ed. Harold Bloom. New York: Chelsea House, 1988: 101-107. Print.
- Murray, Edward. "The Failure of Social Vision." *Arthur Miller's All My Sons*. Ed. Harold Bloom. New York: Chelsea House, 1988: 47-62. Print.

- Nelson, Benjamin. *Arthur Miller: Portrait of a Playwright.* New York; David Mckay, 1970. Print.
- Överland, Orm. "The Action and Its Significance: Miller's Struggle with Dramatic Form." *Arthur Miller's All My Sons*. Ed. Harold Bloom. New York: Chelsea House, 1988: 77-90. Print.
- Schlueter, June. "The Dramatic Strategy of All My Sons." *Arthur Miller's All My Sons*. Ed. Harold Bloom. New York: Chelsea House, 1988: 113-122. Print.
- Weals, Gerald. "Arthur Miller: Man and His Image." *Arthur Miller The Crucible*. Ed. Gerald Weales. New York: Penguin, 1980: 333-351. Print.
- Welland, Dennis. "Two Early Plays." *Arthur Miller's All My Sons*. Ed. Harold Bloom. New York: Chelsea House, 1988: 91-100. Print.
- Wells, Arvin. "The Living and the Death in All My Sons." Arthur Miller's All My Sons. Ed. Harold Bloom. New York: Chelsea House, 1988: 27-32. Print.
- Williams, Raymond. "Arthur Miller: An Overview." Arthur Miller. Ed. Harold Bloom. New York: Chelsea House, 1987: 7-16. Print.

아서 밀러의 『세일즈맨의 죽음』*The Death of a Salesman*: 레비나스의 타자철학을 통해 본 윌리의 두 세계, 동일성의 경제, 그리고 타자의 망각

I. 서론

『세일즈맨의 죽음』의 가제가 『머리의 내부』(*The Inside of The Head*)인 만큼, 이 극에 대한 비평은 윌리(Willy)를 중심으로 한 극중 인물 분석에서 주로 출발한다. 그 까닭은 밀러가 윌리는 자신을 정당하게 평가받고자 하는 비극적인 인물이라고 특정한 데서 연유한다. 자연스럽게 윌리의 정체성의 문제를 가족과 사회문제로 확장시켜 가면서 비평가들은 차츰 타자와 도덕성의 문제에 주목하게 되었다.

아안스(William Aarnes)는 이 극이 윌리의 개인의 구원을 넘어 타자를 배려하는 사회를 지향하고 있음을 역설한다(109). 빅스비(C. W. E. Bigsby)는 윌리의 그릇된 아메리칸 드림을 통해 "인간관계에서 가능한 위안과 타자를 향한 초월성"의 문제를 제시한다고 본다(116). 윌리엄즈(Raymond Williams)는 이 극이 소시민의 삶을 통해 자본주의 사회에서의 도덕적 책임 의식의 문제를 다루고 있다고 본다(69). 잭슨(Esther M. Jackson)은 현대인이 "무관계성의 질병"(16)을 앓고 있듯이, 윌리는 무관심의 증상, 연민의 부재, 도덕성의 결여라는 죄를 범한다고 말한다.

이와 같이 기존의 비평들도 윌리의 이기적 자아의 정체성 문제에서 출발하여 타자에 대한 배려, 타자에 대한 연민과 같은 윤리적 문제를 제기하고 있다. 그럼에도 불구하고 이러한 비평들은 윌리의 그릇된 꿈의 집착이 그의 몰락의 주된 원인이라는 진단을 내리는 데서 머물고 타자 문제에 대해 깊이 천착해 들어가지는 않는다. 바꿔 말하면, 비평가들이 밀러의 극론을 빌려 현대 사회의 무관계성의 질병, 타자에 대한 배려, 타자에 대한 연민이라는 용어를 사용하고 있지만, 타자의 문제를 밀러의 극 전반을 관류하는 윤리체계의 관점에서, 즉 그의 윤리적 휴머니즘의 관점에서 접근하는 논의는 거의 없다고 볼 수 있다.

그런 맥락에서 기존의 비평들과 달리, 정체성[1]이라는 개념 대신 레비나스(Emmanuel Levinas)가 타자의 망각의 원인으로 제기하는 동일성이라는 개념을 사용하여 이 극을 분석하고자 한다. 왜냐하면 밀러가 이 극에서 조명하는 윤리체계는 레비나스의 타자철학, 즉 윤리철학과 밀접한 상관성을 보여주고 있기 때문이다.

레비나스는 타자와의 관계에서 자기와의 일치의 집착은 자본주의 사회에서 타자를 동일화하려는 동어 반복적 역사의 재현이라고 본다. 그는 인간의 의식은 "일치된 동일성"(the identity of the same)이며, '나는 생각한다'는 주체의 통일성에 의해 끊임없는 재현을 반복한다고 말한다("GP" 170-1).[2] 그러므로 주체는 타자에 대한 망각의 요체인

---

1) 데리다(Jacques Derrida)는 서구의 형이상학이 '정체성'(identity), '동일성'(the same), '자아'(the ego)를 주관주의 철학의 견지에서 구별하여 사용하는 듯하지만, 기실은 '정체성'은 '동일성'의 다른 말이며, '자아'에 상응하는 말임을 레비나스의 철학을 인용하며 밝힌다(109-110). 윤희억의 「레비나스의 타자철학을 통한 아서 밀러의 *All My Sons*의 고찰: 동일성의 폭력과 타자의 망각」. 『현대영미드라마』 제27권 3호(2014), 282 참조.

2) 앞으로 본고에서 인용되는 레비나스의 저작들인 「에마뉘엘 레비나스와의 대화」(Dialogue with Emmanuel Levinas)는 "DEL"로, 「수수께끼와 현상」(Enigma and

것이다. 주체(sub-ject)라는 낱말의 뜻은 어원상 '무엇을 아래에 놓다' 인데, 시대별로 쓰임새가 달랐다. 중세 시대에 종교는 인간을 신 아래에 놓아 예속시켰으며, 권력자와 성직자는 이질적인 타자를 그들의 정치, 종교 이데올로기 아래 복속시켰다. 데카르트(Renè Decartes) 이후 근대 철학에서 주체가 대상을 그의 봄 아래에 예속시키는 인식론이 발전하였는데, 자연스럽게 '나는 생각한다'의 주체는 "나는 대상(타자)을 내 아래에 놓는다"(I sub-ject the other)는 의미로 발전하게 되었다. 후설(Edmund Husserl)의 현상학에서 비롯되어 하이데거(Martin Heidegger)의 존재론 그리고 사르트르(Jean-Paul Sartre)에 이르는 실존주의 철학에서도 여전히 주체의 힘은 효력을 잃지 않는다.

그러나 후설과 하이데거의 영향을 깊이 받은 레비나스는 주체의 지배를 초월하는 타자철학을, 즉 윤리철학을 제1의 철학으로 선언한다. 그리하여 레비나스는 그의 타자철학에서 'subjectiviti'의 의미에 코페르니쿠스적 전환을 보여준다. 그에게 주체(sub-ject)는 "나를 타자 아래에 놓는다"(I sub-ject me to the other)의 의미를 지니게 된다. 그의 철학에서 '나'는 더 이상 주격이 아니라 목적격이 된다. 나는 타자의 부름에 즉각 응답하는 책임적 존재로 거듭나는 것이다. 레비나스는 타자에 대한 초월은 윤리학이며, 주체성은 '나는 생각한다'도 아니고 초

Phenomenon)은 "EP"로, 「본질과 사심없음」(Essence and Disinterestedness)은 "ED"로, 『존재와 존재자』(*Existence and Existents*)는 *EE*로, 「하이데거, 가가린, 그리고 우리들」(Heidegger, Gagarin, and Us)은 "HGU"로, 『전체성과 무한』(*Totality and Infinity*)은 *TI*로, 『존재와는 다르게』(*Otherwise Than Being*)는 *OB*로, 「초월과 지고함」(Transcendence and Height)은 "TH"로, 『시간과 타자』(*Time and the Other*)는 *TO*로, 「신과 철학」(God and Philosophy)은 "GP"로 축약하여 명기함을 밝힌다.

월적 인식의 통일성도 아닌 타자에 대한 책임으로서 타자에 대한 예속으로 본다("GP" 178). 레비나스는 주체적 자아는 모든 유형의 타자성을 동일성으로 전환시킴으로써 이질성을 억압하고 환원시키려 한다고 말한다. 그러므로 그는 동일성을 문제 삼는 것을 타자윤리학이라고 칭하고 타자의 나로의 환원 불가능성을 윤리학의 출발점으로 삼는다.

이 극에서 밀러도 윌리를 주인공으로 내세워 타자를 배제하고 망각하는 냉엄한 자본주의 사회의 비극적 인간 조건을 문제 삼는다. 밀러는 좁게는 한 가정의 가장을 통해 그리고 넓게는 자본주의 사회의 경제의 작동방식을 통해 타자가 어떻게 망각되어 가는지를 보여준다. 가정이라는 울타리에서 윌리는 가족은 하나라는 원칙에 기초하여 가족을 자신의 자아에 동일화시키려고 한다. 그는 가족의 독립적 의사 표현을 가장으로서의 그의 권위에 도전하는 것으로 본다. 자식들은 그와 분리된 독립된 인격체가 아니라 그가 주조해 낸 그와의 동일체로서 그의 꿈을 실현시켜줄 대리인이 된다. 밀러도 윌리의 질환은 가족 구성원을 독립된 인격체로 받아들이지 못하는 것이라고 말한다("Arthur Miller: An Interview" 502). 사회관계의 영역에서 밀러는 자본주의 사회가 보여주는 윌리에 대한 망각의 문제를 다룬다. 거대한 자본주의 경체체제가 윌리를 기계의 부품처럼 부리다가 망각하고 폐기시킴을 보여준다. 밀러는 "관개이 타자의 입장에서 타자를 어루만질 수 있도록 자각시키는 것을 극의 기능으로 본다"("Introduction" 11). 현대 사회에서 타자에 대한 연민과 배려의 마음이 화석화되어가고 있다는 우려를 그의 극은 반영하고 있다.

레비나스와 밀러는 각각의 영역에서 동일성의 재현과 타자의 망각을 이 세계를 황폐화시키는 가장 비윤리적인 폭력 중 하나로 규정한다. 따라서 레비나스의 윤리철학을 통한 이 극의 해석을 동일성과 타자의 망각 문제에 초점을 맞출 것이다. 그러한 논제는 첫째, 자연에서의 삶과 도시에서의 삶의 향유의 문제, 둘째, 이기적 자아인 코나투스(conatus)와 동일성의 경제 문제, 셋째, 타자의 망각과 물러서기, 그리고 넷째, 삶을 향한 삶으로부터의 도피로서의 윌리의 자살 등의 부제로 각각 세부적으로 논의될 것이다.

II. 윌리의 두 세계: 자연에서의 삶과 도시에서의 삶의 향유

레비나스는 자연에서의 삶은 세상에 대한 부정이 아닌 향유 속에서의 세상에 대한 다가섬이라고 본다(*TI* 112). 그는 향유를 자연 속에서의 무소유의 향유와 도회지에서의 소유의 향유로 나눈다. 이 극은 두 가지 양태의 향유의 삶을 뚜렷이 대조시킨다. 첫째는 자연에서의 순수한 향유의 삶이다. 밀러는 이러한 자연에서의 삶을 개막 장면에서 시적으로 그려낸다.

> 플루트의 선율이 들린다. 그 소리는 나지막하고 아름다운 풀과 나무와 지평선에 대한 노래이다.
>
> A melody is heard, played upon a flute. It is small and fine, telling of grass and trees and the horizon. (11)

윌리의 조상들은 개척자 시대에 초원을 떠돌아다니며 자연 속에 살던 사람들이다. 그들은 대지에서 밭을 경작하고, 숲에서 나무를 벌목하고, 수렵을 하며 자연에 삶의 터전을 마련했다. 자연에서의 결핍을 손재주를 통해서 자연의 재료를 다루어 극복한 것이다. 벤(Ben)은 “연장하나만 있으면 우리가 평생 걸려 만들 걸 일주일이면 뚝딱 해 내셨지”(49)라고 말하며 자신의 아버지를 위대한 목공으로 추켜세운다. 그러한 조상을 둔 윌리도 목재와 연장만 있으면 훌륭한 목공이 된다. 찰리(Charley)가 천장을 멋지게 단장한 솜씨에 감탄할 때 윌리는 “연장을 다룰 줄 모르면 남자가 아니지”(44)라고 말하며 우쭐해 한다. 아버지의 죽음을 추모하는 자리에서 비프는 “아버지는 외판 실적을 내는 것보다는 현관 만드는 일에 더 능해 보였어요”(138)라고 하는 칭찬을 빠뜨리지 않는다. 린다도 “그의 손재주는 기가 막혔다”(138)고 맞장구친다. 윌즈(Gerald Weales)는 이 극에는 윌리의 손재주에 대한 자부심과 정원을 가꾸고자 하는 욕망에 대한 언급으로 가득 차 있다고 말한다(346-7).

밀러는 자연에서의 노동 속에 깃든 도락(道樂)과 다툼 없는 삶의 여유로움을 도시에서의 치열한 경쟁으로 인한 긴장된 삶과 대조시키고 있다. 『인간의 조건』에서 아렌트(Hannah Arendt)가 노동과 작업을 구분했듯이(134-211), 자연에서 도구를 다루는 노동은 기계화된 산업사회에서의 생산 작업과는 확연히 다르다. 레비나스도 자본주의 사회에서의 향유에는 세계에 대한 정복의 필요성이 박동하며 자연의 위협에 노출된 인간은 거주지에 집을 세우며 노동과 소유를 시작한다고 본다(*TI* 147). 그에 따르면, 인간은 집에 거처하면서 자연 속에서의 향유의 삶과 분리되고, 분리된다는 것은 현실세계에서 경제활동에 의거해 산다는 것을 의미한다.

윌리의 도시에서의 삶도 자연과의 분리에서 불가피하게 시작된다.

린다는 주변이 뒤바뀐 도회지의 삶에서 시골이 수백 마일 떨어져 있는 것처럼 보인다고 말한다(17). 윌리가 어린 시절 아버지와 함께 지냈던 자연에서의 삶은 손으로 무엇인가를 만들어 자족할 수 있는 삶이었다. 반면에 도시에서의 삶은 자본주의 경제를 존재의 기반으로 삼는다. 뉴잉글랜드 전역에 윌리가 판매하는 물품들은 그가 만들어낸 것이 아니다. 그 물건들에는 그의 손재주와 영혼이 깃들어있지 않다. 노동은 상품의 익명성을 띠게 되고, 그것을 만든 노동자 자신은 그 제품의 익명성 속으로 사라지는 것이다. 윌리는 자신의 재능으로 무엇인가를 만들어내는 일에 참여하는 것이 아니라 그의 재능과는 무관한 익명의 존재가 만든 것을 판매하고 있다. 레비나스는 자본주의 세계의 경제적 속성을 이렇게 표현한다.

> 이 세계는 임금의 가능성이다…. 이 세계는 범속한 세계로서 나는 그곳에서 임금을 받는다…도구는 대상에 대한 열망을 임금화하는 데 기여한다.
>
> The world is the possibility of wages...The world is the secular world, where the "I" accepts wages...Tools serve this yearning for objects as wages. (*EE* 92)

윌리는 봉급과 수당을 받기 위해 뉴잉글랜드의 광활한 지역을 지친 몸을 이끌고 다닌다. 떠돌아다니는 방랑자로서 윌리는 자신만의 성공 철학을 세운다. 그는 영업 실적의 제고는 말끔한 복장과 미소와 거짓 몸짓과 꾸민 언어와 관련이 있다고 믿는다.

네가 무슨 일을 하느냐가 중요한 게 아냐…네가 누구를 아는가가, 그리고 얼굴에 띤 미소가 중요한 거야.

It's not what you do...It's who you know and the smile on your face. (86)

하지만 윌리의 이러한 영업 수법이 그의 세계에서 통한 지도 오래되어 보인다. 요즘 신통치 않은 그의 영업실적이 이를 입증해 준다. 세일즈맨의 세계에서는 판매 실적이 그 사람의 능력을 평가하는 기준이다. 자존심이 강한 윌리는 가족 앞에서 판매량과 거래처의 환대와 지인의 숫자에 대해서 허풍을 떤다(Weales 340). 그가 자랑하는 판매 실적이나 폭넓은 인맥은 과거의 것이 되어 버렸고 거래처에서 그를 맞아들이는 태도도 예전과 사뭇 다르다. 현대의 비즈니스 세계에서 환대는 악수만큼이나 형식적인 가면이 되어버렸다.

윌리는 노년에 접어든 세일즈맨이다. 기계가 노후화되면 새로운 설비의 교체가 필요하듯이, 윌리도 나이가 들어감에 따라 스스로 체력의 한계를 느낀다. 그 순간 그는 새로운 일자리를 위해 사장의 사무실을 노크한다. 하워드(Howard)는 그의 인기척을 아랑곳하지 않고 녹음기의 "실제 같은"(lifelike)(77) 육성의 재생에 감탄한다. 현대 사회의 산업화는 시시각각으로 냉장고, 녹음기, 카메라, 자동차 등의 신제품을 쏟아놓는다. 이러한 재화는 소유 욕망을 불러일으키며, 재화의 소유는 부에 의해 가능하다. 부를 가진 자들은 누구보다도 먼저 새로 나온 문명의 이기의 소유를 욕망하며, 이를 실현해 자신의 부를 과시한다. 이러한 부류에 속하는 하워드는 지금 새로 구입한 녹음기에 심취해 있다. 연민을 요하는 윌리의 실제의 삶(real life)은 무시되고, 기계가 만들어 낸 "실제 같은" 현실에 경의가 표해진다. 물질의 세계가 하워드의 영혼을 지배하고 있는 한, 윌리는 그에게 낯선 이방인이며 타자일 뿐이다.

본사에서의 내근직 요청을 받은 하워드는 "사업은 어디까지나 사업이에요"(80)라고 말하며, 유효기간이 끝난 물건처럼 그를 용도 폐기 처분하려 한다. 사실 경영자들이 직원을 해고할 때는 그가 지쳐있다고 느낄 때다. 하워드는 윌리의 해고 사유를 "이제 지치셨잖아요"(you're tired)(84)라고 말한다. 자본가 입장에서 "누군가가 해고될"(one is <u>fired</u>) 때는 "기력이 지칠"(one is <u>tired</u>) 때이다(밑줄 친 각운은 필자의 강조). 윌리가 울분을 토로하자, 하워드는 더 이상 필요치 않다고 냉혹하게 말한다.

생존을 위해 봉급과 수당에 얽매이는 윌리는 거대한 자본주의 기계의 톱니바퀴와 같은 존재로 보인다. 모든 사업 현장에 효율성이라는 경제 원리가 지배하여 인간의 가치는 노동의 생산성에 의해 판단된다. 밀러는 현대 자본주의 사회가 인간을 기계처럼 부리는 현대의 비극적 상황을 이렇게 기술한다.

> 간단히 말해서, 개인의 절대적 가치는 오로지 부차적이 된다. 그것은 효율적인 생산성의 필요에 뒤로 밀린다. 우리는 결국 기계에 봉사하게 된다. 기계는 멈추어도, 손상되어도, 더러워져도, 시대에 뒤떨어져서도 안 된다. 오로지 인간만이 노화되고, 멈추어서고, 누추해지고, 버려질 수 있다. ("On Social Plays" 60)

> In short, the absolute value of the individual human being is believed in only as a second value; it stands well below the

needs of efficient production. We have finally come to serve the machine. The machine must not be stopped, marred, left dirty, or outmoded. Only men can be marred, stopped, dirty, and alone. (60)

비슷한 맥락에서 하워드는 윌리에게 노화되었으니 멈추어서 쉬라고 권고한다. 레비나스도 자본주의 사회에서 인간이 기계의 톱니가 되는 상황에 대해 이렇게 경고한다.

> 우리는 절박한 마음으로 금세기의 기술로부터 인간을 보호해 주어야 한다. 인간은 그의 정체성을 잃고 물건과 존재자를 집어삼키는 거대한 기계의 톱니가 될 것이다…어딘가 속하고 있다고 확신하는 외로운 방랑자는 사실 자기도 모르게 계산과 통계와 기획에 의해 조종당하는 관광호텔체인의 고객에 불과하게 될 것이다.
>
> We must urgently defend man against this century's technology. Man will lose his identity and become a cog in a vast machine that chews up both things and beings...The solitary stroller in the country, who is certain of belonging, will in fact be no more than the client of a hotel tourist chain, unknowingly manipulated by calculations, statistics and planing ("HGU" 231)

세일즈맨인 윌리는 자신이 몸 바쳐 일한 회사에 소속되어 있다고 믿지만 체재유효기간이 끝나면 호텔체인의 투숙객처럼 떠나야 하는 외로운 방랑자 신세가 된 것이다. 해고 직전의 비극적 상황에서 과연 세일즈맨의 직종이 그의 천직이었는지 의문이 든다. 천성적으로 보면 윌리는 그의 남다른 손재주를 발휘할 수 있는 직종에서 더 성공했을 수도 있다. 『억세게 운이 좋은 사나이』(*The Man Who Had All the Luck*)에서 밀러는 자동차 수리공이었던 비버(David Beever)를 등장시킨 적이 있다. 웰런드(Dennis Welland)는 이 극에서 헤스터(Hester)가 정비공인 남편에게 "당신은…손재주가 좋잖아요"(you're...good with your hands)라고 말하는데, 이 말이 윌리의 손재주를 떠올리게 한다고 말한다("Two Early Plays" 92).

사실 자동차는 외판직의 밀러에게 다리 역할을 하는 중요한 운송수단이다. 그런 만큼 윌리는 주말에는 아이들과 자동차를 세차를 하고 광택을 내며 애마처럼 아끼는 모습을 보인다. 자동차가 고장 나면 수리공의 정비 솜씨에 불만을 터트리는 것도 잊지 않는다. 그가 정비공이었으면 훨씬 더 일을 잘해낼 수 있었으리라는 자부심이 있기 때문이었을 것이다. 그런 점에서 윌리는 손재주와 무관한 세일즈 직종이 아니라 자동차 정비의 직종을 택했다면 더 성공했을지도 모른다는 추측도 가능하다. 클러맨(Harold Clurman)도 윌리는 수작업에 타고난 재능을 보이는 장인이라고 말하면서, 그가 그 분야에서 자리 잡았다면, 자신의 존엄성을 유지했을 것이라고 말한다(146). 만일 그랬다면 적어도 윌리는 그가 정비공으로서 해낸 노동에서 소외됨을 느끼지는 않았을 것이다.

그런 연유에서 노년의 윌리는 뉴잉글랜드 전역을 차를 몰고 다니면서도 자주 마음이 자연정경을 보는 데 쏠려있다. 거래처로 향하는 중에도 그는 "연장이야 무수히 많으니, 약간의 목재와 평화로운 마음만 있으면 돼"(72)라고 읊조린다. 그의 마음의 한 구석에는 전원생활에 대한 갈망이 자리 잡고 있다. 그런 점에서 헤이언(William Heyen)은 윌리의 아메리칸 드림은 도시에서의 꿈이 아니라 시골에서의 꿈이라고 규정한다(54). 밀러는 자연에서의 윤리적 삶의 향유와 현대의 자본주의 시대의 냉혹한 비윤리적 삶을 대조시키고 있다.

Ⅲ. 자본주의 시대의 동일성의 경제와 인간의 코나투스적 본성

로빈스(Jill Robbins)는 사실 현존의 형이상학의 견지에서, 내가 타자를 보고, 알고, 인식하고 이해할 때처럼 현상학적으로 다자를 주장하는 것은 타자를 부정하고 봉인하는 것으로써 또 다른 "동일성의 경제"(the economy of the same)의 예가 된다고 말한다(178). 경제적 실존은 여전히 동물적 실존처럼 동질성에 머무른다. 그것은 비프(Biff)가 말하는 "비루한 실존"(a measly manner of existence)(22)으로서 언제나 옆에 있는 녀석을 따돌려야 하는 실존이다. 이러한 동일성의 경제가 첨예하게 작동하는 실존 상황에서 물질적 향유를 향해 다투는 이기적 욕망이 코나투스다. 코나투스는 레비나스 타자철학이 인간의 자연 본성을 규정하는 중요 개념이다. 레비나스에 따르면 인간은 자신의 존재를 유지하려고 노력하는데, 이 욕구를 코나투스라고 한다. 나의 존재를 실현하려면 타자의 세계가 필요하기 때문에 우리는 '나 중심으로' 세계를 기획하고 관리하게 되고, 나의 존재를 실현한다는 것이다(*TI* 216). 결국 자신의 존재를 실현하기 위해 타자를 목적이 아닌 수단으로 보게 되고 여기에는 자기중심적이고, 이기적인 힘이 존재하게 되어 타자를 망각하게 된다는 것이다.

레비나스는 인간의 자기 보존적 욕구인 코나투스에 대해 "존재(esse)는 사이 존재(interesse)이고, 본질은 사심(interessement)이며…사심은 존재들의 코나투스임이 분명하다"("ED" 111)고 규정한다. 또한 그는 존재의 욕심은 서로서로 다투는, 만인과 만인이 투쟁관계에 있는 이기주의에서, 서로서로가 전쟁 상태에 있으면서 민감하게 반응하는 다양한 이기주의에서 극적으로 이야기된다고 말한다(*OB* 11-16, 40). 이러한 사회에서는 윤리가 실종된 사회가 될 수밖에 없다.

자연의 정복에서 비롯된 도회지의 삶은 이러한 코나투스적 소유욕이 지배한다. 인간은 취하고 장악하는 유기체인 손을 통해 노동을 하여 소유의 욕망을 채운다. 레비나스는 인간의 이기적인 삶의 향유는 동일성인 '나'에서 출발하며 자신의 결핍을 채우기 위해 타자를 부정하는 독립적인 주체가 된다고 말한다(*TI* 116). 윌리는 이러한 주체 중심의 세계의 한복판에 서게 된 것이다.

> 전면에 세일즈맨의 집이 위치해 있다. 그 뒤로 높이 치솟은 모난 형체들이 사방에서 그 집을 에워싸고 있음을 알 수 있다.
>
> Before us is the salesman's house. We are aware of towering, angular shapes behind it, surrounding it on all sides. (11)

아파트 건물이 둘러싸면서 윌리는 정원에서 채소도 기를 수 없고 가꿀 수도 없음을 서글퍼한다. 그는 마음속의 고향인 자연을 빼앗긴 것이다. 윌리는 급격한 도시화가 "주변 지역을 난도질했다"(17)고 말하며 반감을 드러낸다. 자연을 난도질한 도시의 경제활동은 기계를 다루는 노동의 생산성에 주로 의존한다. 현대 사회에서 인간의 능숙한 도구

사용은 기계화를 촉진하고 산업의 생산속도를 가속화한다. 쉴 새 없이 생겨나는 건물과 도로망도 결국은 기계를 다루는 인간의 노동의 산물이다.

그런데 교통수단의 발달은 세일즈맨의 영업반경을 획기적으로 넓혀줌으로써 이 직종의 미래를 활성화시킨 동인이기도 하다. 세일즈맨의 직종은 담당구역 반경을 순회하는 속도가 중시되는 치열한 경쟁의 직종이다. 싱글맨(Dave Singleman)의 세일즈맨으로서의 신화도 마차에서 기차와 자동차로 이어지는 교통문명의 발달에서 탄생한 것이다. 윌리가 가문의 타고난 "자기 독립적인 기질"(81)로 형과 함께 아버지를 찾아 나서려고 했을 때, 파커 하우스에서 우연히 만난 사람이 비로 싱글맨이었다. 그는 방향을 틀어 싱글맨을 그의 성공의 모델로 삼는다.

싱글맨의 신화가 꽃 필 무렵의 자본주의 시대는 아메리칸 드림을 좇아 성공을 위한 치열한 다툼이 본격적으로 시작되던 때이다. 레비나스는 물질적 소유가 지배하는 현대 사회를 다음과 같이 규정한다.

> 세계는 하나의 가능한 소유이며, 산업이 가져오는 세계의 모든 변형은 변양된 소유의 왕국이다. 소유는 거주에서 시작하여 세계를 발견한다…물질의 소유가 이 우주의 밤을 비추는 것이지, 이 세상이 물질을 가능하게 하는 것은 아니다.

> The world is a possible possession, and every transformation of the world by industry is a variation of the regime of property. Proceeding from the dwelling, possession… discovers a world…The grasp of a thing illuminates the very night of the apeiron: it is not the world that makes things

possible. (*TI* 163)

『모두가 내 아들』(*All My Sons*)에서 켈러(Joe Keller)가 뉴욕과 같은 대도시에서의 삶을 "살인적인 경쟁"(cutthroat competition)(48)으로 묘사한 것처럼, 이러한 세계는 레비나스가 말한 코나투스가 지배하는 세계이다. 전쟁 같은 현대사회는 본질적으로 이익추구의 드라마이다(*OB* 18-19).

이와 같이 윌리는 물질주의 시대가 초원의 신화를 짓밟고, 도시가 시골 지역을 잠식하고 있었던 전환기의 시대에 살고 있었다(Bigsby 126). 냉혹한 자본주의 시대에서 세일즈맨으로 살아남아야 했던 윌리는 자신이 체득한 동일성의 철학을 가족에게 설파하는 설교자가 된다. 윌리는 체험을 통해 자본주의 경쟁사회에서의 생존은 타자를 망각하는 이기적 코나투스에 있다는 것을 인정한다. 그의 아메리칸 드림의 성공은 마치 미식축구경기에서 쿼터백이 상대 수비수의 공격을 거칠게 밀어 넘어뜨리고 터치다운하여 점수를 얻는 것처럼 불굴의 공격성에서 얻어진다고 믿는다. 또한 그러한 미식축구의 전투적 영웅이 되면 그의 몸값을 올리는 기준인 타자로부터 "인기"(well-liked)(33)도 부수적으로 따라온다고 믿는다. 즉 그는 타자를 무너뜨려 거기에서 무엇인가를 얻어내는 것을 성공의 법칙으로 본다.

윌리의 성공 철학은 기본적으로 벤과 싱글맨에게서 영향을 받은 것으로서 타자와 경쟁하여 앞질러 무엇인가를 얻어내는 것에 기반을 둔다. 벤은 자연의 착취를 통한 성공에서, 그리고 싱글맨은 도시에서의 성공에서 누구보다도 코나투스를 충실히 구현한 인물들이다. 윌리는 '나'를 중심으로 하는 동일성의 원칙이 그들의 성공요인임을 간파한다.

윌리는 이러한 성공모델들을 교주처럼 여기는 신도가 되고, 역으로 그는 린다를 비롯한 가족들에게 자신의 성공철학을 설교하는 교주가 된다. 밀러의 초고에서 윌리와 비프의 대화는 이를 잘 방증해 주고 있다.

> 비프: 아버지는 절 구속하세요…저에 대한 허망한 꿈을 접으셔야 해요.
>
> 윌리: 삶을 향유하는 것은 야망이 아니야…야망이란 물질이다. 사람은 물질을, 물질을 소유하기를 원해야만 해.

> Biff: You do control mc.... I want you to stop dreaming big dreams about me
>
> Willy: To enjoy yourself is not ambition.... Ambition is things. A man must want things, things. (Bigsby 119-20)

윌리는 느긋한 삶의 향유는 더 이상 꿈도, 야망도 아니라고 말한다. 그의 성공 철학은 벤과 싱글맨에게 들은 성공의 신화에 의거함으로써 물질에 대한 소유욕에 강하게 동기되어 있다. 벤은 맨손으로 정글로 들어가 자연을 취하고 장악하여 정복한다. 그가 자연에서 수탈한 물건들은 그의 정념적 이기성의 결과물들이다. 그가 아버지에게 물려받은 손재주는 착취의 노동력으로 전환된다. 벤은 모험적인 자연개발의 결과물로 곳곳에 구입해 놓은 부동산을 자랑한다(45). 싱글맨은 시대조류를 빨리 파악하는 적응력으로 세일즈맨으로서 정상의 인기를 누리며 사장처럼 자기만의 공간을 갖고 다양한 거래를 성사시키고 있다. 인즈(Christopher Innes)도 윌리의 "꿈"은 물질적인 성공에 다름 아니라고 말한다(65). 물질적 성공에 대한 이기적인 집착은, 파커(Brian Parker)

의 지적처럼, 조상에게 물려받은 타고난 모험심, 독립심, 용기와 같은 덕목을 타자에 대한 호전성으로 돌변시킨다고 말한다(33).

그들의 성공신화는 투쟁의 장에서의 승리의 기록이다. 벤이 정글의 세계에서 다이아몬드 광을 움켜쥐었다면, 싱글맨은 현대 도시라는 정글의 세계에서 금권을 움켜쥐었다. 두 곳 모두가 서로가 금화를 캐내고 쥐어 잡기 위해 아귀다툼을 하는 이전투구의 현장이다. 그런데 정글의 세계에서의 그들의 성공신화는 전혀 영웅적이지 않다. 그들은 고대, 중세 신화에서 악에 대한 선의 승리를 위해 초인적인 힘을 가진 적을 두려워하지 않고 쓰러뜨리는 영웅들과는 사뭇 다르다. 그들의 관심이 자신과 주변사람들에게 부당한 권력을 행사하는 자들에 대한 저항적 항거이기보다는 타자들이 자신에 앞서 자신의 몫을 챙겨가지 못하도록 물질을 선취하고자 하는 데 있다. 그러므로 그들은 코나투스에 함몰된 비영웅적 부류에 속한다고 볼 수 있다. 그들의 삶은 자신에 대한 끊임없는 기억과 타자에 대한 망각으로 이루어진다. 벤이 생존한 정글의 세계는 남을 밀치고 먼저 발견하여 차지하는 자가 살아남는 세계이고, 싱글맨이 실존하는 세계는 그럴듯한 수사와 가면과 술수로 상대를 제압하는 권모술수의 세계이다.

그러므로 그들은 그러한 정글의 세계에서 결코 정당하게 싸워서는 생존할 수 없다는 사실을 경험으로 체득한다. 약육강식의 세계에서 실존해야 하는 윌리에게 정당하게 싸워서는 안 된다는 벤의 말은 설득력 있게 다가온다. 벤의 비윤리적 호전성은 그가 갑자기 비프를 넘어뜨린 후 우산 끝을 비프의 눈에 갖다 댈 때 극명하게 드러난다. 그는 넘어진 비프를 바라보며 "낯선 이와 결코 정당하게 싸우면 안 된다, 그런 식으론 정글을 빠져나올 수가 없어"(49)라고 명심시킨다. 윌리는 그러한 벤의 성공 철학을 마음에 새기며 냉혹한 적자생존의 세계에서 살아남기 위해 고군분투해왔다.

이처럼 윌리가 물려받은 성공철학은 애초부터 비윤리적인 생존법칙이었다. 그는 이러한 가치관을 비프 앞에 내세우며 삶의 제1원칙으로 관철시키려고 한다. 윌리의 이러한 정념은 자기애의 뚜렷한 징후이다. 그의 꿈은 자기애에 뿌리를 둔 것이었다.

Ⅳ. 타자의 망각, 물러서기 그리고 화해

윌리의 꿈은 도시에서의 물질적인 성공을 실현하는 것이었다. 그러나 어느 순간 윌리는 자신이 더 이상 과거의 자신이 아님을 확인하게 된다. 그는 등 뒤에서 동료들이 자신을 바다코끼리(walrus)로 부르며 비웃는 소리까지 엿듣게 된다. 인간 간의 친목과 유대는 계산에 가려진 허상이라는 것을 확인하면서 어느 순간 고독을 느끼게 된다. 그리고 윌리의 정신적 공허감은 보스턴에서 한 여성과의 불륜으로 이어진다. 그의 고독은 육체적 애무와 연민을 원한 것이다. 윌리는 구원으로서의 위로와 애무를 추구한 것이 아니라 무의미해 보이는 삶 속에서의 일시적인 해방을 위해 쾌락을 추구한 것이다. 괴로움 속에서 신경실 없는 스쳐 지나가는 위안과 애무는 고통의 끝을 약속해 주지도, 보상해 주는 것도 아니다(*EE* 154).

비프는 보스턴 호텔에서 아버지의 불륜 현장을 직접 목격한다. 아버지에 대한 배신감과 증오감은 자기 파괴적인 행동으로 변질된다. 그는 입학예정 대학의 축구화를 모두 불태워 버리며 프로축구선수로서의 꿈을 접는다. 비프는 아버지에게 자신에 대한 허황된 꿈을 불태워버리라고 말한다(133). 비프가 축구화를 불태워버리고 자신의 꿈을 접어버렸듯이 아버지도 그릇된 꿈을 불태워버리기를 바란다. 바꿔 말하면 비프는 자신을 아버지가 설계하고 주조해 낼 작품으로 생각하지 말라고 항변한다. 레비나스는 사실 아들이란 예술품처럼 단순히 나의 작품이 아니며 나의 소유물도 아니어서 권력의 범주나 소유의 범주는 아이와의 관계를 암시하지 않는다고 말한다.

> 아들은 나에게 일어나는 어떤 사건이 아니다. 슬픔이든, 시련이든, 고통이든. 그 아들은 하나의 자아이고, 하나의 인간이다. 마지막으로 아들의 타자성은 분신이 아니다. 부성은 내가 내 아들의 자리를 대신할 수 있는 연민이 아니다.

> The son is not any event whatsoever that happens to me-for example, my sadness, my ordeal, or my suffering. The son is an ego, a person. Lastly, the alterity of the son is not that of an alter ego. Paternity is not a sympathy through which I can put myself in the son's place. (*TO* 91)

윌리는 비프를 여전히 자신의 소유물로, 작품으로 보기를 포기하지 않는다. 윌리는 비프가 독립적 개체이지만 그럼에도 그의 통제 하에 있어야 할 소유물로 본다. 그는 타자의 가능성을 자기의 가능성으로 본다. 그리고 꽉 막힌 자기의 동일성의 집착 하에서 아들이 자기에게 주어졌으나, 자기에게 주어지지 않았다는 역설을 수용하지 못한다. 그리하여 그는 아들이 나의 존재를 넘어선 미래라는 점을 자신의 꿈의 실현에서만 찾으려고 한다. 그는 단 한 번도 아들의 바깥에 서려 하지 않았다.

보스턴 사건은 비프로 하여금 이 문제를 놓고 아버지와 정면 대결케 한다. 비프는 아버지에게 이제는 자신의 실체를 인정하라고 다그친다. 햄릿(Hamlet)이 친모살해 욕망을 비수 같은 언사로 찔러대자 거트루드(Gertrude)가 "네 말이 마치 비수처럼 내 귀를 파고드는구나"(these words like daggers enter into my ears)(3.4.95)라고 말하는 것처럼, 비프도 비수 같은 말로 아버지의 폐부를 찌르자 윌리는 "네가 애비에게 칼을 들이대는구나"(You're trying to put a knife in me)(248)라고 날 서게 대응한다. 나중에 레스토랑에서 비프는 온갖 삶의 짐을 혼자 짊어진 척하는 아버지를 "고뇌에 찬 고결한 군주"(a fine, troubled prince)(114)로 패러디한다(여기서 밀러는 고뇌에 찬 듯한 윌리의 모습을 햄릿에 빗대지만, 윌리의 아들에 대한 가부장적 태도는 군주라 할 만하다). 레비나스는 내가 나 자신을 폐위하는 데에, 즉 상처받은 타자를 위해 나 중심의 위치에서 나를 폐위시키는 것에 동의하는 정도로 나는 책임 있고 윤리적인 인간이 된다고 말한다("DEL" 27).

그러나 결코 윌리는 나 중심의 왕좌에서 자신이 내려오기를 원치 않는다. 그런 점에서 비프가 아버지를 "고뇌에 찬 고결한 군주"로 조소하는 것이다. 비프가 레스토랑에 아버지를 방치하고 여자들과 즐기러 나간 것도 아버지를 지워버리고 싶은 욕망의 또 다른 파괴적인 돌출 행동이다. 비프는 아버지가 가족들의 삶을 자신의 꿈에 철저하게 동일화시키며 짓밟았다고 생각한다. 그는 아버지를 "가짜 사기꾼"(You phony little fake!)(121)으로 규정한다. 여기서 "가짜"(fake)는 모방, 모조의 의미가 있다는 점에서 자신의 것이 아닌 남의 삶, 가짜 삶을 사는 것을 의미한다. "가짜 사기꾼"의 의미는 허위의 거짓말을 일삼는 사기꾼만을 의미하는 것은 아니다. 남의 삶을 모방하는 것은 "사기"(phony)의 삶이라는 것을 의미한다. 왜냐하면 자신의 것이 아닌 남의 것을 흉내내는 삶을 살고 있는 아버지가 그 가짜 꿈을 자신에게 이식시키려고 해왔기 때문이다.

윌리는 이제 온 우주에 홀로 남아 있는 듯한 소외감을 느낀다. 그러나 역설적으로 윌리의 소외는 자신이 타자를 소외시킨 데서 온 것이다. 타자와의 소통과 타자를 향한 초월은 자기 지우기로부터 가능하다. 사이먼 크리췰리(Simon Critchley)도 타자와 나의 분리를 불인정함이 바로 비극의 원천이라고 말한다(26). 하지만 윌리는 타자와의 소통도, 타자에 대한 책임도, 타자를 위한 희생도 시도하지 않는다. 그의 가족과의 삶 자체는 동일성의 동어 반복적 방식의 관철이었다. 윌리는 가족이 자아의 독립성을 가진 타자라는 것을 부정한다. 불륜의 상대 여성인 프랜시스(Miss Francis)(224)도 윌리를 "가장 한심한 자기-중심적인 인간"(116)으로 부른다. 비프는 "우린 이 집에서 단 십 분도 진실을 말해 본 적이 없어요"(131)라고 자탄한다. 이러한 예들은 그가 의사소통을 일방적으로 하는 코나투스적 인간임을 증명해 준다.

레비나스는 타자에게 다가서는 초월적 책임은 벌거벗음 너머의, 형식 너머의 허물벗기로 가능하다고 본다. 즉 말함의 진정성, 솔직성, 진실성에서 그리고 고통의 벗겨냄 속에서 존재는 변화된다고 말한다(*OB* 15). 비프는 아버지와의 형식 넘어 벌거벗음을, 진정한 소통을 애원한다. 이 세계에 존재한다는 것은 다른 의미로 가면을 쓰는 것이 되어버렸다. 비프는 모든 허식을 벗어던지고 아버지가 자신을 있는 그대로 받아들여 주기를, 나아가 자식이 욕망할 수 있는 것을 욕망하도록 놓아주기를 바란다. 비프가 자신이 시간당 1달러를 버는 보잘 것 없는 인간임을 인정해 달라고 무릎을 꿇자, 윌리는 아들의 얼굴을 쓰다듬는다. 비프는 아버지를 끌어안으며 진정한 화해의 의사표현을 한다. 레비나스는 이러한 애무[3]는 심리적으로 보면 연민의 효과라고 말한다(154). 연민의 효과가 낳는 근접성(proximity)[4]은 타자에 대한 자아의 노출이며, 말함의 애무와 접촉 속에서의 즉각성, 살갗과 얼굴의 즉각성이다(*OB* 85). 주체의 타자에 대한 주제화된 접근은 타자에 대한 무관심한 접근인 반면에, 근접성은 박애 속에서 진행되는 것이다. 회블러(D. L. Hoeveler)는 윌리는 자신의 꿈의 실현을 위해 가족들에게 배역을 정해 주고 그에 준한 역할을 강요했다고 말한다(78). 그런 점에서 윌리의 의식은 비프를 주제화하고 동일화하는 과정 속에서 촉감과 애무같은 친밀성을 잃어버린 지 이미 오래되었다.

레비나스는 허식을 벗고 고백하는 일이 불가능한 것을 가능케 하고, 진실로 나가는 일을 가능케 한다고 강조한다(*EE* 71-3). 윌리는 이것을 먼저 시도하지 못한다. 도리어 윌리는 아들의 눈물에서 그에 대한 연민을 보며, 그의 안아줌을 자신에 대한 인정으로 받아들인다. 처절한 생존경쟁 사회에서 살아온 윌리는 상대의 애처로운 처지에 대해 연민을 느끼며 눈물을 보이고 껴안아 주는 것을 남자가 보여서는 안 될 나약한 표징으로 여긴다. 그는 타자에 대한 배려와 연민을 여성성의 세계, 즉 린다의 세계에 속하는 감성의 과잉으로 보는 것이다.

---

3) 레비나스의 애무(caress)의 개념은 손으로 만지는 감각과는 무관하다. 그는 애무를 감각의 영역에 속하는 앎과 의식의 구조로 사용하지 않는다. 그에게 접촉(contact)은 인간 간의 정보교환을 위한 만남을 의미하지 않으며, 애무도 육체적인, 성적인 의미와 무관하다.

4) 근접성은 두 사람 사이의 거리의 가까움을 의미하는 것이 아니라 타자에게 마음을 여는 윤리적 휴머니즘을 의미한다.

윌리의 성공신화에의 매몰은 그를 매몰찬 인간으로 화석화해갔다. 그는 아내가 묵묵히 인내하며 생활고를 견딜 때에도 따뜻한 말을 건네는 데 인색했고, 조련사처럼 냉혹하게 비프를 자기의 성공철학에 맞추어 키우려 했다. 결국 비프가 실패하여 떠돌이 신세가 되자 그 모든 것을 자식의 무능 탓으로 돌린다. 적어도 겉으로는 자식의 실패에 대해 전혀 책임을 인정하지 않는다. 윌리는 비프의 눈물에서도, 포옹에서도 자신의 의지에 반(反)하는 용기를 내지 못한다.

윌리는 나 중심의 사고를 초월하지 못한다. 그는 자신에게 집착하고 그가 동일시하는 가족들에게 집착함으로써 그의 욕구를 충족시키려고 한다. 비프의 성공에 대한 욕망은 결코 실현되지 못한 채, 채워지지 않는 갈증으로 남아, 욕망 그 자체를 먹고 산다. 그는 도시의 잔해 위에 여전히 욕망의 씨앗을 뿌린다. 그러나 과거의 잔류물에서 새로운 싹을 틔울 수는 없다. 윌리는 비프를 끝까지 자신과 분리시키지 못한다. 윌리가 마지막 순간까지 망각한 것은 타자의 받아들임이다. 그것은 자기 자신을 부정하는 행위이며 자기 동일성에 반하는 행위이기 때문이다. 그의 동일성의 집착은 그것을 불가능하게 한다. 레비나스는 타자를 위함은 자신의 살갗이 벗겨지는 고통 속에서 구현된다고 말하는데(*TI* 102), 윌리는 비프가 자신의 뜻을 거스름으로써 자신에게 살갗이 벗겨지는 고통을 준다고 생각한다. 그래서 그는 아들이 자신을 저주하기까지 한다고 생각한다. 윌리는 결코 자신의 자아를 거역하지 못하며 자신에 반(反)하는 고통을 수용하지 못한다. 그러면서도 비프가 자신에 반함으로 인해 엄청난 고통을 감내하고 있음에는 애써 눈을 감는다. 이것이 바로 타자의 망각이다.

찰리가 버나드(Bernard)를 키운 교육방법은 타자를 망각하는 윌리의 것과 다르다. 윌리가 버나드를 키운 교육방식에 관해 궁금해 하자, 찰리는 자식에 대해 "관심"(interest)(96)을 기울이지 않는 것이라고 말한다. 바꿔 말하면 자식에게 무관심했다는 것이 아니라, 자식의 장래 문제에 대해 "사심 있음"(interest)을 드러내지 않았다는 것이다. 여기서 "사심 있음"은 라틴어 interesse에서 기원하며 그 뜻은 "사이(inter) 존재(esse)"이다. 즉 "사이 존재"는 인간이 타자와 경쟁을 벌여야 하는 실존적 존재임을 의미한다. 그런 점에서 "사이 존재"는 여기에서 관심의 뜻을 넘어 이해관계("사심 있음")를 문제 삼는 존재를 의미한다. 어느 것에도 관심을 기울이지 않았다는 것은 어느 것에도 손익을 따지지 않았다는 것이다. 이는 레비나스의 "사심 없음"(dis-interestedness)의 개념[5]에 상응한다고 볼 수 있다. 아들이라도 독립적 인격체로서 개입하지 않는 것을, 즉 자신의 자아를 투사하지 않는 것을 의미한다. 여기에서 "사심 없음"은 또한 무심함, 무정을 의미하지도 않는다. 찰리는 딱한 처지에 있는 윌리에 대한 배려도 잊지 않는다. 궁지에 몰린 윌리에게 선의를 베풀면서 가능한 한 인간적으로 대하려고 한다는 점에서 그러하다.

또한 버나드의 조언은 뼈아프게 다가온다. 버나드는 비프에 대한 그릇된 꿈을 접지 않는 윌리에게 "물러서는 것"(just to walk away)(95)이 하나의 방법일 수 있다고 제언한다. 윌리는 마치 자신이 벼랑 끝에

5) 레비나스는 "사심 없음"을 윤리의 본질로 본다. 그는 윤리를 "사심 없음"으로 말할 때, 무심을 의미하지 않는다. 그는 "사심 없음"은 존재에 있어서의 이해관계를 앞서는 것으로 세계-내-존재로서 소유물의 전유에 대한 관심, 그 자신의 것이 아닌 것을 그 자신의 것으로 전유하는 것에 대한 관심으로 벗어나는 것을 의미한다("DEL" 29-30). 또한 그는 "사심 없음"을 본질을 넘어서는 것으로 자신의 타자를 위한 희생, 자아의 폐위를 의미하는 것으로 본다(*OB* 58).

서있는 것처럼 "물러설 수 없다면"(95)이라고 단서를 붙인다. 이글턴(Terry Eagleton)도 윌리의 비극성은 자신의 동일성의 집착으로부터 "물러섬"(withdrawal)의 거부에 있다고 단정한다(*TO* 219). 레비나스도 동일성에 매인 인간은 물러설 줄 모르므로 자신으로부터 벗어나오지 못한다고 본다(*TO* 69). 윌리는 이 세상에서의 성공은 타자의 것을 취하고, 소유하고, 정복하는 데서 온다고 믿기에 물러서는 것은 곧 지는 것이며, 패배를 인정하는 것이 된다고 믿는다. 그러나 그러한 신앙은 결국 그를 고독한 존재로 만들며 죽음으로 내몬다. 윌리의 물러섬의 거부가 그를 결국 벼랑에 서게 한다.

V. 삶을 향한 삶으로부터의 도피로서의 윌리의 자살

레비나스는 고통에는 도피처가 없는데, 그 까닭은 고통은 도망하거나 물러서는 것의 불가능성에서 오기 때문이라고 말한다(*TO* 69). 린다는 윌리가 "항구를 찾는 자그마한 배"(76)라고 말한다. 그녀는 그릇된 꿈의 덫을 벗어나지 못하는 윌리를 안쓰러워하고 그의 불안정한 증세를 걱정한다. 그녀의 불길한 예감처럼, 윌리는 비프에 대한 꿈의 무산이 주는 고통으로부터 피하는 것이 현실세계에서 불가능함을 느낀다. 그때 윌리는 죽음의 불가능성을 곧 죽음의 가능성으로 고려한다. 물러섬은 자아의 폐기와 동시에 타자에 대한 초월로서 가능하게 되는데("EP" 75-77), 윌리는 자아의 폐기, 즉 물러섬을 거부한다. 되레 그는 자살을 계획한다. 그의 자살은 삶에 대한 급진적인 사랑의 표현이다. 레비나스가 "인간은 삶을 향해 삶으로부터 도피한다"(*TI* 149)고 말한 것처럼, 윌리의 자살은 역설적으로 삶을 향한 삶으로부터의 도피이다. 그의 자살은 자신의 동일체인 아들의 삶을 다시 정초하려는 의지의 표현이나. 찰리가 비프를 잊으라고 충고할 때, "그렇다면 내가 무얼 기억한단 말이냐"(44)라고 말하는 데서 그의 이러한 의지는 잘 드러난다. 과거의 기억을 계속 연장시키는 것이 그의 실패를 부정하는 것이 된다.

그러므로 윌리는 다시 비프를 살리기 위해 자동차 사고사에 의한 보험금 유증 계획을 꾸민다. 이 계획도 사실은 자신의 삶의 실패, 무가치함을 부정하려는 방어기제로서 나온 것이다. 레비나스는 절망 속에 싹트는 희망의 절실함은 절망의 순간 자체를 보상받고 싶어 하는 심리에서 나온다고 말한다(*EE* 155-7). 윌리의 보험금 증여 착상은 비프의 실패를 시인해야 하는 절망적 순간 그 자체를 보상받고 싶어하는 심리에서 비롯된다. 이제 윌리에게 꿈이란 회복할 수 없는 것의 회복을 꿈꾸는 것이다.

다시 말하면 윌리의 죽음의 의지는 영웅적이지 않다. 윌리는 그가 물건을 판 것처럼 또 다시 그 자신을 팔고 있다(Miller "Introduction" 28). 그의 영혼을 팔아버림으로써 그는 자식의 물질적 토대를 마련해 주려고 한다. 그의 영혼을 팔아 남긴 보험금 속에는 그의 죽음이 있다. 그 죽음은 바로 비프가 말한 윌리의 그릇된 꿈의 죽음이다.

윌리의 자살은 "날 위해서라면 지옥의 아가리 속으로라도 들어가려 하는"(52) 아들들에 대한 사랑에서, 또한 역설적으로 비프가 자신을 "쓸모없는 인간"(nothing)(126)이라고 생각하는 데 대한 보상심리에서 연유하는 것으로 보인다. 그는 아들들의 자신에 대한 사랑과 실망 양쪽을 다 보상해 주고 싶은 것이다. 『전락 이후』(*After the Fall*)에서 소련 공산당 문제를 연구했던 루(Lou)는 그에 대한 비판에 직면해 책 출간을 미루면서, "그 책을 치워버리는 것은 말하자면 내게는 자살이나 마찬가지야, 내가 아는 모든 것이 그 책 속에 있어"(25)라고 말한다. 비슷한 맥락에서 윌리의 자살은 그가 온 힘을 쏟아 키웠고, 진정으로 모든 것을 안다고 생각한 비프를 이 세상에 출간하지 못한 것(꽃피우지 못한 것), 즉 비프를 이 세상에 주목받는 베스트셀러로 출간하지 못한 것에 대한 좌절감 때문이었다. 윌리는 자신이 누구보다도 잘 안다고 생각한 비프가 모르는 비프가 되어버렸다는 것에 절망한다.

죽음은 고통 속에서 가능성의 한계에 다다름을 의미한다. 곧 주체의 죽음은 윌리의 육신의 죽음과 더불어 온다. 보상금을 자식에게 남겨주려는 그의 주체성은 그가 숨을 거둘 때까지 사라지지 않는 것이다. 레비나스는 죽음은 어느 순간에 우리는 더 이상 손으로 잡을 수가 없으며, 무엇인가를 더 이상 할 수 없다는 것을 의미한다고 말한다(*TO* 74). 정확히 이 순간에 주체는 주어로서의 바로 그 장악성을 잃게 된다는 것이다. 그러면서 그는 "죽음은 계획을 세움의 불가능성이다"(*TO* 74)라고 덧붙인다. 그것을 알기에 윌리는 죽기 전까지 계획을 세운다. 그는 비프를 아주 "멋진"(133) 삶을 살게 할 "계획"(proposition)(135)을 기획한다. 본질적으로 그의 꿈은 과거와 동일한 것이다. 그는 과거의 가치관과 과거의 행위를 그 자신의 것으로 기억하는 지난날의 그와 동일한 인격이다. 그는 자신을 자신으로 끝까지 유지하고자 하는 주체적 인간이다. 그런 점에서 이성은 있으나 반성은 없는 인간적 한계를 보인다.

윌리는 우리 시대의 평범한 샐러리맨이다. 그의 죽음의 파국을 역사의 위대한 인물들의 자살과 비교할 수는 없다. 하지만 그의 자살이 지니고 있는 함의는 결코 그들의 것과 다르다고 할 수 없다. 자살은 곧 자기 파멸을 통한 자기 논증의 마지막 몸짓이기 때문이다. 『줄리어스 시저』(*Julius Caesar*)에서 브루터스(Brutus)의 죽음을 두고 렙혼(Wayne Rebhorn)은 "자살은…자기 파멸의 행위가 아닌 영광에 대한 자기 주장, 자기 정의의 행위이다. 그것은 최상의 거부의 몸짓으로 그들의 정체성을 구현하고 그들의 운명을 제어할 수 있다는 인간의 확신의 나팔을 부는 것이다"(35)라고 말한다. 자살을 선택한 윌리를 공화정의 이상을 실현하려다 자살을 최고의 정복의 양식으로 받아들인 브루터스와 견줄 생각은 없다. 하지만 적어도 평범한 세일즈맨인 윌리가 자신의 자살을 자기 파멸 행위가 아닌 영광스러운 자기 주장으로 보았던 점은 분명하다.

그러나 브루터스와 다른 점은 윌리는 마지막 순간에도 자신과 가족과 주변세계에게 진실하지 못했다는 것이다. 그는 자신의 잘못된 꿈과 가치관을 끝까지 합리화하며 자신의 동일성을 지키는 것이 인간으로서의 자신의 존엄성을 수호하는 것으로 오인한다. 현세를 떠나 죽음을 향해 차를 질주하는 순간에도 윌리는 자신을 버리지 못한다. 레비나스가 "그 자신이 의롭다고 생각하는 의로운 자는 더 이상 정의롭지 않다"("TH" 17)고 한 말은 윌리의 왜곡된 가치관을 정곡으로 찌른다. 레비나스는 누군가가 이해하는 것을 넘어서 이해하는 것은, 누군가가 생각하는 것을 넘어서 생각하는 것은, 주체의 생각에서 물러나 생각하는 것은 타자를 향한 욕망이라고 보았다("EP" 76). 윌리는 단 한번도 주체의 의식에서 물러나 가족에게 마음의 문을 여는 초월적 태도를 보여주지 못했다.

윌리는 이러한 욕망이 부재하다. 그런 점에서 그의 꿈은 욕망이 아니라 탐욕이다. 그는 타자의 삶을 자신이 기획하거나 통제하는 것의 불가능성을 인정하지 않는다. 그는 현실세계에서의 자신의 체험, 지혜, 경륜에서 나오는 선차적 권리를 요구하기 전에 가족의, 즉 타자의 타율성(heteronomy)에 응답해야 할 책임을 외면한다.

레비나스가 그의 타자철학에서 갈파했듯이, 밀러는 이 극에서 우리는 이 책임으로부터 도망칠 수 없으며, 도망치려는 것은 윤리적 의미의 악이라고 규정한다. 밀러는 경제의 시간에 예속되어 타자를 상처내어, 아프게 하고, 희생시키는 현대인의 이기적 코나투스에 대해 경고한다. 윤리적 의미의 악은 타자의 망각이며, 그것의 극복은 오로지 윤리적 휴머니즘의 회복에 의해 가능하다고 본 것이다.

(한국영어영문학회 2016)

인용 문헌

- Arendt, Hannah. *The Human Condition*. Trans. Lee Jinwoo and Tae Jungho. Seoul: Hankilsa, 2009. Print.
  [아렌트, 한나. 『인간의 조건』. 이진우 · 태정호 옮김. 서울: 한길사, 2009.]
- Aarnes, William. "Tragic Form and the Possibility of Meaning In Death of a Salesman." *Arthur Miller's Death of a Salesman*. New York: Chelsea House Punlishers, 1988: 95-112. Print.
- Bigsby, C. W. E. "Death of a Salesman: In Memorium." *Arthur Miller's Death of a Salesman*. New York: Chelsea House Punlishers, 1988: 113-128. Print.
- Clurman Harold. "Arthur Miller's Later Plays." *Arthur Miler: A Collection of Critical Essays*. Ed. Robert W. Corrigan. Englewood Cliffs, N. J.: Prentice-hall, Inc., 1969. Print.
- Critchley, Simon and Robert Bernasconi, eds. "Introduction." *The Cambridge Companion to Levinas*. Cambridge: Cambridge UP. 2002: 1-32. Print.
- Eagleton, Terry. *Trouble With Strangers: A Study of Ethics*. Chichester: Wiley-Blackwell, 2009. Print.
- Heyen, William. "Arthur Miller's Death of a Salesman and the American Dream." *Arthur Miller's Death of a Salesman*. Ed. Harold Bloom. New York: Chelsea House Punlishers, 1988: 47-58. Print.
- Hoeveler, D. L. "Death of a Salesman as Psychomachia." *Arthur Miller's Death of a Salesman*. Ed. Harold Bloom. New York: Chelsea House Punlishers, 1988: 77-82. Print.
- Innes Christopher. "The Salesman on the Stage: A Study in the Social Influence of Drama." *Arthur Miller's Death of a Salesman*. Ed. Harold Bloom. New York: Chelsea House Punlishers, 1988: 59-76. Print.

- Jackson, Esther M. "Death of a Salesman: Tragic Myth in the Modern Theatre." *Arthur Miller* Ed. Harold Bloom. New York: Chelsea House Punlishers, 1987. 27-38.
- Jenkins, Harold, ed. *The Arden Shakespeare: Hamlet.* London: Routledge, 1995. Print.
- Levinas, Emmanuel. "Enigma and Phenomenon." *Emmanuel Levinas: Basic Philosophical Writings.* Eds. Adriaan T. Peperzak, Simon Critchley, and Rob. Bloomington: Indiana UP, 1996: 65-78. Print. [Abbreviated as "EP"]
- ___________. *Ethics and Infinity.* Trans. Richard A. Cohen. Pittsburgh: Duquesne UP, 1985. Print. [Abbreviated as *EI*]
- ___________. *Existence and Existents.* Trans. Alphonso Lingis. Pittsburgh: Duquesne UP, 1978. Print. [Abbreviated as *EE*]
- ___________. "God and Philosophy." *The Levinas Reader.* Ed. Séan Hand. Cambridge: Blackwell, 1989: 166-189. Print. [Abbreviated as"GP"]
- __________. "Heidegger, Gagarin and Us." *Difficult Freedom: Essays on Judaism.* Trans. Sean Hand. Baltimore: Johns Hopkins UP, 1997. Print. [Abbreviated as "HGU"]
- ___________. *Otherwise Than Being.* Trans. Alphonso Lingis. Pittsburgh: Duquesne UP, 1998. Print. [Abbreviated as *OB*]
- ___________. *Time and the Other.* Trans. R. A. Cohen. Pittsburgh: Duquesne UP, 1987. Print. [Abbreviated as *TO*]
- _________. *Totality and Infinity.* Trans. Alphonso Lingis. Pittsburgh: Duquesne UP, 1969. Print. [Abbreviated as *TI*]
- Levinas, Emmanuel and Richard Kearney. "Dialogue with Emmanuel Levinas." *Face to Face with Levinas.* Ed. Richard A. Cohen. State U. of New York P, 1986: 13-34. Print. [Abbreviated as "DEL"]

- Miller, Arthur. *After the Fall*. New York: Penguin Books, 1980. Print.
- ___________. *All My Sons*. New York: Penguin Books, 2000. Print.
- ___________. "Arthur Miller: An Interview." *The Theater Essays of Arthur Miller*. Eds. Robert A. Martin & Steven R. Centola. New York: Da Capo, 1996: 51-68. Print.
- ___________. *Arthur Miller: Death of a Salesman*. Ed. Gerald Weales. New York: Penguin Books, 1981. Print.
- ___________. "Introduction." *Arthur Miller: Collected Plays*. New York: The Viking P, 1976. Print.
- ___________. "On Social Plays." *The Theater Essays of Arthur Miller*. Eds. Robert A. Martin & Steven R. Centola. New York: Da Capo, 1996: 51-68. Print.
- Parker, Brian. "Point of View in Arthur Miller's Death of a Salesman." *Arthur Miller: A Collection of Critical Essay*. Ed. Robert W. Corrigan. Englewood Cliffs, N.J.: Prentice-Hall Inc., 1969: 95-110.
- Rebhorn, Wayne. "The Crisis of the Aristocracy in *Julius Caesar*." *New Casebooks: Julius Caesar*. Ed. Richard Wilson. New York: Palgrave, 2002: 29-54. Print.
- Robins, Jill. "Tracing Responsibility." *Ethics as First Philosophy*. Ed. Adriann T. Peperzak. New York: Routledge, 1995: 173-184. Print.
- Weales, Gerald, (ed). "*Arthur Miller: Death of a Salesman*." *Text and Criticism*. Harmonsworth: Penguin Books Ltd., 1981. Print.
- Welland, Dennis. "Two Early Plays." *Arthur Miller's All My Sons*. Ed. Harold Bloom. New York: Chelsea House Publishers, 1988: 91-100. Print.
- Williams, Raymond. "Arthur Miller: An Overview." *Arthur Miller*. Ed. Harold Bloom. New York: Chelsea House Publishers, 1987. Print.
- Yoon, Heeuhk. "A Study of Arthur Miller's *All My Sons* through

Levinas's Philosophy of Otherness: the Violence of the Same and the Forgetting of the Other." *The Journal of Modern British and American Drama*. 27.3(2014): 279-301. Print.
[윤희억.「레비나스의 타자철학을 통한 아서 밀러의 *All My Sons*의 고찰: 동일성의 폭력과 타자의 망각」.『현대영미드라마』27권 3호 (2014): 279-301.

레비나스의 여성성과 모성 개념을 통해 본 『세일즈맨의 죽음』*Death of a Salesman*에서의 린다의 여성성과 모성의 연구

I. 서론

밀러의 대표 극들에 대한 비평들은 1950년대 말에서 1980년대에 집중되어 있으며, 그 이후에 나온 연구도 기존 비평들의 사회학적, 종교적, 인종적, 윤리적, 문화적, 신화적, 정신분석학적 관점을 더욱 심층적으로, 때로는 세분화하여 끌고 들어간 것으로 볼 수 있다. 이러한 분위기 속에서 밀러 극에 대한 여성주의적 읽기는 남성지배의 가부장적 사회에 대한 신랄한 비평을 가하거나, 여성 인물들의 남성인물들에 대한 부수적 역할론에 제동을 겖으로써 새로운 시도로 주목받고 있다. 그중에서도 기실 여성의 부수적 역할론을 주장하는 비평 기류는 밀러가 자초한 측면이 없지 않다. 밀러 자신이 그의 극에서 여성 인물들은 남성 인물들에 필연적인 부수물이라고 말한 바 있기 때문이다(Roudané 430).

스탠튼(Kay Stanton)은 밀러가 이 극을 "보통 사람"(the common man)의 비극이라고 선언했지만 "사람"은 남성을 의미한다는 점에서 남성 위주의 극이라고 규정한다(67). 모든 갈등이 윌리(Willy), 하워드(Howard), 찰리(Charley) 등 남성들 간에 이루어진다는 점에서 여성의 존재가 간과되어 왔다는 것이다. 얼터(Iska Alter)는 켈러(Joe

Keller), 로먼(Willy Loman), 프록터(John Proctor) 등의 인물들을 거론하며 밀러가 가부장적인 사회에서 남성 권력의 동일성에 관심이 있는 작가라는 점은 새삼 강조할 필요가 없다고 말한다. 그러나 비록 여성이 남성의 필요성에 의해 불가피하게 좌우되기는 하지만, 얼터는 밀러가 어느 정도 "여성의 힘"(female power)에 대한 복합적인 비전을 제시하고 있다고 주장한다(116). 기존의 비평가들이 밀러 극에서의 여성들의 위치를 너무 단순화하여 해석했다고 보는 것이다.

캐닝(Charlotte Canning)은 이 극이 여성주의 독자에게 만만한 텍스트는 아니라고 주장한다. 겉으로 보기에 윌리의 꿈이 두 아들과의 관계를 통해 전개되어 나가기 때문에 남성들의 과도한 현존과 여성들의 상대적인 부재는, 이 텍스트가 여성주의 이론을 적용하는 데 무리라는 선입견을 심어주기에 충분하다는 것이다(71). 그럼에도 불구하고 캐닝은 이 극에서 여성들이 배제되어 있지 않으며, 줄거리 형성에 중요한 역할을 하고 있다고 본다. 기존의 가부장적 분석들이 린다를 주된 줄거리 전개에 부수적인 장치로 보지만, 윌리, 비프, 해피를 면밀히 들여다보면 린다가 주변화된 인물에 그치는 것이 아님을 드러내 준다는 것이다(72).

이러한 여성주의 비평은 이 극에서 여성들이 배제되어 있지 않다는 것, 여성들이 주변화된 인물들이 아니라는 것, 남성 위주의 극이지만 여성주의적 읽기가 가능한 틈새가 있다는 것 등을 공통적으로 내세운다. 이러한 비평의 논거는 기존의 남성 비평가들의 타성적 해석에 대한 도전적 통찰을 끌어냈다는 점에서 평가받을 만하다. 그러나 이러한 연구는 주로 여성주의 비평 이론으로 무장된 여성 비평가들이 린다의 수동적 여성성에 대한 남성 비평가들의 비판을 반론하는 성격을 지닌다.

따라서 본 장에서는 가부장적 비평가들이 비판하는 린다의 수동적 여성성에 대한 변론을 이리가레(Lucy Irigaray), 시쑤(Hélène Cixous), 크리스테바(Julia Cristeva), 쇼월터(Elaine Showalter), 그리고 길버트(Sandra Gilbert) 등의 본격적 여성주의 계열의 이론에 의거하기보다는(이들은 이미 많이 논의되어 왔다), 시각을 달리하여 레비나스(Emmanuel Levinas) 윤리철학의 여성성의 개념에 의거하여 펼쳐 나가고자 한다.[1] 이 극의 여성 인물들에 대한 도전적 읽기를 시도한 여성주의 비평과는 별도로, 남성 철학자인 레비나스의 여성성의 개념에 의거해 린다라는 여성인물을 분석하는 것은 그녀의 수동성이 갖는 긍정성, 즉 윤리적 휴머니즘의 가치에 대한 논의를 가능케 하는 효과를 가져온다고 믿기 때문이다. 이러한 방법론은 본질적 여성주의 비평과는 또 다른 시각을 제공해 줄 것이라고 생각한다.

그러므로 본 작품에서는 린다의 여성성과 모성을 레비나스의 여성성과 모성의 개념에서 고찰하고자 한다. 레비나스의 타자철학에서 여성성은 주체, 곧 빛 앞에서의 도피이다. 여성적인 것이 존재하는 방식은 스스로 자신의 빛을 감추는 것이고, 스스로 자신을 감추는 수줍음이다(*Time and the Other* 87). 그는 빛은 타자를 정복하고자 하는 남성의 주체로 은유화하며, 스스로 자신의 빛을 감추는 수줍음은 타자를 내 안에 반아들이며 자기를 지우는 여성성으로 은유하한다.

이러한 맥락에서 이 극에서는 남성 비평가들의 지적처럼 린다의 수

1) 이리가레는 레비나스의 여성성과 모성의 개념을 남성의 입장에서 쓴 것으로 비판하고 있다. 그녀는 레비나스가 남성과 여성의 성차를 동격에서 구분하는 것이 아니라, 여성을 여전히 사랑받는 자로 그리고 있으며, 그가 주장한 쾌락의 개념은 여전히 가부장적으로 남성의 여성에 대한 욕망만을 제시하고 있다고 주장한다(109-18).

동성은 무기력한 여성이 가지는 순종적 수동성을 의미하는 것이 아니라는 것, 즉 타자를 소유하고 장악하는 대상으로 보지 않고, 정복의 대상으로 삼지 않는 적극적 수동성을 띠고 있음을 밝혀내고자 한다. 린다의 자기 지우기의 희생적 삶이 자기 동일성을 추구하는 남성성과 대조하여 훨씬 더 고결한 삶임을, 레비나스의 용어를 빌리면, 훨씬 더 지고하고, 성스러운 차원의 삶이라는 점을 강조하고자 한다.

II. 정복하는 자로서의 남성의 폭력성과 린다의 수동성 비판

빅스비(C. W. E. Bigsby)는 밀러의 극 세계에서 여성들은 부재하지 않지만 "여성들은 행동하기보다는 반응한다"(147)고 평한다. 문제는 여성 인물들이 대부분 연약한 인물들로서 극적 폭발력을 결여하고 있으며, 남성 지배의 사회 체계에 대한 저항과 도전과 같은 긴장을 보여주지 못한다는 것이다. 빅스비는 이보다 좀 더 발전된 여성상을 『시련』(*The Crucible*)에서의 엘리자베스 프록터(Elizabeth Proctor)로 본다.

> 엘리자베스 프록터는 청교도 뉴잉글랜드의 공적 세계에 그 자신이 정면으로 마주 선다…. 하지만 그녀는 여전히 수동적이어서, 저항정신에서 나온 도덕적인 필연성에서 체제에 도전하기보다는 분란을 일으키지 않는 과정을 지속시키려고 한다. 프록터는 그의 이름을 잃기보다는 차라리 죽으려고 한다. 동일한 것이 윌리에게도 해당된다.
>
> Elizabeth Proctor finds herself confronting the public world

> of Puritan New England...But she is still reactive, still trying to sustain a sense of continuity and untroubled process rather than wilfully challenging that system out of a moral necessity born of a resistant self. It is John Proctor who would rather die than see his name destroyed. The same could be said of Willy Loman. (148)

빅스비는 프록터의 동일성의 세계에 대한 저항과 윌리의 자기 동일성의 세계에 대한 고집을 양자가 자기의 이름을 건다는 점에서 긍정적으로 평가한다. 그는 여성인물들이 적극적 의사표시나 저항, 즉 실천력을 결여한다는 점에서 남성 인물들과 비교하여 비판을 가한다. 그런데 솔직히 말하면, 프록터와 같은 인물은 남성 사회에서도 극히 희소하다. 밀러가 문학이라는 가상의 공간에서 그를 다루는 까닭도 거기에 있다. 대부분의 남성들은 정글의 세계에서 자신만의 욕망을 채우기 위해 타자와 다투며 살아가는 평범한 군상들이다. 대부분의 남성들이 그러하다면, 여성들의 수동적 삶에 대한 깊이 있는 고찰과 불편부당한 논의 없이 그것을 결단력의 결여라고 비판을 가하는 것은 논지에 무리가 있다고 본다.

물론 저항 정신의 상징인 사르트르(Jean-Paul Sartre)와 카뮈(Albert Camus)가 보여준 나치 정권의 전제주의에 맞선 항거에도 고결한 인간성이 발견된다. 하지만 간디(Mahatma Gandhi)와 소로(Henry D. Thoreau)와 같은 인물이 보여준 수동적 침묵, 즉 비폭력 저항에도 고매한 정신이 존재하는 것이다. 비슷한 맥락에서 『시련』에서 세일럼의 정치, 종교 이데올로기에 굴하지 않는 프록터의 영웅적 항거도 고결하고, 『모두가 내 아들』(*All My Sons*)에서 자신의 사업적 성공을 위해 군납의 부당 거래를 서슴지 않는 켈러에 맞선 크리스(Chris)의 저항도 숭고하지만, 프록터의 부정을 용서할 뿐만 아니라 그의 죽음을 영웅적 행위로 받아들이는 엘리자베스의 초연함도 고매하고, 아들 래리(Larry)의 죽음을 고통스러워하며 그 고통을 자기 체내로 집어삼키는 케이트(Kate)의 자기희생적 사랑도 못지않게 고결한 것이다. 곧 인간의 윤리적 휴머니즘은 적극적 행동에서도 발견되지만, 주체를 지우고 내 안에 타자를 받아들이는 수동성에도 내재하는 것이다.

그렇다면 자신의 그릇된 꿈을 끝까지 실천하려고 자살하는 윌리에게서보다, 린다의 가족을 위한 자기희생적 사랑에서 왜 더욱 고결한 인간 정신을 발견할 수 없는지 의문을 제기해 보아야 한다. 여성성의 본질은 창조하고, 기르고, 보살피는 데에 있지, 남성처럼 정복하고, 부수고, 파괴하는 것에 있지 않다.

레비나스의 타자철학은 바로 주체를 지우고 내 안에 타자를 받아들이는 것을 여성성으로 규정한다. 그는 남성의 주체는 의식 안에서 동일성을 실현하려 하지만, 여성성은 타자성을 받아들임으로써 자신을 실현한다고 주장한다. 여성성은 빛을 향한 초월에서 자신을 실현하지 않고, 어디론가 물러서는 데서 존립한다는 것이다(*Time and the Other* 87-88). 그러므로 여성성은 남성의 의식 운동과 정반대 방향으로 향한다. 레비나스는 타자에 대한 배려, 인내 그리고 용서를 수동적 여성성의 속성으로 규정하는데, 밀러는 린다에게 이러한 수동적 여성성을 투사시키고 있다. 이 극에서 린다의 수동적 여성성은 윤리적 휴머니즘의 출발점으로서 윌리의 정복하는 남성성이 드러내는 비윤리적 폭력성에 대치되는 개념이다.

스탠튼은 윌리의 비극은 아메리칸 드림의 추구의 비극이며, 그 꿈의 추구는 여성의 종속과 희생에 바탕을 두는데, 윌리는 가부장적 권위를 가지고 린다를 홀대한다고 말한다(74). 로먼의 남자들에게 여성의 존재는 과소평가되어 있는데, 그러한 경향은 벤(Ben)과 윌리에게 두드러진다. 특히 벤은 어머니에 대한 기억이 희미하다. 벤은 조카들에게 그들의 할아버지에 대해서는 소상하게 들려주지만, 자신을 낳아주고, 길러준 어머니에 대한 기억은 별로 들려주지 못한다. 그는 알래스카로 떠난 이후 어머니의 생사여부에 대해서조차 모르고 있다. 윌리의 어머니에 대한 회상은 그가 어머니의 무릎에 앉아있었다는 것이 전부이다. 어머니의 사랑에 대한 기억도 희미한 윌리는 린다와 두 아들을 키우고 있다. 밀러는 린다의 성격을 이렇게 묘사한다.

> 대체로 상냥한 성격인 그녀는 윌리의 행동에 불만이 있어도 강인한 참을성을 키워 왔다. 그녀는 남편을 사랑하는 이상으로 존경한다. 마치 그의 변덕스러운 성격과 그의 성미와 그의 광대한 꿈과 다소의 매정함이 되레 그의 격렬한 욕망들을 그녀에게 날카롭게 상기시켜 주는 듯하다.

> Most often jovial, she has developed an iron repression of her exceptions to Willy's behavior--she more than loves him, she admires him, as though his mercurial nature, his temper, his massive dreams and little cruelties, served her only as sharp reminders of the turbulent longings within him. (12)

기존의 비평가들은 린다의 이러한 수동적인 성품을 그녀에 대한 비판의 시발점으로 삼는다. 파커(Brian Parker)는 린다가 남편에게 순종하는 전통적인 미국의 가치관을 대변하고 있다고 본다(106). 키니슨

(Dana Kinnison)도 린다는 남편의 의사와 결정에 반하지 않고 묵종하고 인내하는 전형적인 여성의 수동성을 보여준다고 말한다(89-90). 메이슨(Jeffrey D. Mason)은 린다의 선의는 윌리의 진실을 보는 눈을 가려 그를 파멸시킨다고 말한다(107). 이러한 비평가들은 린다가 윌리의 환상을 적극적으로 만류하지 못하므로 그녀가 그의 좌절과 실패에 대해 일말의 책임이 있다고 주장한다.

린다가 윌리의 결정에 대해 소극적으로, 수동적으로 반응한다고 비판하는 비평가들은 맥베스(Macbeth) 부인이 여성성까지 제거해 가며 맥베스를 사주하여 그의 야심을 실현시키는 적극적 호전성에 대해서는 어떻게 비판할 것인가? 그들은 린다의 지나친 수동적 태도가 남편의 비극을 막아내지 못했다고 비판한 것처럼, 맥베스 부인의 지나치게 과도한 개입이 남편의 살인행위에 대해 책임이 있다고 비판을 할는지도 모른다. 그러나 우리는 그들 각각의 입장에 대해 그렇게 간단하게 진단할 수 없다. 윌리도, 맥베스도 이미 마음속으로 자신이 갈 길을 홀로 정해 놓았다. 비록 약간의 주저가 있더라도 양자는 그 길을 걷게 되어있다. 왜냐하면 그들은 그들의 꿈과 야망이 옳으며 실현 가능하다고 굳게 믿고 있는 인물들이기 때문이다. 린다가 윌리에게 그의 믿음이 잘못된 것임을 언급한다고 해도 그의 선택과 결정에 대한 책임은 오롯이 그의 것임을 피할 수 없듯이, 맥베스가 저지른 살인 행위를 여장부인 맥베스 부인의 사주 탓으로 돌릴 수는 없는 것이다. 그러므로 남편의 선택에 대해 아내가 어느 선까지 개입하는 것이 옳고, 그른 지를 놓고 여성의 책임의 한계를 정하는 것은 가부장적 시각에 입각한 독선적이고 자의적인 것이 될 수밖에 없다.

자의적인 해석이 되지 않으려면, 윌리가 알래스카에 벤을 따라가지 못한 것이 린다 때문인지, 그의 판매실적이 떨어지는 것이 그녀가 제대로 가정에서 돕지 못했기 때문인지, 비프가 남의 물건에 손을 대는 도벽이 있는 것이 그녀의 가르침 때문인지, 비프가 시험에서 과락하여 대학진학을 포기한 것이 그녀의 책임인지, 윌리가 불륜을 저지르는 것이 그녀의 불성실성으로 인한 불화에 기인한 것인지, 그래서 아내에게도 해주지 못한 새 스타킹을 불륜녀에게 선물한 것인지 논증해야 한다. 윌리의 삶의 실패가 그의 잘못된 꿈과 잘못된 선택에 의해 야기된 것이 아니라 곁에서 잘못 내조한 린다의 탓이라고 말한다면, 남자는 가정에서 아내가 충고를 해 주지 못하면 사회에서 잘못된 길을 갈 공산이 크다는 말이 된다. 조(Joe)와 윌리, 양자는 자기 아내들은 가정에서 일하므로 사회의 일에 간섭하지 말라고 줄곧 가부장적인 태도를 보여왔다. 윌리는 린다가 그의 결정에 귀를 기울여 그의 의사에 반하는 행동을 하지 않도록 가족공동체의 동일성의 일치를 강조한다. 윌리는 아내가 치즈 브랜드를 바꾸는 것조차 자신의 뜻을 거스르는 것으로 생각한다. 부부로서 가정에서 일어난 비극에 대해 린다의 공동책임론을 말한다면, 이러한 평결은 린다에게는 부당한 것이 될 것이다.

III. 정복하지 않는 자로서의 린다의 여성성(Femininity)과 모성(Maternity)의 의미

기존의 선동적인 가부장적 비평에 반론을 제기한 개념은 린다는 윌리의 꿈과 야망에 대한 대소 인물로서 그녀의 유일한 목적은 그가 그녀를 흡내하고, 십십하세 할 때조차 그를 지탱해 주고 자양분을 건네

주는 것이라고 본다(73). 레비나스는 "모성은 여성성의 궁극적인 의미"(Chalier 126)라고 본다. 그는 어머니의 몸은 기원적으로 자기 이전에 타자에게 헌신하는 성스러운 몸으로써 모든 주체적 동일성을 상실한다고 주장한다. 어머니의 몸은 타자를 위해 고통을 겪는 수동성, 곧 자아폐기의 몸이라는 것이다. 레비나스는 주체를 버리고 타자를 수용하는 것은 "수동성이며, 전적으로 지탱해주는 것"(a passivity, wholly a supporting, *Otherwise Than Being* 180)이라고 정의내린다. 수동성은 자기에 반(反)하는 주체의 폐기의 행위에서 가능하다고 보는 것이다.

마찬가지로 린다는 모성으로 남편과 아들들에게 귀 기울이며 자기 자신을 지우려 한다. 그녀는 자신의 선택보다는 타자의 선택을 존중한다. 윌리의 선택이 잘못되었을 경우에는 그 고통을 함께 하며 그 책임을 피하지 않는다. 그녀가 겪는 고통이 윌리보다 덜하다고 결코 과소평가될 수는 없는 것이다. 그녀는 매일 처리해야 할 청구서로 골머리를 앓고, 하녀처럼 바닥을 청소하고, 한 푼이라고 아끼려고 스타킹을 기워 신는다. 린다의 여성성은 수동성의 몸이다. 그녀는 남편이 벌어오는 월급과 수당에서 자기를 주장하지 않는다. 자기보다 가족의 행복을 앞세운다.

그러므로 린다는 가정의 그늘이며 피신처다. 레비나스는 여성성이 이 세계에 피신처를 만들어주고, 남자가 자신을 다시 세울 공간을 만들어 준다고 본다. 가정에서의 "다시 세우기"(recollection)는 삶의 거침과 황폐함으로부터의 유예이며, "다시 세우기"의 부드러움은 여성성에 의해 성취된다(*Totality and Infinity* 154-55). 레비나스는 주체의 "다시 세우기"는 세속에서의 인간적 향유의 비움이며, 이 비움은 얼굴에 퍼지는 부드러움을 가져오고, 이러한 부드러움은 자연적 본능에서 벗어나게 한다고 말한다. 레비나스가 주장하는 인간적 향유의 비움에서 오는 여성성의 부드러움은 가정과 거처의 내재성의 소선이 된다.

> 여성성은 부드러움 그 자체, 지상의 모든 부드러움의 기원, 곧 이러한 완벽성의 원초적인 표현이다…. 여성이 없다면 남성은 선함도, 지지도, 환희도, 축복도, 용서도 모른다. 남성은 영혼이 필요로 하는 그 어떤 것도 모른다. 그의 자연적 삶을 윤리적으로 만드는 그 어느 것도, 삶을 하나의 삶으로 허용하는 그 어느 것도, 누군가 타자를 위하여 죽는 그러한 죽음도 모른다. 누군가 결국 말한 바처럼, 여성이 무재한 남자는 이 지상에서의 신의 형상을 잃는다.

> The feminine is the original manifestation of these perfections, of gentleness itself, the origin of all gentleness on earth... without woman man knows neither good, nor succour, nor joy, nor blessing, nor pardon. Nothing of what would be required for a soul! Nothing which transforms his natural life into ethics, nothing which permits living a life, not even the death that one dies for another. Some says, finally, that man without woman diminishes the image of God in the world. ("Judaism and the Feminine" 33-34)

윌리와 두 아들들에게 린다는 그들이 스스로를 다시 세우는 것이 가능한 피신처이고 성소이다. 그리고 그들의 다시 세우기는 린다의 부드러움에 의해 가능하다. 린다가 부재한 이 가정에는 선함도, 지지도, 환희도, 축복도, 용서도 있을 수 없다. 심지어 이 극에서 "용서"라는 말을 꺼내는 유일한 인물은 린다이다. 그녀는 남편과 무덤에서 마지막 작별 인사를 나누며 "용서"해 달라는 말을 남긴다. 윌리는 물건을 팔기 위해 영혼을 팔아도, 아내를 위해 영혼을 팔지는 않는다. 곧 자신으로 인해 아내가 짊어졌어야 할 고단한 삶에 대한 미안함을 그녀 앞에서는 피력하지 않는다. 또한 윌리는 치열한 자본주의 경쟁사회에서 아들이 살아남도록 하기 위해 비윤리적인 절도 행위마저 용인함으로써 유발된 비프의 가치관의 혼돈과 그의 불륜현장을 목격함으로써 시작되는 비프의 방랑과 사회 적응의 실패에 대해 자신이 일말의 책임이 있음을 인정하지 못하며, 나아가 용서를 구하는 용기를 보여주지도 못한다.

두 아들 비프와 해피는 어머니 린다의 특별함을 존경한다. 비프가 해피에게 "난 변함없는 속 있는 여자를 만났으면 해"(I'd like to find a girl- steady, somebody with substance)라고 말하자, 해피는 "딴 데 한 눈 팔지 않는 지조 있는 여자말이야! 엄마처럼!"(Somebody with character, with resistance! Like Mom, 25)이라고 답한다. 또한 해피는 "어머니는 대단하셔! 다른 여자들과는 전적으로 다른 틀에서 창조되었거든"(What a woman! They broke the mold when they made her, 66)이라고 말한다. 자식들이 볼 때도 린다는 아내로서, 어머니로서 주변의 여성들과는 그 무언가가 다른 것이다. 이것은 아들들의 단순한 립 서비스로 볼 수 없다. 그녀는 무엇인가 버티어내는 "지조"(resistance)가 대단하며, 보통 여성의 틀을 벗어난 크기의 여성인 것이다.

윌리가 린다에게 "당신은 나의 기반이고, 지지대"(You're my foundation and my support, 18)라고 말했듯이, 가정이라는 틀에서 린다는 로만(Loman) 가의 세 남성을 묶어주는 중심축이다. 스탠튼은 린다를 그들의 실패를 닦아주고, 치유해주고, 위로하는 등 끊임없는 보살핌을 통해 그들을 삶을 복원시키는 윤활유 같은 존재로 본다(75). 아렌트(Hanna Arendt)는 권력(power)과 무력(force)과 힘(strength)의 차이에 대해서 규정한다. 권력과 무력이 타자를 해치는 잔인한 폭력적 수단으로 사용될 때를 경계하며 아렌트가 이 둘에 추가하는 것이 힘이다. 그녀는 이러한 힘은 현대 사회에서 권력이나 무력이라는 용어 자체가 생소한 여성들에게 유일하게 해당될 수 있는 용어로 본다(261-65). 가정에서 가족 구성원들의 말에 경청하지 않고 모든 의사 결정을 가정을 위해서 한다고 말하며 가부장의 독단적인 힘을 과시하려 한다면 그것은 권력도 아니고 폭력임을 밀러의 극도 보여주고 있다. 이 극에서 린다는 권력이나 무력이라는 개념과는 동떨어져 있는 인물이다. 그녀가 가진 유일한 힘은 희생적으로 가정 살림을 꾸려나가며 가족을 보살피고자 하는 모성에서 나오는 기력이다.

기존의 남성 비평가들은 이 극이 여성을 종속적 존재로 보아왔던 전후의 미국문화를 다루고 있다는 점에서 윌리와 남성 주인공들의 관점에 의거해 린다의 이러한 힘을 수동성으로 폄하하는 편향된 시각을 보여 왔다. 그리고 여성주의 비평가들조차도 이 극이 여성을 재정의 내리고 있지 않으며, 여성의 정형을 오히려 영속화시키고 있다고 주장하는 데 대해, 빌라키안(Janet Balakian)은 밀러가 윌리, 즉 남성의 눈을 통해 미국사회를 조명하고 있다는 점을 잊고 있다고 비판한다(115). 그녀의 논지는 주인공 윌리의 눈을 통해 보기 때문에 여성의 관점이 없어 보이지만, 밀러의 관점을 소홀히 해서는 안 된다는 것이다.

밀러는 비평가들이 그의 여성인물들이 수동적이라고 해석하는 데 대해 수동적임을 인정하면서도 그 도가 지나치다고 본다. 그는 그들이 부수적인 인물들임을 인정하지만 그들의 역할이 매우 복합적이라는 것 또한 인정한다(Roudanè 430). 일부 비평가들의 지적과는 달리, 밀러는 린다를 동양의 여성처럼 남편과 아이들만 돌보는 전형적 여성으로 보기를 거부하는 것으로 보인다. 린다 배역을 맡은 중국배우가 린다를 남편 주변에서 맴돌면서 오로지 남편만 생각하고 자신에 대해서는 신경쓰지 않는 수많은 여성들과 비슷하다고 말하자, 밀러는 "린다에 대한 이러한 생각이 오해라고 그녀에게 말할 때가 아직 오지 않았다"(the time has not yet come to tell her that this idea of Linda is mistaken, "Salesman in Beijing" 391)고 술회한 바 있다. 밀러는 린다가 남편에게 묶여 사는 순종적인 여성의 범주에 머무르는 여성으로 해석되기를 원하지 않는 것으로 보인다. 확실한 것은 밀러가 의도했던, 의도치 않았던, 린다는 그녀의 수동적 여성성을 통해 이 자본주의 사회에서의 남성의 파괴적 폭력성, 불모성과 대조되는 치유적 모성으로 성장한다.

그런 점에서 린다는 밀러의 윤리철학을 대변하는 중추인물로의 조명이 가능하다. 밀러의 윤리의식은 린다를 통해 벤에게, 윌리에게, 비프에게, 해피에게 전달된다. 그러므로 이 극에서 린다는 결코 주변부로 밀려나는 무기력한 수동적 인물이 아니다. 린다는 가부장적인 윌리에게 종속된 존재감이 없는 인물이 아니다. 린다는 벤이 아들들에게 권투 자세를 취하며 싸울 자세를 갖추라고 할 때, "왜 그가 싸워야 하죠"(Why must he fight, dear?), "왜 삼촌은 싸우는 거죠"(Why are you fighting?, 49)라고 못마땅해 한다. 린다는 자식들이 주먹질을 배우는 것을 원치 않는다. 벤은 갑자기 비프를 넘어뜨리더니, 우산 끝을 그의 눈에 갖다 대며 "결코 낯선 이와는 정당하게 싸워서는 안 돼, 얘야. 그런 식으로는 결코 정글에서 빠져나올 수 없단다"(Never fight fair with a stranger, boy./ You'll never get out of the jungle that way, 49)라고 말할 때도 질겁한다. 벤이 알래스카에 갈 것을 제안했을 때도 린다는 여기서도 행복하다고 말하며 남편을 만류한다.

> 왜 모든 사람이 세계를 정복해야 하나요? 당신은 인기가 있고, 얘들도 사랑하고 있는데 말이에요.
>
> Why must everybody conquer the world? You're well liked, and the boys love you. (85)

린다는 사랑하는 가족이 있고, 다닐 수 있는 직장도 있고, 인간관계에도 문제가 없는데, 왜 모든 이들이 이 세상을 꼭 정복해야만 하느냐고 되묻는다. 린다는 윌리가 꿈에 대한 집착으로 자신도 잊고, 가족도 잊어버리는 삶을 살지 않기를 바란다. 레비나스는 여성을 "신비스러운 부드러움의 흐름"이며, "정복하지 않는 자"로 규정한다(Katz 150; "Judaism and the Feminine" 33). 그는 "어떻게 해서 자아의 수동성은 자신의 정복이 되는가"(*Otherwise Than Being* 113)를 묻는다. 스탠튼의 지적처럼, 린다가 이해하지 못하는 것은 왜 그러한 부풀린 남성성의 꿈이 가속의 사랑과 연민과 존엄성보다 더 중요한가이며 그리고 왜 신성한 미덕은 아무런 영예도 가지지 않은 것으로 보이는가에 대한 의문이다(94). 린다는 타자를 정복하는 대신 자신을 정복하는 수동성의 삶을 견지한다. 정복하는 삶을 원치 않는 린다는 타자를 해치는 것을 바라지 않기 때문에 자식들에게 "착하게 지내, 너희들은 둘 다 착하니까, 그런 식으로만 해"(Be Good, You're both good boys, just act that way, 134)라고 다독거리며 윤리적인 삶을 강조한다.

린다의 여성성은 자신만을 위해 사는 존재의 거침으로부터 타자를 위해 사는 존재의 부드러움으로의 전환을 상징한다. 스탠튼은 린다는 우월감을 내세우며 모든 타자 위에 서려는 주체의 무법적인 주장에 반대되는 협력적이고, 도덕적인 인간의 존엄성과 가치를 대변한다고 말한다(77). 린다는 아들들에게 남편을 이렇게 변호한다.

> 난 아버지가 위대한 분이라고 말하는 게 아니다…. 게다가 이제까지 살아온 가장 훌륭한 인물도 아니다. 하지만 그도 인간이고, 끔직한 일이 그에게 일어나고 있단다. 그러니 돌봄이 필요하단다…돌봄이, 돌봄이 그러한 사람에게 결국 베풀어져야 한단다.
>
> I don't say he's a great man... He is not the finest character that ever lived, But he is a human being, and a terrible thing is happening to him. So attention must be paid...Attention, attention must finally be paid to such a person. (56)

레비나스는 현대 사회에서 각자는 살아남으려는 이기적인 본능에 충실하다고 말한다. 그 세계에는 타자에 대한 연민이 없다. 윌리는 자신의 꿈의 추구에 매몰되어 타자를 망각한다. 그리고 이것이 그의 절대적인 소외를 만들어낸다. 린다는 윌리의 소외감을 위무하려고 한다. 린다의 여성성은 타자를 내 안에 품어 감싸 안음으로써 윌리의 소외를 초월하도록 배려한다. 모성성의 가치는 자아 중심의 이기주의, 곧 물질적 향유와 출세욕을 비우고 자아폐기를 통해 가족을 살리는 데 있다.

린다의 여성성은 타자의 망각을 전복하는 힘이다. 레비나스는 여성성을 이 불모의 세계에서 모든 자아 중심적 비윤리성을 던져 버리고 상대적으로 망각되어온 타자들에게 시선을 돌리는 동력으로 본다. 그는 “존재의 고통 속에 자신을 폐위시키는 것, 그것이 바로 전적으로 (타자를) 지지하는 수동성”(*Otherwise Than Being* 180)이라고 규정한다. 마찬가지로 린다의 수동성도 항상 자기에 반(反)하는 자기 폐위의 형식으로 이루어진다. 린다의 수동성은 책임을 회피하는 비겁한 남성성, 현재적 가치에만 매몰된 폭력적 남성성과 비교할 때 아이러니컬하게도 남성의 어떤 적극성보다도 더욱 적극적인 수동성이다. 그런 점에서 린다의 수동성은 남성성보다 더 높은 차원의 성스러움을 담아낸다.

고집스럽고 가부장적인 윌리도 내심으로는 아내의 희생을 알고 있다. 그는 비프에게 자신이 오늘 해고됐다고 말하며 이렇게 말한다.

> 해고당했지만, 네 어미한테 말할 희소식을 궁리하고 있는 거다. 네 어미는 인고했고, 고생도 했거든.
>
> I was fired, and I'm looking for a little good news to tell your mother, because the woman has waited and the woman has suffered. (107)

윌리가 마지막으로 깨달은 것은 자신의 과거에 대한 잘못의 인정이 아니라 아들과 아내에 대한 결과적인 미안함이다. 그는 형님에게 말을 건네는 듯 아내에 대해 독백조로 “아내도 고생을 했기에…뭔가 더 해 놓고 가야만 해요”('Cause she's suffered...a man has got to add up to something, 125)라고 말한다. 하지만 윌리는 아내에 대한 자신의 태도에 있어서 도덕적 죄의식을 느끼지만 자신의 삶의 오류와 잘못된 가치관에 대해서는 끝까지 인정하지 않는다. 그것이 자신의 실존을 지키고 자신의 인간으로서의 정체성을 지키는 것이라고 오인한다.

윌리는 죽지만 아내와 아들들을 위해 죽는다기보다는 자신의 꿈을 포기하지 않기 위해서 죽는 것이다. 그가 가족에게 돈을 남기고 죽는 것도 결국 자기 자신을 위한 변명인 것이다. 진정으로 윌리가 타자를 위해 죽는 결의가 되어있다면 그는 아내와 아들들을 위해 살 수 있었을 것이다. 그런 점에서 린다가 부재한 윌리의 세계는, 즉 남성성만의 세계는 이 지상에서의 신의 형상을 잃는다. 그것이 이 극에서 우리가 망각하고 있는 린다의 또 다른 차원의 여성성의 가치이다.

Ⅳ. 결론

결론적으로 기존의 가부장적 비평이 지적한 것처럼, 밀러는 남성의 가부장적인 세계를 조명하며 여성들의 세계를 배제시킨 것은 아니다. 여성의 세계를 남성의 세계의 부록으로 부수적으로 다룬 것도 아니다. 분명한 것은 기존의 비평이 자본주의 경제체제에서 아메리칸드림을 추구하는 윌리와 비프와 해피의 남성 세계에 초점을 맞추다보니, 상대적으로 자신의 주체를 폐기하고 물러설 줄 아는 린다의 수동성의 의미를 극도로 폄하하고 간과해 왔다는 것이다.

그러므로 린다는 여성으로서 남성 사회의 영역에서는 아무런 힘도, 영향력도 발휘할 수 없는 수동적인 인물로, 주변부적 인물로 각인되어 왔고, 나아가서 윌리의 비극적 자살에 일말의 책임이 있다는 부당한 비판까지 감수해 왔다. 전후 남성이 지배하는 미국사회에서 린다는 무기력하고, 순응하는 동시대의 여성과 크게 다르지 않은 여성으로 전형화해 온 것이다.

그러나 그러한 편향된 시각은 이 극에서 밀러가 타자를 주변화하고, 타자를 망각하고자 하는 파괴적 남성성을, 정복하지 않는, 정복하려고조차 하지 않는 린다의 여성성과 극명하게 대치시키고 있다는 것을 묵과하고 있는 것이다. 따라서 여기서는 신의 형상을 닮은 여성의 적극적 수동성을 지배와 착취와 전유의 남성성과 대치시키는 레비나스의 타자철학을 통해 이 극에서의 린다의 여성성을 기존의 해석과 다른 또 다른 존재의 양식으로 해석해 내고자 했다. 바꿔 말하면, 이 극에서 밀러가 현내 사회에서 잃어버렸나고 생각한 노덕성의 거처를, 신의 형상을 여성성에서 발견하고 있음을 추적하고자 했다.

(현대영미드라마 2017)

인용 문헌

- 아렌트, 한나. 『인간의 조건』. 이진우 · 태정호 옮김. 서울: 한길사, 2009. Print.
- Alter, Iska. "Betrayal and Blessedness: Explorations of Feminine Power in the Crucible, A View from the Bridge, and After the Fall." *Feminist Rereadings of Modern American Drama*. Ed. June Schlueter. Rutherford: Fairleigh Dickinson UP, 1989. 116-148. Print.
- Balakian, Jan. "Beyond the Male Locker Room: *Death of a Salesman* from a Feminist Perspective." *Approaches to Teaching Miller's Death of a Salesman*. Ed. Matthew C. Roudane, 1995. 115-124. Print.
- Bigsby, C. W. E. *A Critical Introduction to Twentieth Century American Drama* vol. 2. Cambridge: Cambridge UP, 1984. Print.
- Canning, Charlotte. "Is this a Play About Women?: A Feminist Reading of Death of a Salesman." *The Achievement of Arthur Miller New Essays*. Ed. Steven R. Centola, 1995. 69-76. Print.
- Chalier, Catherine. "Ethics and the Feminine." *Re-Reading Levinas*. Ed. Robert Bernasconi and Simon Critichley. Bloomington: Indiana UP, 1991. 119-129. Print.
- Irigaray, Luce. "Question to Emmanuel Levinas: On the Divinity of Love." *Re-Reading Levinas*. Ed. Robert Bernasconi and Simon Critichley. Bloomington: Indiana UP, 1991. 109-118. Print.
- Katz, Claire Elise. "Reinhabiting the House of Ruth: Exceeding the Limits of the Feminine in Levinas." *Feminist Interpretations of Emmanuel Levinas*. Ed. Tina Chanter. University Park: Pennsylvania State UP, 2001. 145-170. Print.
- Kinnison, Dana. "Redefining Female Absence in Arthur Miller's *Death*

of a Salesman", *Women In Literature*. Ed. J. Fisher & E. S. Silber. Westport CT: Greenwood Press, 2003. 89-90. Print.

- Levinas, Emmanuel. "Judaism and the Feminine." *Difficult Freedom: Essays on Judaism*. Trans. Sean Hand. Baltimore: Johns Hopkins UP, 1997. 30-8. Print.
- ________. *Otherwise Than Being*. Trans. Alphonso Lingis. Pittsburgh: Duquesne UP, 1998. Print.
- ________. *Time and the Other*. Trans. R. A. Cohen. Pittsburgh: Duquesne UP, 1987. Print.
- ________. *Totality and Infinity*. Trans. Alphonso Lingis. Pittsburgh: Duquesne UP, 1969. Print.
- Mason, Jeffrey D. "Paper Dolls: Melodrama and Sexual Politics in Arthur Miller's Early Plays." *Feminist Rereadings of Modern American Drama*. Ed. June Schlueter. Rutherford: Fairleigh Dickinson UP, 1989. 103-115. Print.
- Miller, Arthur. *All My Sons*. New York: Penguin, 2000. Print.
- ________. *Arthur Miller: Death of a Salesman*. Ed. Gerald Weales. New York: Penguin Books, 1981. Print.
- ________. "Salesman in Beijing." *The Theater Essays of Arthur Miller*. Eds. Robert A. Martin & Steven R. Centola. New York: Da Capo, 1996. 384-395. Print.
- ________. *Timebends: A Life*. New York: Grove Press, 1987. Print.
- Parker, Brian. "Point of View in Arthur Miller's *Death of a Salesman*." *Arthur Miller: A Collection of Critical Essay*. Ed. R. W. Corrigan. Englewood Cliff, NJ: Prentice Hall, 1969. 95-111. Print.
- Roudanè, Matthew C. "An Interview with Arthur Miller." *The Theater Essays of Arthur Miller*. Ed. Robert A. Martin & Steven R. Centola. New York: Da Capo, 1996. 419-435. Print.

- Stanton, Kay. "Women and the American Dream of *Death of a Salesman*." *Feminist Rereadings of Modern American Drama*. Ed. June Schlueter. Rutherford: Fairleigh Dickinson UP, 1989. 67-102. Print.

아서 밀러의 『시련』*The Crucible*: 레비나스의 타자철학을 통해 본 동일성의 유령과 타자의 마녀사냥

I. 서론

아서 밀러(Arthur Miller)의 『시련』(*The Crucible*)은 1953년 출간 당시 한창 열병을 앓던 매카시즘(McCarthyism)의 마녀사냥식 공격에 견주어 이데올로기적인 논란의 중심에 서 있었다. 제럴드 윌즈(Gerald Weales)가 이 극은 1950년대에 불어닥친 "집단 광기의 심리"를 그려내고 있다고 말한 바와 같이(342), 집단적 광기의 고발로 불리는 『시련』은 그동안 다양한 관점에서 깊이 있게 논의되어 왔다. 유대 · 기독교적 휴머니즘은 마녀사냥의 폭력성과 정의로운 신의 구원을 대치시키고, 본질적 휴머니즘은 신이 부재한 절망적 상황에서도 치열하게 고통을 감내하는 주인공의 영웅주의를 강조하고, 실존적 휴머니즘은 주인공이 처한 실존적 상황에 대해 부조리 문제를 부각시킨다. 그러나 이 극에 대한 지속적 논의에도 불구하고 밀러가 정작 이 극에서 구조화하는 윤리체계가 명쾌히 해석되었는지는 의문이다.

그런 점에서 이 극에 투영된 밀러의 윤리체계에 대한 체계적 논의를 위해 우선 그의 윤리체계와 에마뉘엘 레비나스(Emmanuel Levinas)의 타자철학[1]의 밀접한 상관성에 주목하고자 한다. 이러한 접근의 타당성은 첫째, 밀러와 레비나스가 유대인으로서 굴곡의 현대사를 걸어

온 비슷한 체험을 공유하며 각자의 영역에서 윤리적 휴머니즘[2])을 강조하고 있다는 데 있다. 밀러와 레비나스가 동시대의 비극적 사건들에 대한 체험을 공유하고 있다는 것은 그들의 윤리 철학의 이해에 핵심적 요소이다. 조너선 돌리모어(Jonathan Dollimore)는 『리어 왕』(*King Lear*)에서 리어 왕과 글로스터(Gloucester)는 타자가 겪은 동류의 고통을 직접 체험하고 나서야 타자를 연민하게 된다고 말한다(192). 그의 통찰은 밀러와 레비나스의 윤리철학이 철저히 그들의 삶의 궤적의 고통스러운 체험에서 배태되었다는 사실을 주목케 한다. 왜냐하면 밀러와 레비나스의 윤리체계는 서구의 이론적 강단철학에 기반을 두지 않고 현실 세계에서의 타자의 실존적 고통에 대한 체험에 뿌리를 두고 있기 때문이다.

밀러는 1930년대의 참혹한 대공황 시절에 동시대인들이 겪은 고통과 절망을 직접 공유했을 뿐만 아니라, 유대인으로서 성장과정에서 사회 도처에서 인종차별을 몸소 체험하였고, 세계 제2차 대전 중에는 참

---

1) 앞으로 본 장에서 인용되는 레비나스의 저작들인 『전체성과 무한』(*Totality and Infinity*)은 *TI*로, 『존재와는 다르게』(*Otherwise Than Being*)는 *OB*로, 『시간과 타자』(*Time and The Other*)는 *TO*로, 『신, 죽음, 그리고 시간』(*God, Death, and Time*)은 *GDT*로, 『윤리와 무한』(*Ethics and Infinity*)은 *EI*로, 「신과 철학」("God and Philosophy")은"GP"로, 「제 1 철학으로서의 윤리」("Ethics as First Philosophy")는 "EP"로 축약하여 명기함을 밝힌다.

2) 밀러는 그의 극론에서 도덕(morality)과 윤리(ethics)를 혼용하여 사용하지만 도덕을 윤리보다 흔히 사용한다. 그의 도덕의 의미는 사회의 규율을 넘어서 사실상 레비나스가 정의하는 윤리의 개념에 가깝다. 레비나스는 사회 규범을 의미하는 도덕보다는 윤리라는 용어를 훨씬 더 선호한다(Richard Bernstein 253). 레비나스에게 윤리란 주체의 윤리적인 체험이 아니라, "자율성의 타율성으로의 전환"(this reverting of heteronomy into autonomy)이다(*OB* 148). 밀러와 레비나스가 공히 현대 사회의 '반휴머니즘'(antihumanism)을 극복하기 위해 윤리를 강조했다는 점에서, 본고에서는 그들이 공유한 윤리체계를 윤리적 휴머니즘으로 규정하고자 한다.

전하여 나치의 살육의 공포와 잔악성을 지켜보았다. 잔혹한 현대사의 직 · 간접적인 체험은 밀러로 하여금 강자가 약자에게 자행하는 전체주의적 폭력에 대해 깊이 고뇌하고 성찰하게 하였다. 레비나스도 리두아니아(Lithuania)에서 어린 시절을 보내면서 러시아계 사람들로부터 인종차별을 경험하였으며, 프랑스로 이주해서는 나치 정권의 반유대주의가 유럽에 휘몰아쳤을 때 생명의 위협을 느껴야 했고, 세계 제2차 대전 중에는 전쟁포로로 잡혀 4년간 옥고를 치르기도 했다. 밀러와 레비나스는 현대사의 비극적 사건들은 근본적으로 자아의 탐욕에 의해 야기되었으며, 이와 연대한 전체주의적 폭력이 바로 타자의 망각을 가져온 악의 뿌리임을 분명히 한다.

둘째, 밀러와 레비나스는 현대사의 체험을 통해 전체주의적 폭력은 정치뿐만 아니라 종교적 이데올로기의 산물이라는 것을 외면하지 않고 있다. 그들은 종교가 타자를 부정하는 수단으로, 권력의 수단으로 나아가 악의 온상으로 전락해 감을 목도했다. 신전에 더 이상 신이 없음을 안타까워한 밀러와 레비나스는 윤리로부터 신을 사유한다. 그들은 인간과 신의 주종 관계에 여전히 자아의 제국주의가 남아있다고 보고 인간과 인간의 관계에서 신의 성스러움을 발견하려 한다. 기존의 서구 형이상학의 전통에서 윤리는 언제나 칸트(Immanuel Kant)적인 도덕적 규율이었고 거기서는 언제나 자기아이 동일성이 최고의 가치였다. 그러나 밀러와 레비나스는 서구철학과 서구 종교를 관통하는 주체의 동일성의 한계를 넘어서 타자를 향해 스스로를 초월하는 것만이 진정한 윤리임을 가성한다.

그런 까닭에 그들은 유대인의 혈통임에도 유대 기독교적인 신을 곧이 내세우지 않았다. 물론 밀러는 유대인으로서 성경, 탈무드, 토라 등의 유대교 유산을 벗어날 수 없는 것이 사실이어서 해럴드 블룸(Harold Bloom)을 비롯한 일부 비평가들은 밀러의 인물들이 유대인적 특징을 드러내며, 윤리적 비전이 거의 유대적이라고 지적하기도 한다("Introduction" 6, Ruby Cohn 39). 그러나 한 겹 더 벗기고 들어가 보면, 밀러의 윤리체계가 유대-기독교적 전통의 권역만으로는 해석되지 않음을 알 수 있다. 밀러는 구원받기 이전까지의 인간의 무가치성을 논한 기독교의 교리에 대해 회의했으며, 악마와 지옥에 대한 설교가 교회에 무릎 꿇게 하는 수단으로 기능하는 것에 대해서도 의구심을 가졌다(34).[3] 유대-기독교의 엄격한 계율이 기독교 본연의 사랑의 윤리에 배치됨을 고뇌한 밀러는 이를 윤리적 휴머니즘으로 극복하고자 했다.

레비나스도 유대 가정에서 성장하면서 유대적 전통에 영향을 받았지만, 그의 사상을 단순히 유대 철학으로 규정지을 수는 없다(Simon Critchley 22). 레비나스는 동일성이 파괴하는 타율성(heteronomy)의 사유에 그의 철학을 정초한다. 그의 철학은 타자 윤리학이라 불리는데, 이는 곧 타자에 대한 깨어남이며, 타자의 관점의 재위치화다. 레비나스는 타자에 의한 동일성의 붕괴를 가져오는 일깨움이 없으면 우리 사회의 윤리적 관계는 복원될 수 없으며, 그럼으로써 신의 죽음은 계속될 것임을 경고한다. 그런 점에서 밀러와 레비나스는 유대교 유산을 넘어 인간 간의 형제애를 역설한 윤리적 휴머니스트로 볼 수 있다.

이와 같이 밀러와 레비나스는 현실세계에 감추어진 자크 데리다(Jacques Derrida)가 말하는 "규정된 동일성의 전체성"(a finite totality

---

3) 『시련』의 텍스트에 대한 모든 인용은 *Arthur Miller: The Crucible*. Ed. Gerald Weales에 의거하며 쪽수만 명기함을 밝힌다.

of the same. *GD* 107)의 철옹성을 타개하고자 했다.[4] 만일 레비나스가 그의 타자철학의 관점에서 『시련』 극을 해석한다면, 세일럼 사회의 권력자들은 과거 역사의 기억을 되살린 기록에 의해 현재의 역사를 재현하려는 "사가"(a historian. *OB* 133)가 되기를 자처하는 자들이라고 규정했을 것이다.

레비나스는 역사의 재현을 통해 동시대에 엿보이는 모든 타자성을 동일성으로 환원시키고자 하는 동일성의 제국을 문제 삼는다. 특히 레비나스는 마녀사냥이라는 유령은 사회 전체의 질서를 저해하는 모든 타자성을 자신의 구미대로 주형하려는 의도로 규정한다(*TI* 99). 레비나스가 이질적인 것들을 분류하여 강제로 동질화시키는 것을 유령의 주술로 규정하듯이, 밀러도 정치적, 종교적 이데올로기의 공고화를 위한 타자의 마녀화는 반문명적인 것으로서 마녀의 악의와 동일시하여 비판한다(34). 밀러는 정치와 종교 그리고 법과 사회의 규율의 테두리를 벗어나지 못하는 정의라는 개념은 진정한 사회 정의를 세우는 믿을 만한 토대가 되지 못한다고 보고, 극의 존재 이유를 타자에 대한 배려와 연민의 윤리를 전달하는 데서 찾는다("The Nature of Tragedy" 156).

따라서 레비나스의 타자철학의 관점에서 이 극에 나타난 밀러의 윤리체계를 해부하는 것은 이 극을 관통하는 신정정치의 동일성의 유령과 타자의 마녀화의 문제를 더욱 깊이 있게 통찰케 해주는 기제가 되리라고 믿는다.

---

4) 데리다의 저자 『죽음의 선물』(*The Gift of Death*)은 *GD*로, 『글쓰기와 차이』(*Writing and Difference*)는 *WD*로 명기함을 밝힌다.

II. "정치적 또는 복음적 자아의 제국주의"[5] 하의 타자의 마녀화에서 얼굴의 형이상학으로

세일럼 사회는 신정국가(theocracy)라는 종교적 단일체의 이념에 기초한다. 그러므로 세일럼 사회는 "최상의 안전의 방책은 여전히 통일성에 내재해 있다"(In unity still lay the best promise of safety) (5)는 구호를 신앙으로 삼는다. 동일성을 최고의 가치로 삼는 세일럼 사회를 밀러는 이렇게 기술한다.

> 통일성의 개념에서 긍정과 부정은 동일한 힘의 속성들이며 선과 악은 상대적이고, 끊임없이 변하여, 언제나 동일한 현상으로 결합된다. 그러한 개념은 아직은 자연과학 분야나 철학사를 꿰뚫은 소수의 사람들에게만 유보되어 있다.
>
> The concept of unity, in which positive and negative are attributes of the same force, in which good and evil are relative, ever-changing, and always joined to the same phenomenon--such a concept is still reserved to the physical sciences and to the few who have grasped the history of ideas. (33)

밀러가 여기서 말하고자 하는 것은 악과 부정은 선과 긍정에 대립되는 상대적 개념으로 궁극적으로는 통일성 속으로, 동일한 현상 속으로 편

5) 이 구절은 *OB* 116에서 "정치적 또는 복음적 자아의 제국주의"(The imperialism of a political or ecclesiastical ego)를 번역, 차용한 것임.

입되게 될 것이라는 동일성의 폭력을 암시하고 있다. 하느님을 신봉하는 통일된 신정국가를 세우고자 했던 권력자들은 "모든 조직은 배제와 금지의 개념에 기반을 두고, 두어야만 한다. 마치 두 물체가 동일한 공간을 점유할 수 없듯이"(All organization is and must be grounded on the idea of exclusion and prohibition, just as two objects cannot occupy the same space. 7)라는 믿음을 굳건하게 지키고자 한다. 그러므로 그들은 단일한 통일성을 위태롭게 하는 이질적 기운이 감지되기라도 하면 신정정치의 이성의 빛을 가리는 어둠의 세력으로 규정하여 샅샅이 색출해 내고자 한다. 레비나스는 냉철한 인간은 자신이 향유하는 평화 속에 "어둠"(shadow)을 보면 타자의 난동과 동일시한다고 본다(*OB* 93). 여기서 냉철한 인간이란 이성을 신봉하는 자들의 은유이며, "어둠"은 이와 대립되는 타자의 은유이다. 바로 이성의 빛에 위협이 되는 어둠의 세력이 보인다고 생각할 때 세일럼 마을의 마녀사냥은 시작된다.

밀러는 세일럼 사회의 신정체제는 숭고한 종교적 목적과는 달리 배제와 금지의 원칙 위에 세워져 있다는 역설을 드러낸다. 이러한 배제와 금지의 원칙은 동질화를 거부하는 자들에게 가하는 마녀사냥의 광기에서 극명하게 드러난다. 데리다는 이삭(Issac)의 제물에 대한 전통적 해석을 나치의 대학살의 제물의 현정으로 확장시키며 오로지 동일한 제물의 다른 선유들이 있을 뿐이라고 말한다(*GD* 70). 현대사회에서는 종교와 윤리, 종교와 정치, 윤리와 정치 간에 전선 없는 전쟁이 끊임없이 일어난다고 보는 것이다. 이 극에서 밀러는 바로 데리다가 제기한 이데올로기 간의 전선 없는 전쟁을 문제 삼고 있다. 밀러가 "마녀사냥은 저울이 개인의 자유 쪽으로 심하게 기울기 시작했을 때 모든 사람들 사이에서 일어난 도착된 공포의 징후였다"(The witch-hunt was a perverse manifestation of the panic which set in among all classes when the balance began to turn toward greater individual freedom. 7)고 말하는 것처럼, 공포가 마녀사냥에 불을 붙인 화약이었던 셈이다.

그리고 일단 불이 붙은 마녀사냥은 날조와 조작으로 극단화되는데, 레비나스는 이러한 행위를 빗대어 "형체 없음에 형체 부여"(the informing of the formless. *TI* 101)라고 말한다. 즉 모든 주체가 형체 없는 것에 형체를 부여하여 파악 가능한 대상으로 만듦으로써 타자를 전유하는 행위를 칭하는 것이다. 이질적인 타자를 강제화하려는 속임수를 주술로 보며 타자를 악마화하는 모든 유령 속에 속임이 은폐되어 있다고 보는 것이다. 밀러도 세일럼 사회의 정치 · 종교 지도자들이 벌이는 마녀사냥을 형체 없는 것에 형체를 부여하여 타자들을 자신들이 지배하는 동일성의 체계 속으로 흡수시키려는 전략으로 본다.

신정체제의 지도자들 중 마녀사냥에 가장 앞장서는 자는 패리스(Parris)다. 그는 희생양들의 가혹한 형벌이 공포 분위기를 조성하여 이질적인 목소리들을 잠재울 수 있음을 잘 알고 있다. 그러한 전략의 일환으로 티튜바(Tituba)가 마녀와 계약을 맺고 있다고 몰아세우며 연루된 자들의 이름을 대라고 다그친다(47). 티튜바의 마녀 계약의 추궁과 관련하여 과거의 마녀사냥의 역사를 추적해 보자. 11세기에 쓰여진 『주교법』(the Canon Episcopi)에서 브루카르트(Burchard)는 마녀의 주술의 실재성을 부정하며, 희생양들은 단지 마녀의 환영에 무릎 꿇은 것이라고 본다(110). 14세기 후반기에 『마녀들의 망치』(Malleus Maleficarum)에서 도미니칸 수도사들인 하인리히 크래머(Heinrich

Kramer)와 제임스 스프랭거(James Sprenger)는 마녀의 주술이 환영이나 비현실적이라고 주장하는 브루카르트의 의견을 반박한다. 마녀의 주술이 만들어 내는 환영은 악마와의 계약에 의한 결탁이 있어야 가능하다고 말한다(115). 15세기의 저작인 『마법의 발견』(*The Discoverie of Witchcraft*)에서 레지날드 스콧(Reginald Scot)은 마녀의 주술은 악마와 무관한 것으로서 영적인 약화, 영적인 질병이 만들어낸 허구의 상상이라고 주장한다. 스콧은 마녀의 주술을 두려워하는 사회가 담론화하여 환영에 시달리는 자들(주로 어리석거나 유약하거나 미친 여성들)을 마녀화해 죽어 버렸다고 말한다(Stephen Greenblatt 109-119).

이 극에서 티튜바의 심문으로부터 출발하여 애비게일(Abigail)에 이르는 세일럼 사회의 마녀사냥은 과거의 마녀에 대한 다양한 전통적 해석을 토대로 한 것이다. 애비게일은 하녀인 메리 워렌(Mary Warren)의 인형 속에 바늘을 꽂아 놓은 뒤 엘리자베스(Elizabeth)의 주술 때문에 자신이 복통을 앓고 있다고 무고한다(74-76). 또한 마을의 성직자들은 광란의 춤의 축제를 벌이는 소녀들의 주술에 걸린 듯한 행동을 증거로 삼아 무고한 자들을 연루시켜 마녀사냥하려 한다. 세일럼 사회는 이들의 환영을 교묘히 사회적으로 담론화하여 악마와의 결탁이 직접 이루어진 것으로 단정하여 마녀사냥을 벌이는 것이다. 세일럼 사회의 마녀사냥의 광기를 목격하고 프록터는 "신은 죽었다"(God is dead. 119)고 단호히 외친다.

신의 죽음을 증거하는 듯한 마녀사냥의 광란의 축제는 타자를 그들의 자아의 제국을 위해할 위험인물로 보는 데서 출발한다. 이 극에서 밀러는 마녀사냥의 죽음의 축제에 맞서 얼굴의 형이상학을 구조화한다.[6] 해일(Hale) 목사는 티튜바에게 악마와 계약을 맺었다는 것을 고백하도록 강요하면서 "티튜바, 악마에게 등을 돌리고 신을 바라보도록 해"(Tituba, turn your back on him[the Devil] and face God. 46)라고 말한다. 해일 목사가 티튜바에게 신을 바라보라고 한 것은 이웃의 얼굴에서 신의 성스러움을 마주 대하라는 것을 의미한다. 마녀를 인간이 만들어낸 허구라고 믿는 해일 목사는 애비게일의 증언이 위증이라고 반박한다. 이 순간 애비게일은 메리 워렌이 새로 변신하여 발톱으로 자기 얼굴을 쪼아대려 하는 환상을 본 듯 비명을 지른다. 하지만 정신을 되찾은 듯 새의 공격에 부적을 들이대듯이 자신의 얼굴은 신이 만들었음을 천명한다.

> 허나 신께서 내 얼굴을 만드셨으니, 넌 내 얼굴을 찢으려 할 수는 없어.
>
> But God made my face; you cannot want to tear my face. (114)

무고한 자를 악마와 결탁한 것처럼 덮어씌우는 악행을 저지르면서도 애비게일은 자신의 얼굴은 신의 형상을 본떠서 만든 성스러운 것임을 내세운다. 인간의 얼굴은 신이 창조하셨으니 감히 자신의 얼굴에 해를 가할 수 없다는 논리를 내세우는 것이다. 그러나 실상 애비게일은 그

---

6) 필립 네모(Philippe Nemo)가 "얼굴의 현상학은 어떤 것인가?"라고 묻자, 레비나스는 "얼굴의 현상학이라고 할 수 있을지 모르겠다. 현상학이란 나타나는 대로 기술하는 것이기 때문이다. 또한 남의 얼굴을 쳐다본다고 할 수 있을지 모르겠다. 왜냐하면 쳐다보는 것은 앎이요, 지각이기 때문이다. 차라리 얼굴로 나아가는 것 그것이 윤리라고 본다"고 말한다(*EI* 85).

녀의 추악한 거짓으로 자신의 얼굴을 스스로 찢어놓은 셈이 된다. 성경에서는 신의 형상을 본떠 인간을 창조한 데 대해 다음과 같이 기술하고 있다.

> 하나님이 자기 형상 곧 하나님의 형상대로 사람을 창조하시되 남자와 여자를 창조하시고.
>
> So God created man in his own image, in the image of God created he him; male and female created he them. (Genesis 1:27)
>
> 무릇 사람의 피를 흘리는 자는 그로 인해 그 피를 흘릴 것이니 이는 하나님이 자기 형상대로 사람을 지었음이니라.
>
> Whoever sheds human blood, by humans shall their blood be shed; for in the image of God has God made mankind. (Genesis 9:6)

밀러와 레비나스는 각각 그들의 얼굴의 형이상학을 두 번째 구절인 "무릇 사람의 피를 흘리는 자는 그로 인해 그 피를 흘릴 것이니 이는 하나님이 자기 형상대로 사람을 지었음이니라"에 방점을 찍고 있다. 레비나스는 얼굴을 지각의 대상으로 보지 않는다. 얼굴은 어떤 사람의 실제의 얼굴처럼 가시적으로 파악하는 대상이 아닌 것이다. 레비나스는 타자의 얼굴에서 성스러움을 발견하고 타자에 대한 책임을 담보할 때만 타자에게 다가서는 형제애를 구축할 수 있다고 본다(*TI* 215). 타자의 얼굴은 결코 주체의 어떤 이기적인 목적으로 폄훼될 수 없는 성스러운 현전인 것이다. 모두가 타자를 자그마한 신적 존재로 여겨 준다면 이 지상에서의 모든 비인간적인 폭력과 살육은 없어지리라는 것이 레비나스의 얼굴 철학에 담겨 있다. 그러므로 그는 "얼굴은 당신을 저 너머로 인도하는 윤리로서 얼굴이란 누구도 죽일 수 없는 것이다… 얼굴은 적어도 당신을 죽일 수 없소"라고 말한다는 것이다(*EI* 86-7). 레비나스가 얼굴을 형이상학화하여 타자의 살인의 불가능성을 강조하는 것처럼, 밀러가 그의 극에서 가장 역설하는 윤리는 결코 누구도 타자를 희생양으로 삼아 죽일 수 없다는 것이다. 밀러는 타자의 죽임의 불가능성을 그의 윤리 철학의 핵심으로 삼는다. 밀러는 프록터가 판사 댄포스(Danforth)의 악마성을 규정하는 장면에서 거듭 얼굴을 은유화한다.

> 나는 루시퍼의 발걸음 소리를 듣는다. 나는 그의 더러운 얼굴을 본다! 그리고 그것이 나의 얼굴이고, 당신의 얼굴이다.
>
> I hear the boot of Lucifer, I see his filthy face! and it is my face, and yours. (119-120)

프록터는 댄포스의 마냐사냥 속에서 루시퍼의 발걸음 소리를 듣고, 그의 더러운 얼굴을 본다. 그는 타자를 마녀화하는 댄포스의 비열한 행위를 인간의 얼굴의 더러움으로 은유화한다. 이질적인 자들을 마녀화하는 댄포스를 루시퍼의 얼굴에 비유하며, 타자의 얼굴에서 더러움이 아닌 얼굴 자체를 응시해야 한다고 말한다.[7] 레비나스는 얼굴 자체의"

---

7) 『세일즈맨의 죽음』(*Death of a Salesman*)에서 윌리(Willy)가 비프의 얼굴을 쓰다듬는 행위와 『모두가 내 아들』(*All My Sons*)에서 크리스(Chris)가 아버지의 부도덕한

성스러움"(the Good)을 논하며 성스러움을 가장하여 끊임없이 유혹하는 욕구를 "루시퍼의 방식"(a Luciferrian way. *OB* 123)으로 규정한다. 악마는 성스러움의 외양을 취하여 성스러움을 주장하지만 결국 그는 타자를 배제하고, 축출하고, 죽이는 동일성의 화신에 다름 아니라는 것이다.

레비나스처럼, 밀러는 얼굴의 형이상학을 통해 모든 인간은 성스러운 존재로서 그 어떤 명분으로도 이데올로기적 심판의 대상이 될 수 없음을 밝힌 것이다. 누구도 성스러운 존재를 죽일 수 없다는 죽임의 불가능성을 밀러는 얼굴의 형이상학을 통해 보여주고 있다.

III. 자아의 제국주의[8]인 신정정치의 세계에서 신곡(the divine comedy)의 세계로

타자의 죽임의 불가능성이라는 윤리적 휴머니즘의 관점에서 밀러는 세일럼 사회의 마녀사냥을 동일성의 유령으로 또한 타자의 마녀화로 고발한다. 티모시 밀러(Timothy Miller)가 세일럼 교회는 사회적, 정

행동에 얼굴을 들지 못하는 행위 등을 통해 밀러는 타자의 얼굴을 마주하고 바라보는 것을 타자를 윤리적으로 대하는 초월적 행위로 은유화한다. 나아가 『전락 이후』(*After the Fall*)에서 매기(Maggie)가 퀜틴(Quentin)에게 "당신은 신과 같아요"(You're like a god)(72)라고 말할 때, 그녀는 그에게서 신의 성스러움을 보는 것이다. 또한 홀가(Holga)가 "용기라는 선물로 우리는 얼굴을 마주보고, 사랑의 어루만짐으로…용서할 수 있습니다"(With some gift of our courage one may look into its face…and with a stroke of love…forgive it)(113)라고 말할 때, 그녀는 타자의 얼굴에서 성스러움을 발견한 것이다.

8) 레비나스는 집요한 이기주의에 몰입하여 타자의 존재를 망각하는 자아를 "자아의 제국주의"(the imperialism of the ego)라고 칭한다(*OB* 128).

치적, 경제적 이해관계에 깊숙이 연루되어 있다고 말한 것처럼(88), 성직자들은 물론이고 판사인 댄포스도 세일럼 사회의 기존의 체제를 흔드는 자들에 대해서 가차 없는 엄정한 태도를 보인다. 댄포스가 프록터의 행동을 "반모"(rebellion)(130)로 몰아붙이자, 후자는 "만일 도덕적 의로움이 없다면 신은 죽은 것이다"(If there is no moral right, God is dead. 90)라고 대응한다.

밀러는 세일럼 사회에서는 "정략이 도덕적 의로움과 동일시되고, 이에 대한 반대는 악마의 악의와 동일시된다"(A political policy is equated with moral right, and opposition to it with diabolical malevolence. 34)고 규정한 것처럼, 이미 도덕적 의로움의 의미는 퇴색되어버린 것이다. 그런 측면에서 프록터가 요구하는 도덕적 의로움은 정략과는 거리가 먼 타자의 윤리이다. 타자의 윤리 없이 신은 존재하지 않는다는 프록터의 선언은 "신은 윤리를 기초하여 사유하는 것"(*GDT* 136-139)이라고 말한 레비나스의 언명에 상응한다. 해일 목사도 프록터를 처형하려고 반모를 운운하는 댄포스 판사에게 일침을 가한다.

> 각하, 고아들이 이집 저집을 전전하고 있으며, 버려진 소들이 거리에서 울고 있습니다. 썩어가는 곡식들의 악취가 천지에 진동하고, 창녀들의 울부짖음이 언제 누군가의 목숨을 앗아갈지 아무도 모릅니다. 그런데 아직 반모가 모의된다고 의심하십니까?
>
> Excellency, there are orphans wandering from house to house; abandoned cattle bellow on the highroads, the stink of rotting crops hangs everywhere, and no man knows when

> the harlots' cry will end his life--and you wonder yet if rebellion's spoke? (130).

해일 목사는 세일럼 사회가 이웃을 무고하는 송사로 인하여 고아들이 이집 저집을 떠돌아다니고 농부들은 곡식을 돌보는 일을 물론이고 소젖을 짜는 일까지 소홀히 하고 있다고 비판한다. 나아가 그는 어린 소녀들은 누군가에 의해 사주되어 창부처럼 울부짖으며 마녀사냥의 도구로 전락한 세일럼 사회를 타자에 대한 연민이 부재한 사회로 비판하고 있다. 레비나스는 타자와의 관계를 상호성의 관점에서 보지 않고 비대칭적 관계로 본다. 유복하고 강한 자와 약하고 가난한 과부와 고아 사이에는 비대칭적인 관계가 성립되는데, 이러한 상황에서 강한 자가 곤경에 처한 자에 대해 연민을 느끼는 것이 윤리라는 것이다.

세일럼 사회는 "신의 법"(God's law)(129)을 국가 통치의 이념으로 삼고 이에 의해 사회적 정의를 구현하다고 한다. 그런데 그들의 사회적 정의는 국가가 자기들의 필요성에 따라 반대세력의 동요를 잠재워 통합된 사회질서를 유지하는 기술적 수단인 법과 동일한 개념으로 볼 수 있다. 이러한 사회적 정의에 입각한 권력자들은 누군가가 체제를 위태롭게 할 조그마한 빌미라도 보이면, 단호하게 그 타자성을 부정한다. 그들에게 타자는 자신들과 다른 사람이 아니라, 그들의 또 다른 자아로서 그들에게 편입시켜야 할 존재에 불과하다. 타자가 타자인 것은 성격이나 외모에 관계없이 오로지 그의 타자성 때문이라는 윤리는 철저히 부정된다(*TO* 83).

이 사회에서는 모든 사회의 질서는 동일성에 기초하며 이질성과 다원성은 이에 대한 반역이며 사회의 안정을 저해하는 위협 요인이 된다. 따라서 정치적, 종교적 이데올로기의 이유를 덧씌워 타자를 이단자로 만들어냄으로써 그들을 제거하고 말살하려 한다. 세일럼 사회는 오로지 한 가지 언어, 즉 저 높은 곳에서 나오는 가르침을 신봉한다는 종교적 이데올로기로 무장하여 이 지상의 세계를 지배하려 한다. 서구 철학을 지배해 온 절대적 이성의 빛으로서의 로고스의 신봉은 타자의 이질성을 밤의 어두움으로 배제하는 집단적 충동과 폭력을 부추긴다.

데리다는 신의 세계를 위하여 인간세계를 저버리는 아브라함을 가장 도덕적인 동시에 가장 비도덕적인 인물로 칭하며 "그는 마치 그의 동포들에 대한 의무에서, 그의 아들과 인류에 대한 의무에서 방면된 것처럼 행동한다"(*GD* 72-3)고 정의 내린다. 세일럼의 성직자들뿐만 아니라 법정의 댄포스 판사도 아브라함의 추종자들이다. 그들은 신의 세계를 위한다는 숭고함을 가장한 탈을 쓰고 인간 세계를 무참하게 저버린다.

댄포스는 프록터의 서명만 얻어내면 마녀와 결탁한 혐의자들을 처형함으로써 주민들의 준동을 잠재울 수 있다고 믿는다. 세일럼의 권력자들은 그들의 권위에 복종하는 자들은 결백(하얀색)한 자로, 이단자들을 악한(검은색) 자로 이분화하는 전략을 사용한다.

> 여기서는 자네 영혼만이 문제이네, 프록터, 그러니 자네의 영혼의 결백(하얀색)을 입증하지 못하면, 기독교 국가에서 살 수가 없네.
>
> Your soul is the issue here, Mister, and you will prove its whiteness or you cannot live in a Christian country. (141)

밀러는 "세일럼 사회는 셰익스피어적이다. 당파들과 반당파들. 반당파들로는 프록터와 타자들이 있다"고 말한 바 있는데(Bigsby 147), 당파와 반당파가 한 덩어리를 이루는 세일럼 사회에서 통치의 주된 역할은 반당파를 "신의 응징"(the scourge of God)으로 처단하는 것이라고 말한다(34). 이러한 사명에 투철한 댄포스는 반당세력의 명단을 내놓을 것을 요구한다. 프록터는 "저는 제 죄를 말할 뿐이지, 다른 사람을 심판할 수는 없습니다"(I speak my own sins; I cannot judge another)(141)라고 말하며, 주체에게 신과 같은 심판자의 권위를 부여하는 동일성의 폭력에 저항한다. 프록터는 자신이 살아남기 위해 타자를 심판하는 도구가 될 수는 없다고 말한다. 레비나스는 타자와의 관계에서 나는 타자를 판단하거나 떠맡을 수 있으며, (자신의 사적인 이익을 위해) 타자를 떠맡을 수 없음이 바로 양심의 본질이라고 말한다(*TI* 101). 또한 데리다는 비밀성(secrecy)은 라틴어 세크레툼(secretum)에서 유래된 것으로 "세크레툼은 책임 있는 주체의 양심으로서 영혼의 자유의 구성을 가정한다"(*GD* 20)는 의미를 지닌다고 말한다. 이들의 견지에서 볼 때, 세일럼 권력자들이 자신의 목숨을 담보하며 타자를 지키려는 프록터에게 비밀 고백을 강요하는 것은 역설적으로 그들이 악마와 결탁하고 있는 자들이라는 것을 입증하게 된다.

프록터의 반발에도 불구하고, 댄포스는 문서작성을 위해 잉크와 서류를 가져 오게 한다. 데리다는 모든 쓰여진 기록은 의도가 있으며, 모든 것은 "천상의 빛"(light in the sky)(*WD* 139), 즉 이성의 빛에 대한 교육이고 가르침이라고 말한다. 레비나스는 언어를 "말함"(the saying)과 "말해진 것"(the said)으로 구분하는데, 데리다가 말하는 "천상의 빛"은 "말해진 것"에 해당된다고 볼 수 있다. "말해진 것"은 서구 철학의 전통으로 주체가 대상을 동일성으로 주제화하려는 것인 반면에,

"말함"은 동일성에서 타자로 움직여 나가는 윤리적 언어이다. 레비나스는 동일성의 담론으로서 "말해진 것"은 전복적 담론을 강압적으로 배제하는 국가에 의해 가능하다고 보며, 동일성의 폭력은 일자(the one)에서 타자로 이행하는 운동을 은폐한다고 본다(*OB* 170). 레비나스는 "말해진 것"의 서사는 결국 통일된 단일한 텍스트를 원하며 그 틈새를 비집고 들어서는 이질성은 가차없이 무화시킨다는 것이다.

그런 점을 꿰뚫고 있는 프록터는 문서 서명을 강력하게 거부한다. "말해진 것"인 문서의 서명은 동일성의 폭력이 법적 효력을 갖도록 최종 승인하는 형국이 되기 때문이다. 프록터는 기독교적인 신의 사랑과 구원의 길을 보여주지 못하는 신정체제 권력자들이 타자를 희생양으로 삼기 위해 자신을 도구로 이용하려는 폭거에 무릎 꿇지 않는다. 댄포스가 마녀와 결탁한 혐의자들의 발설을 강요하자 프록터는 끝내 서류 서명을 거부하며 자신의 이름을 지키고자 한다. 프록터에게 자신의 이름을 지킨다는 것은 타자에 대해 책임을 지는 윤리를 말한다. 그의 각오는 결코 자신의 안위를 위해서 타자를 도구로 삼지 않겠다는 윤리적 휴머니즘에 기초한 것이다. 댄포스가 재차 서명을 강요하자 프록터는 "남이 말하는 것과 내가 서명하는 것은 결코 동일하지 않다"(What others say and what I sign to is no the same! 143)고 말하며 서류를 구겨서 찢어버린다. 누군가가 타자와 어떤 합의를 법적으로 매듭지으려면 상대방의 맞서명이 기다리고 있다. 서명이란 모든 사람이 지키도록 규율화한 동일성의 틀에 타자가 동의하도록 끌어들이는 기제이다. 프록터가 볼 때 그것은 프로크루스테스(Procrustes)의 침대[9]에 다

9) 프로크루스테스는 그리스 신화에 나오는 산적으로, 지나가는 나그네를 납치해 자신의 침대에 눕혀 키가 침대보다 짧으면 다리를 잡아 늘리고, 침대보다 길면 침대 길이

름 아니다. 프록터는 합법을 가장한 불법적 통치 의식에 자신의 이름이 도용되는 것을 거부한다.

결국 세일럼의 사회는 프록터의 결연한 저항에 죽음의 처단을 강제한다. 해일 목사는 피를 부르는 신앙을 종교적 광기라고 규정하며 거짓 고백을 해서라도 엘리자베스에게 남편을 구하라고 권유한다. 그러나 엘리자베스는 모든 것을 남편의 뜻에 맡기기로 한다. 처형을 앞두고 프록터는 아내에게 자신이 도덕적 흠결이 있는 부족한 인간임을 고백한다(136). 밀러 버딕(Miller Budick)은 프록터의 애비게일과의 불륜 관계를 인간 모두는 원죄(original sin)에서 자유로울 수 없는 타락한 존재라는 청교도주의의 관점에서 해석한다(132). 그러나 레비나스의 관점에서 볼 때, 프록터의 자책감은 원죄 의식에서 오는 것이 아니라 "타자를 내 안에, 내 동일성의 한 가운데 두며" 타자에게 자신을 여는 행위로 볼 수 있다(*OB* 125). 프록터의 자신의 과실에 대한 인정은 엘리자베스의 마음의 문도 연다. 그녀도 "전 사랑을 어떻게 표현할지를 몰랐어요, 집안의 냉기도 다 제 탓이었어요!"(I never knew how I should say my love. It were a cold house I kept! 137)라고 말하며 남편에게 속죄한다.

프록터와 엘리자베스의 진정한 자책은 그 누구도 타자의 심판자가 될 수 없다는 밀러의 윤리관을 드러낸다. 타자 심판의 불가능성의 윤리는 본질적으로 밀러가 도스토예프스키의 『카라마조프의 형제들』(*The Brothers Karamazov*)의 "우리 모두는 죄인들이다. 그리고 나는 타인들보다 더 큰 죄인이다"에서 영향 받은 것이다(Nelson 19). 밀러

에 맞게 다리를 자른 잔인한 인물이다. 그는 테세우스(Theseus)에게 같은 방법으로 살해된다(Morford & Lenardon 364).

는 『전락 이후』에서도 퀜틴을 통해 "우리 모두가 죄인"(Neither of us is innocent)(109)이라는 도덕적 죄의식을 강조한다. 레비나스도 『카라마조프의 형제들』의 "우리 모두는 죄인들이다. 그리고 나는 타인들보다 더 큰 죄인이다"라는 구절을 그의 타자철학의 핵심 논제로 강조한다("GP"182, *EI* 98, *OB* 146).

프록터의 죽음을 앞두고 엘리자베스는 이제 남편이 "goodness"(145)를 지니게 됐다고 말한다. 과연 프록터가 이르게 된 "goodness"는 무엇을 의미하는가? 기독교적 관점에서 악에 대항하는 선의 개념을 의미하는가? 아니면 서구철학의 관점에서 플라톤(Plato)의 선의 개념을 의미하는가? 엘리자베스가 규정한 "goodness"의 의미는 기독교적 전통에 의해서도, 서구 형이상학의 전통에 의해서도 명쾌히 해석된다고 볼 수 없다. 오히려 밀러가 사용한 "goodness"의 개념은 레비나스의 "goodness"의 개념으로 돌아가 보게 한다. 레비나스는 "goodness"의 개념을 플라톤의 "존재를 초월한 선"(the good beyond being)에서 착상을 얻었다. 그러나 그는 플라톤처럼 영혼의 아름다움을 강조하는 "선"이 아니라 타자에 대해 책임을 지는 "성스러움"으로 재규정한다. 즉 레비나스가 규정하는 "성스러움"의 개념에는 기독교적 해석과 서구 형이상학에 관통하는 주체, 의식, 의지, 자유, 선택의 의미가 박탈된다. 바꿔 말하면, "성스러움"은 다양성을 일자에 편입시키려 하지 않는 존재의 초월이다(*OB* 118). 레비나스는 존재를 초월하는 것에 대한 끊임없는 욕망이 사심 없음(disinterestedness)이며, 이러한 사심 없음이 "성스러움"(the Good)에 대한 욕망이라고 말한다.[10)]

---

10) 데리다는 자유와 책임을 가진 유일성의 주체는 타자와의 관계에서 그의 "무한한 성스러움"(infinite goodness, *GD* 3)을 통해 죽음의 선물에 다름 아닌 체험을 수용한

> 성스러움은 존재에 있어 적자도, 낭비도, 어리석음도 아니다. 성스러움은 존재 저 편의 고양이며 탁월성이다. 윤리는 존재의 한 순간이 아니며, 그것은 존재와는 다른, 보다 나은 바로 저 편(초월)의 가능성이다.
>
> To be good is a deficit, waste and foolishness in a being; to be good is excellence and elevation beyond being. Ethics is not a moment of being; it is otherwise and better than being, the very possibility of the beyond("God and Philosophy" 179)

레비나스에 관한 한 "성스러움"은 자신에 의지에 반하여 타자를 위해 자신을 바치는 삶이다. 밀러도 "성스러움"을 현세에서의 모든 정치적, 경제적, 사회적 이해관계를 떠나 나 앞에 타자를 세우는 베품의 행위를 일컫는 데 사용한다. 그런 점에서 엘리자베스가 프록터에게서 본 "성스러움"(goodness)은 레비나스의 경우처럼 "성스러움"(the Good)에 상응하는 개념이다. 레비나스는 자신을 바침으로써만 죽음이 없는 삶, 무한의 삶, 본질과 무를 넘어선 영광의 삶이 가능하다고 보는데(*OB* 142), 이것이 바로 밀러가 지향하고자 하는 윤리의 길이다.

프록터가 교수대에 오를 때 태양은 다시 떠오른다. 그리고 새로 솟아오르는 태양 아래 격렬한 북소리가 들린다. 태양은 다시 떠오른 태양일 뿐이고, 북소리는 한 사람의 처형에 동반되는 의식적 장식에 불과한가? 밀러는 세일럼 사회에 쏟아지는 강렬한 햇빛과 북소리를 이렇게 묘사한다.

다고 말한다. 죽음의 선물은 주체로 하여금 초월적 타자와의 관계, "자아를 지우는 성스러움"(selfless goodness. *GD* 6)의 관계로 밀어 넣는다고 말한다.

> …새로운 태양이 엘리자베스의 얼굴에 쏟아지며, 북소리는 아침 공기를 가르며 뼈다귀 같이 덜그럭 소리를 낸다.
>
> …the new sun is pouring in upon her face, and the drums rattle like bones in the morning air. (145)

엘리자베스의 얼굴을 비추는 눈부신 태양은 신정정치가 신봉하는 이성의 빛의 은유이다. 밀러는 세일럼 사회에 새로 솟아오르는 태양과 마을에 울려퍼지는 격렬한 북소리를 통해 그곳에 더욱 더 공고화될지도 모를 동일성의 유령을 은유화하고 있다. 레비나스는 태양이 있는 곳이 주체의 자리이며, 거기서 온 땅을 전유하는 작업이 시작된다고 말한다(*EI* 121). 레비나스는 세일럼 마을처럼 동일성의 유령이 배회하는 사회를 태양이 작열하는 "그늘 한 점 없는 대낮"(the shadowless high noon. *OB* 137)으로 은유화한다. 그가 볼 때 현세에서의 "태양 아래 나의 자리"(my place in the sun. "EP" 82)는 주체가 타자를 배제하고, 추방하고, 벌거벗기고, 죽여서 얻어낸 침탈의 결과인 것이다.

그런 관점에서 세일럼 사회에 떠오르는 태양은 진리를 자처하며 사회의 유기적 동일성을 강요하는 집단적 광기의 은유인 것이다. 전체주의적 집단적 광기는 프록터처럼 위협적인 타자를, 그의 흔적을 역사의 현장에서 지우려 한다. 마찬가지로 북소리의 격렬함과 엄격한 규칙성은 세일럼 사회의 마녀사냥의 광기와 폭력의 은유이다. 신정정치의 동어반복적인 두드림의 폭력은 피를 불러 세일럼 사회를 죽음의 뼈다귀가 덜그럭 거리는 소리로 뒤덮게 하고 있다.

밀러는 신정정치가 신봉하는 신국(神國)에서 "신곡"(divine comedy)

의 세계로 나아가기를 염원한다. 레비나스는 "신곡"의 세계를 한 인간이 자신에 반하여 타자에 대한 책임과 죽음의 대속(substitution)까지 짊어질 수 있는 윤리적 세계로 규정한다("GP" 175-179). 밀러가 세일럼 사회의 마녀사냥을 극화시킨 것은 동일성의 폭력이 없는 세계, 어떤 종합과의 통일이 없는 세계, 타자에 대한 배제와 추방과 살육이 없는 세계, 바꿔 말하면 "신곡"의 세계를 강렬하게 희구하고 있다는 것에 대한 역설적 반증이다.

(현대영어영문학 2016)

인용 문헌

- Bernstein, Richard J. "Evil and the Temptation of Theodicy" *The Cambridge Companion to Levinas.* Eds. Simon Critchley and Robert Bernasconi Cambridge: Cambridge UP, 2002: 252-267. Print.
- Bigsby, C. W. E. *Arthur Miller: A Critical Study*. Cambridge: Cambridge UP, 2005: 103-126. Print.
- Bloom, Harold. "Introduction." *Arthur Miller.* Ed. Harold Bloom. New York: Chelsea House Publishers, 1987: 1-6. Print.
- Budick, E. Miller. "History and Other Spectres in *The Crucible*." *Arthur Miller*. Ed. Harold Bloom. New York: Chelsea House Publishers, 1987: 127-144. Print.
- Cohn, Ruby. "The Articulate Victims of Arthur Miller." *Arthur Miller's Death of a Salesman*. Ed. Harold Bloom. New York: Chelsea House Publishers, 1987: 39-46. Print.
- Derrida, Jacques. *The Gift of Death*. Trans. David Wills. Chicago: U. of Chicago Press, 1995. Print.
- _________. *Writing and Difference*. Chicago: U of Chicago P, 1978. Print.
- Dollimore, Jonathan. *Radical Tragedy*. Brighton, Sussex: The Harvester Press, 1984. Print.
- Greenblatt, Stephen. "Shakespeare Bewitched." *Shakespeare's Tragedies.* Ed. Susan Zimmerman. London: Macmillan Press, 1998: 109-139. Print.
- Levinas, Emmanuel. *Ethics and Infinity: Conversation with Phillippe Nemo.* Trans. Richard Cohen. Pittsburgh: Duquesne UP, 1985. Print.
- __________. "Ethics as First Philosophy." *The Levinas Reader*. Ed. Séan Hand. Cambridge: Blackwell, 1989: 75-87. Print.

- ________. "God and Philosophy." *The Levinas Reader*. Ed. Seán Hand. Cambridge: Blackwell, 1992:166-189. Print.
- ___________. *God, Death, and Time*. Eds. Werner Hamacher and David E. Wellbery. Stanford, California: Stanford UP, 2000. Print.
- ___________. *Otherwise Than Being*. Trans. Alphonso Lingis. Pittsburgh: Duquesne UP, 1998. Print.
- ___________. *Time and the Other*. Trans. R. A. Cohen. Pittsburgh: Duquesne UP, 1987. Print.
- ___________. *Totality and Infinity*. Trans. Alphonso Lingis. Pittsburgh: Duquesne UP, 1969. Print.
- Miller, Arthur. *Arthur Miller: The Crucible*. Ed. Gerald Weales. New York: Penguin Books, 1971. Print.
- ____________. "Introduction." *Arthur Miller's Collected Plays*. New York: Viking, 1967: 3-57. Print.
- ____________. "The Nature of Tragedy" *The Theater Essays of Arthur Miller*. Eds. Robert A. Martin & Steven R. Centola. New York: Da Capo, 1996: 69-85. Print.
- Miller, Timothy. "John Proctor: Christian Revolutionary." *The Achievement of Arthur Miller: New Essays*. Ed. Steven R. Centola. Dallas: Contemporary Research Press, 1995: 87-94. Print.
- Nelson, Benjamin. *Arthur Miller: Portrait of a Playwright*. New York; David Mckay Company, Inc, 1970. Print.
- Critchley, Simon. "Introduction." *The Cambridge Companion to Levinas*. Eds. Simon Critchley and Robert Bernasconi. Cambridge: Cambridge UP, 2002: 1-32. Print.
- Weals, Gerald. "Arthur Miller: Man and His Image." *Arthur Miller: The Crucible*. Ed. Gerald Weales. New York: Penguin Books, 1971: 333-351. Print.

『다리 위에서 본 전망』*A View from The Bridge*: 아서 밀러의 윤리 체계와 레비나스의 타자철학의 상관성 연구

I. 서론

아서 밀러(Arthur Miller)는 『시련』(*The Crucible*)에서 이웃들 간의 증오와 복수의 문제를 다룬 이후 『다리 위에서 본 전망』(*A View from The Bridge*)[1]에서 이 주제를 더욱 심도 있게 추적한다. 제랄드 윌즈(Gerald Weales)는 『시련』은 타자를 마녀화하는 정치 이데올로기를 문제 삼는 반면, 『전망』은 이민자들을 밀입국자들로 만들어버리는 사회 현실을 조명하고 있다고 말한다(346). 바꿔 말하면, 『시련』에서 밀러는 사회공동체 전체의 이념의 동일성 유지를 위한 이질적인 타자 배제 문제를 다루었다면, 이 극에서는 자기의 영역을 지키려는 인간 개인의 동일성의 폭력이 타자를 배제하고 망각하는 근원임을 보여준다.

밀러는 에디 카본(Eddie Carbone)의 마음을 이웃과 동료 근로자들과의 관계, 즉 현실 세계의 이웃과의 관계에서 고찰함으로써 이 극이 더욱 인간적인 의미를 띠게 되었다고 말한다("Introduction" 52). 이 극에서 밀러는 에디를 개인의 성적 딜레마에 가두어 놓지 않고 현실 세계 속의 주변 인물들과의 관계로 확장시켜 나감으로써 보편적인 인

1) 이제부터 『다리 위에서 본 전망』을 축약하여 『전망』으로 명기함을 밝힌다.

간의 딜레마에 대해 성찰하고 있다. 그런 점에서 극중 인물들의 갈등의 문제는 사회에 내던져진 인간의 실존적 상황의 관점에서 전개된다.

에디가 살고 있는 브루클린 부두는 이태리 이민자들의 유입과 더불어 형성되었다. 현재 이 지역에는 불법이민자들이 늘어남에 따라 이민당국의 단속에 대한 두려움과 불안감이 존재한다. 이태리 이민의 뿌리에 기반을 둔 유대감이 이민당국의 감시망으로부터 서로를 감싸주는 보호막 역할을 하기도 하지만, 이웃 간의 영역을 둘러싼 시기와 증오는 배반과 밀고의 씨앗이 되기도 한다.

이 극에서 밀러는 불신과 폭력과 복수가 만연하는 사회에 맞서 타자에 대한 믿음, 배려, 용서의 정신을 대치시킨다. 불법이민자라는 약자의 위치에 선 타자, 연민이 필요한 타자, 궁지에 몰린 타자에게 시선을 돌려 다원화된 사회에서의 타자의 문제에 초점을 맞춘다.

이 극에서 역시 밀러의 타자에 대한 윤리 체계는 레비나스(Emmanuel Levinas)의 타자철학과 밀접한 상관성을 보인다. 밀러와 레비나스는 유대인임에도 그들의 사고는 편협한 전통을 초월한다. 레비나스는 유대교의 전통에 익숙했지만 그의 사고는 편협하게 거기에 묶여있지 않았다. 그는 유대교리 중에서도 화해 정신에서 인류의 오랜 이상인 휴머니즘을 보았으며, 비유대적 문화에 대해서도 개방적이었다. 레비나스는 기독교인들 중에 유대인, 유대인들 중에 리투아니아인, 러시아 문학에 경도된 러시아인이었으며, 추방의 경험을 통해 타자를 배려하는 범휴머니스트였다(레스쿠레 80).

밀러 역시 편협하게 유대적 전통에 갇혀 있지 않았다. 레비나스처럼 밀러는 유대교를 종교적 차원에서가 아니라 휴머니즘의 이상으로서 받아들였다. 모든 모순을 변증법적으로 통합시키기보다는 모순과 긴장을 중시하였으며, 유대인의 특징을 엿보이는 인물 속에서도 보편적인 세계인을 그려냈다. 성장기부터 이방인으로서 겪는 타자로서의 아픔을 직접 체험하였던 밀러는 이 극의 상황과 자기 자신의 삶과의 유사성에 대해 언급하며 그것이 자신의 심리적인 갈등이었음을 고백한다("Introduction" 50). 그러한 아픈 과거는 밀러와 레비나스를 폭넓은 인간애를 중시하는 휴머니스트로 만든 동인이 되었다고 볼 수 있다.

밀러는 이 세계에 만연하고 있는 인간의 이기주의와 배신, 잔악성의 극복을 기독교적 신이 아닌, 윤리성의 회복에 의한 타자의 절대적 수용에서 찾았고, 레비나스 역시 기독교적 신이나 유대교적 전통에서 구원을 찾으려 하지 않았다.[2] 레비나스는 사랑과 용서 그리고 타자에 대한 연민이라는 타자철학을 통해 이러한 절망을 극복하고자 하였다.

레비나스가 "윤리를 제1철학"이라고 했다면, 청교도적 도덕주의자로 알려진 밀러도 그의 극에서 윤리를 제1철학으로 삼고 있다고 볼 수 있다. 레비나스는 동질성에 대해 문제를 제기하는 것을 타자 윤리학이라고 칭하고, 타자의 낯섦, 타자의 나로의 환원 불가능성을 윤리학의 문제로 삼는다(*Totality and Infinity* 43). 레비나스는 나도 타자도 독립된 개체로 서로가 침투될 수 없는 개체임을 주장하며, 타자는 우리에게 극복되어야 할, 파악되어야 할, 지배되어야 할 것으로서 영향을 미치는 것이 아니라, 우리와는 독립된 다른 것으로서 영향을 미친다고 말한다(*Totality and Infinity* 89). 윤리철학이라 불리는 레비나스의 철학은 타자에 대한 관점의 재위치화로서 도덕의식은 가치의 체험이

2) 자크 데리다(Jacques Derrida)는 레비나스의 철학은 신학이나 유대교적 신비주의의 담론에서 전개되는 것이 아니라, 삶의 체험 그 자체에 기반을 두며 그 체험은 타자를 향한 행로이고 출발이라고 본다(83).

아니라, 타자 존재에 대한 접근으로 본다. 레비나스는 자기 동일성을 유지 보존하려는 이기적 탐욕이 아니라, 타자의 배려, 타자를 위함이 실존론적 존재론의 관점에서 우위에 서야 한다고 말한다. 레비나스는 현대 사회가 타자와의 상호적 윤리적 관계에 기초해야 인류가 비극적 재앙을 피할 수 있다고 봄으로써 존재의 궁극적 문제를 타자의 문제에 귀결시킨다.

많은 비평가들이 일컫듯이, 밀러 역시 타자와의 윤리적 관계의 망각을 경고하며 그의 작품과 비평에서 도덕성의 회복을 제1원칙으로 강조해 온 인물이다. 빅스비(C. W. E. Bigsby)는 400여 쪽에 달하는 밀러의 극론 대부분이 실제로 윤리적인 논의라고 말하고 있다(158). 밀러는 비극은 이 세상에서 견지해야 할 올바른 길에 이르는 앎과 깨달음을 제시해 준다는 점에서 윤리성이 담겨 있어야 한다고 말한다("The Nature of Tragedy" 156). 나아가 밀러는 좌절된 계층들의 불행과 비극이 우리 모두의 불행이고 비극이라는 의식을 가지고 타자에 대해 따뜻한 배려와 관심을 보일 것을 요구한다("On Social Plays" 62).

레비나스가 냉엄한 전후 상황에서 인간이 지향해야 할 바람직한 타자철학을 제시해 준 것처럼, 밀러도 그의 극에서 타자를 배려하는 도덕성 회복을 통해 비관적인 현실의 극복을 주창하였다는 점에서, 양자의 윤리체계는 각자의 영역에서 뚜렷한 상사성(相似性)을 보여준다. 이러한 맥락에서 밀러와 레비나스가 공유하는 삶의 역정과 윤리체계가 보여주는 상관성에 주목하여 이 극에 나타난 에디의 동일성의 폭력과 타자의 망각의 문제를 살펴보고자 한다.

II. 동일성의 폭력과 타자의 망각

이 극의 개막장면은 브루클린(Brooklyn)의 레드 훅(Red Hook)이라는 부두에서 시작된다. 이곳에서 에디(Eddie)는 아내 비어트리스(Beatrice)와 조카 캐서린(Katherine)과 함께 살고 있다. 특이한 점은 조카 캐서린에게 상식을 넘어선 성적 집착을 보여준다는 것이다. 캐서린과의 왜곡된 관계는 불법이민자들과의 충돌을 가져오고, 레이몬드 윌리엄즈(Raymond Williams)의 지적처럼, 한 여성과의 성적 일탈이 사회 공동체 전체의 문제로 비화된다(78).

부두 노동자로 일하는 에디는 이 지역에 자리 잡은 지 오래되는 선참자이다. 이곳에 터전을 마련한 그는 끊임없이 들어오는 불법이민자들을 보면서 불안감을 느낀다. 그들이 이미 기존 이민자들의 일자리를 잠식해 가고 있음을 느끼기 때문이다. 그러한 불안감 속에서 아내의 사촌들인 마르코(Marco)와 로돌포(Rodolpho)가 에디의 집에 찾아온다. 미혼인 로돌프는 이곳에 정착하여 미국인으로 살아가기를 바라며, 마르코는 아내와 세 자녀를 둔 가장으로서 생활비를 벌기 위해 이곳에 왔다. 이들 모두는 도움을 필요로 하는 약자이며, 연민을 필요로 하는 타자이다.

레비나스에 따르면, 소유를 결정짓는 출발점은 가정에서의 거주이며, "나는 타자에게 나의 집을 열어줌으로서 나의 집에서 그가 거처하도록 타자를 환대한다"(*Totality and Infinity* 171)고 할 수 있을 때, 자아의 집착으로부터 탈자(脫自)가 가능하다고 본다. 이 가정이라는 거처는 주체와 타자를 분리하는 경계선인 것이다. 그러므로 타자가 누군가의 거처로의 들어섬은 언제나 그 누군가의 동일성을 시험하게 된다. 왜냐하면 타자의 받아들임은 주체의 소유로부터의 물러섬을 의미하기 때문이다. 즉 주체의 지움을 함축하는 사건이기 때문이다. 이러한 사건은 레비나스가 규정한 여성성[3]이 결여된 남성의 입장에서는 그가 소유하고 향유하여야 할 바로 그 거처에서 자신의 자유를 제한해야 함을 의미한다.

그런 맥락에서 타자의 출현은 에디의 거처의 자유로운 소유를 마비시킬 수 있기 때문에 그는 타자의 출현을 경계하지 않을 수 없다. 에디는 밀입항한 사촌들을 맞이하기 위한 준비로 법석 떠는 아내를 본다. 분주한 모습에 심기가 불편한 에디는 "내가 걱정하는 건 당신이 너무 물러서 우리가 바닥에서 자고 그들이 우리 침대에서 자게 될까봐 걱정이야"(all I'm worried about is you got such a heart that I'll end up on the floor with you, and they'll be in our bed)(16)라고 말한다. 에디는 이방인이 자신의 거처로 들어와 자신의 영역을 침범하는 데 대해 불안감을 보인다. 그러면서도 속내를 숨기며 "당신은 통이 너무 커"([You] got too big a heart)(21)라고 추켜세우며, 자신의 이민자로서의 처량한 과거 시절을 떠올린다.

> …우리 아버지가 미국에 오지 않아서 내가 그곳에 있는 자들처럼 굶고 있다고 생각해 봐…. 미국에 친척이 있어서 내게 몇 달 머무를 수 있게 해 주었다면, 내게 잠자리를 제공한 사람은 존경받았겠지.
>
> …suppose my father didn't come to this country, and I was

3) 레비나스는 타자의 환대를 여성성(the Woman)으로 규정하지만, 그것이 성별의 여성을 지칭하는 것은 아님을 밝힌다. 그가 정의하는 여성성은 이기적인 향유에서 벗어나 타자를 다감하게 대하기 위한, 타자를 다시 세우기를 위한 조건이다(TI 155).

> starvin' like them over there...and I had people in America could keep me a couple of month? The man would be honored to lend me a place to sleep. (17)

과거 어려운 시절에 대한 에디의 회상은 약한 처지에 있는 타자에 대한 환대의 소중함을 상기시킨다. 그리고 자신의 이기심을 잠시 누그러뜨린다. 레비나스는 그의 타자철학에서 곤경에 처한 타자의 문제, 이방인의 문제를 중심 주제로 다룬다. 그는 타자의 벌거벗은 얼굴은 우리에게 가난한 자와 낯선 자의 기근을 현전(現前)시키며, 이러한 본질적 가난 속에서 그는 다가와 우리와 결합한다고 말한다(TI 76). 레비나스는 이 세상에서의 실존을 결핍으로 보고 타자를 인정하는 것이 베풂이라고 말한다. 다원화되고, 다인종화된 현대 사회에서 타자와의 관계는 자아에 의한 동질성의 집착에 의해 부정되며 타자의 환대는 자신에 대한 위협으로 간주된다. 에디의 인척들의 출현은 타자에 대한 연민과 책임을 일깨우기보다는 자신의 삶의 향유와 평화를 깨뜨리는 장애물로 보인다. 그런 까닭에 에디의 자아는 타자의 출현을, 즉 이방인의 출현을 현재 자신이 누리는 자유를 구속하는 압박으로 느낀다. 그러므로 두 인척의 그러나 그의 혈족이 아닌 자들의 돌발적인 등장은 주체 속에 주체가 아닌 것을 들어오게 하는 자아의 초월을 시험한다.

그러므로 에디는 타자성이 가진 이질성을 두려워한다. 그는 레드 훅에 자리 잡게 되면서 자신이 이 터전에서 더 이상 낯선 이가 아님을 발견한다. 오히려 그는 터를 잡고 있는 자로서 타자가 자신의 영역에 들어오는 침탈을 경계하게 된다. 레드 훅 사회는 에디와 같은 이기적인 인간들로 득실거린다. 삶이 고단할수록 이 지역사람들은 타자를 형제애로 감싸는 윤리적 가치보다는 자신의 삶이 타자의 삶에 우선한다는 것을 기억한다. 이기적 자아가 강한 에디는 두 불법이민자들이 자신의 영역으로 들어섬을 불안해 한다. 에디가 던진 말은 그의 강한 자아를 드러낸다.

> 난 내 침대만 있으면 돼
>
> I'll settle for my own bed. (17)

"…만 있으면 돼"(…settle for)라는 말에는 불만스럽고 불편하지만 일시적으로 감내하겠다는 생각이 담겨 있다. 적극적으로 자신의 불편을 수용하여 어려움에 처한 타자를 배려하겠다는 정신이 담겨져 있는 것은 아니다. 에디는 은연중에 자신의 잠자리까지 침범 당하지 않을까 두려워한다.

자신의 집에 타자가 들어오는 것에 대한 에디의 심한 경계는 캐서린에 대한 그의 이기적 소유욕과 밀접한 관련이 있다. 우리는 노동에 의해 물질을 가공하여 생산품으로 만든다. 에디는 자신이 가공한 물건을 애착을 가지고 소유하듯이, 캐서린을 자신이 만들어낸 가공품으로 여긴다. 에디는 캐서린을 자신이 맡아 기르며 더욱 애착을 갖게 되고, 그 애착은 근친상간적인 소유욕으로 변질되게 된다. 그녀의 소유주는 다른 자가 아닌 바로 그인 것이다. 에디는 물건의 상품성을 경제적 교환가치로 평가하듯이, 캐서린의 상품성을 경제적 교환가치로 평가받고 싶어 한다. 캐서린의 미래의 직업과 배우자의 선택에 의해 자신이 그녀의 양육과 교육에 투자한 자본과 노동의 가치를 인정받고 싶어한다.

그러한 심리는 에디의 캐서린의 장래에 대한 걱정에서 드러난다. 에디는 캐서린이 네이비 야드 근처의 배관회사에 비서로 취직을 하려고 하자, 그동안 교육시킨 데 쏟은 정성을 언급하면서 적어도 뉴욕의 변호사 사무실에 일하는 정도는 되어야 한다고 말한다. 조카에 대한 집착으로 에디는 그녀가 이 지역의 이웃과 같은 부류의 인간으로 남는 것을 원치 않는다. 그는 자신이 막노동에 시달리며 속기강습료를 댄 것도 그녀가 "더 나은 부류의 사람"(a better class of people)(69-70)을 만나게 하기 위한 것이었다고 말한다. 에디는 그녀를 뉴욕 맨해튼(Manhattan)에 사무직으로 보내기를 바란다. 에디의 캐서린에 대한 성적 도착은 자신보다 못한 부류가 캐서린에 접근하는 것을 심리적으로 혐오케 한다.

에디는 캐서린을 자신에게 묶어두기 위해서 조카에게 "아무도 믿어선 안 돼"(don't trust nobody)(21)라고 말한다. 나아가 "사람을 덜 믿을수록, 후회할 일도 적단다"(the less you trust, the less you be sorry)(21)라고까지 말한다. 그녀를 자신의 보호의 울타리에 안주케 하면서 이웃의 다른 이민자들을 경계하도록 한다. 에디는 자신이 주변에서 그녀가 믿을 유일한 자라는 것을 각인시키려 한다. 이 지역의 이주민들 사이에 불신과 배신의 감정이 팽배해 있는 것은 사실이다. 이곳은 이민국 관리들이 불법이민자들의 정보를 캐느라 들락거리는 곳이며, 내부 고발자들이 매수당하여 그들에게 정보를 팔기도 한다. 에디는 삼촌을 고발한 대가로 추방당한 비니 볼자노(Vinny Bolzano)의 이야기를 들려주며(23), 조카가 경각심을 갖도록 한다.

그런데 에디의 불안과 경계심은 로돌포의 등장으로 현실이 된다. 잘생긴 외모에 멋도 낼 줄 아는 로돌포는 캐서린과 연인 사이가 된다. 조카인 캐서린에게 성적으로 집착했던 에디는 질투와 증오의 화신으로

돌변하게 된다. 에디의 입장에서 볼 때 캐서린은 자신의 손에 쥐어진 귀중한 소유물로 누군가 다른 자와 소유권을 다툰다는 것은 참을 수 없는 일이다. 로돌포가 캐서린을 사귀는 행위는 땅의 소유권이 없으면서 소유권을 주장하는 침탈행위와 다를 바 없이 보인다.

더구나 에디는 로돌포의 여성적인 세련된 취향에 대해 질투한다. 자신이 결여한 점이 캐서린의 마음을 사로잡고 있다고 느끼기 때문이다. 그는 "난 요리할 줄 아나, 노래할 줄 아나, 옷을 만들 줄 아나, 그러니 부두에서 일할 수밖에"(I can't cook, I can't sing, I can't make dresses so I'm on the waterfront)(55)라고 신세타령을 한다. 은연중 열등감에 사로잡혀 있던 에디는 그들이 영화를 보고 들어오는 것을 목격한다. 불법이민자로 브루클린에 도착하지 얼마 안 된 로돌포가 자기가 정성들여 키워놓은 조카와 재미를 보고 있다고 생각하니 질투심이 불타오른다. 에디는 "그와 같은 한량 녀석에게 주려고 그녀를 키우지는 않았다"(For that character I didn't bring her up)(35)고 말한다.

로돌포가 마법처럼 캐서린의 마음을 순식간에 사로잡자 에디는 오셀로(Othello)처럼 질투심의 화신이 된다. 이아고(Iago)가 무어인이 감히 백인 여성을 넘보는 것을 용인할 수 없다고 본 것처럼, 에디는 로돌포가 조카를 넘보는 것을 용서할 수 없는 주제넘은 짓으로 본다. 그러므로 에디는 로돌포의 부당한 요구에 맞서 싸우는 것이 자신의 존엄성을 정당하게 지키는 것이라고 생각한다. 그는 자신이 힘들여 키워낸 과실을 아무런 노동이나 보살핌의 대가도 없이 로돌포가 차지하는 것을 보며 자신을 짓밟고 있다고 생각한다. 로돌포를 자신의 과실을 따가려는 불법적 침탈자로 보는 것이다.

에디는 캐서린에게 두 가지 점에서 로돌포는 결혼할 만한 대상자가 아니라고 말한다. 첫째는 미국 시민권을 받기 위해서 로돌프가 그녀를 이용한다는 점에서 그렇고(41), 둘째는 분수에 넘게 사치하고 치장하는데 돈을 쓴다는 점에서 그렇다는 것이다.

> 저 따위 놈들은 남이야 죽든 살든 제 몸 하나밖에 생각할 줄 몰라.
>
> Them guys don't think of nobody but theirself! (41)

여기에서 에디는 로돌포의 이기적 타산주의를 문제 삼는다. 결혼을 해도 제 멋만 부리지 가정을 보살필 사람이 아니라는 것이다. 부두 노동자 생활을 하며 조카의 교육비를 감당해 온 에디의 입장에서 보면 한량처럼 보이는 로돌포가 캐서린에게 접근하는 것은 극히 못마땅해 보인다. 이 때부터 에디는 로돌포를 자신과 캐서린의 삶의 파괴자로 인식하게 된다. 그는 "그놈은 언제 붙잡혀서 이태리로 돌아가 마차나 밀어야 될지 모르는 신세야."(He could be picked up anyday here and he's back pushin' taxis up the hill)(41)라고 말하며, 그를 추방하고 싶은 속내를 자신도 모르게 내뱉고 만다.

그러나 에디의 극력 반대에도 불구하고 캐서린은 로돌포와의 결혼을 통고한다. 비어트리스의 간청에도 에디는 결혼식에 참석하기를 거부하며 "내 편이 되든가, 걔네들 편이 되든가 선택하도록 해"(You be on my side or on their side, that's all)(80)라고 말하며 불쾌한 심기를 드러낸다. 에디는 주변 사람들을 내편과 저편으로 자신의 이해관계에 따라 이분화한다. 캐서린도 자신을 애지중지하며 키워준 이모부의 반대를 무릅쓰고 결혼하는 것에 대해 죄책감을 느끼지 않는 것은 아니다. 자신은 이모부에게 등을 돌려 그를 낯선 사람 대하듯 할 수 없다고 말한다(62). 캐서린의 심경을 듣고, 로돌포는 "내게 작은 새 한 마리가 있다고 합시다. 이제 커서 날기를 원하지만, 내가 너무 사랑하므로 그 새를 놓아줄 수가 없어"(If I take in my hands a little bird. And she grows and wishes to fly. But I will not let her out of my hands because I love her so much)(63)라고 말하는 것이 과연 옳은지 그녀에게 물으며, 때가 되어 떠나는 것은 배신은 아니라고 설득한다.

하지만 자식을 키워본 자는 자식을 놓아주기가 쉽지 않음을 안다. 특히 자식이 사랑하는 상대가 마뜩치 않은 경우일 때는 더욱 그렇다. 『세일즈맨의 죽음』(*Death of a Salesman*)에서 자식에 대한 집착으로 윌리(Willy)가 비프(Biff)를 날아가도록 놓아주지 못했던 것처럼, 에디는 캐서린을 낯선 이방인에게 날아가도록 놓아주지 못한다. 자아가 강한 에디는 캐서린이 더 좋은 배우자를 선택하지 못함을 억울해 한다. 로돌포를 그녀에게 어울리지 않는 한량으로 보는 에디에게 중도의 타협의 길이 보이지 않는다. 『세일즈맨의 죽음』에서 버나드(Bernard)가 곤경에 처한 윌리에게 "물러서는 것"(walk away)이 한 방법이라고 말하자 윌리가 그럴 수 없다고 말한 것처럼, 에디의 입장에서도 "물러서는 것"은 불가능하다. 물러섬은 자아를 버리고 타자를 포용하는 출발점이다. 타자를 내 안에 들여 놓는 타자의 재위치화이다.

그런 물러섬이 불가능할 때, 에디가 선택하는 길은 폭력밖에 없다. 누군가 울타리를 넘어와 자신의 소유물을 강탈해 간 자에 대한 심판은 신의 심판도, 법의 심판도 아닌 그의 심판을 받아야 한다는 것이 그의 신념이다. 에디는 자신의 소유물의 강탈에 대한 보복을 사나이다움으로 생각하고 폭력으로 본때를 보이려 한다.

에디의 자신의 주먹에 대한 자신감은 로돌프의 여성적 취향과 뚜렷이 대조된다. 자신의 권리를 지키는 것이 자신의 존엄성을 지키는 것이라고 믿는 에디는 마르코와 로돌프에게 권투의 기본자세를 가르치며 그의 남자다움을 과시하려 한다. 그런데 부두노동자로서 근력에 뒤지지 않는 마르코는 의자를 머리 위로 번쩍 들어 올리며 에디에 맞대응한다. 이들 사이의 긴장은 서로가 물러서지 않겠다는 남성성에 대한 왜곡된 허세를 드러낸다.

근본적으로 에디의 인간으로서의 존엄성의 주장은 동일성의 폭력에 기반을 둔다. 그의 존엄성은 타자의 존엄성에 대한 배려에서 출발하는 것이 아니라, 나를 출발점으로 삼는다. 에디는 자기와 동일화되지 않은 타자, 자기의 안정된 질서를 위협하는 타자를 제거하려 한다. 그러한 에디에게 캐서린은 울타리를 쳐 늑대의 침입으로부터 자신이 관리하고 돌보아야 할 어린 양이다.

> 여긴 내 집이야. 그리고 그 애는 내 조카고,
> 그러니 내게 책임이 있지.
>
> This is my house. and she is my niece
> and I'm responsible for her. (68)

에디의 왜곡된 성적 집착을 경고하며 알피에리(Alfieri)는 캐서린이 자신의 상대를 선택하여 결혼하는 것은 자연스러운 것이며, 그녀는 자유로운 인간임을 강조한다. 이러한 충고에도 불구하고 에디는 캐서린이 결혼식 날짜를 통보한 날 로돌프와 마르코를 이민국에 불법밀항자들로 밀고한다. 캐서린의 결혼은 그의 소유물의 강탈로서 그를 죽이는 행위로 여기는 것이다. 에디는 이들을 심판하기 위해 폭력과 살인에 자신을 내맡긴다.

마르코는 체포되어 가던 중 에디의 얼굴에 침을 뱉는다. 인간에게 가해질 수 있는 가장 모멸적인 모욕이 얼굴에 침을 뱉는 것이다.[4] 레비나스에 따르면 타자의 얼굴은 성스러운 현전으로서 결코 어떤 사기, 기만의 의심이 있는 현실의 실상과는 일치하지 않는다고 말한다(*Totality and Infinity* 202). 레비나스는 사회가 인간 간의 형제애를 중시하는 범인류적 공동체이어야 한다고 본다. 그는 타자의 얼굴에서 성스러움을 발견하고 타자에 대한 책임 속에서 타자의 얼굴에 다가서는 인간적 형제애를 강조한다(*Totality and Infinity* 215). 레비나스는 우리를 인간적 형제애로 끌어오는 얼굴의 현존은 정의를 외치는 타자의 기근에 경청케 하여 타자를 책임지게 하는 것으로 본다. 레비나스는 우리 모두는 현 세계에서 우연히 마주치는 이방인이며, 과부이며, 고아이므로 서로에 대해 책임이 있다고 보는데, 이 극에서 밀러는 이러한 타자철학을 강조하고 있다.

이 극에서 재현된 브루클린 사회는 인간의 얼굴에서 타자에 대한 연민, 이해, 포용이 아니라, 기만, 사기, 속임수를 본다. 밀러는 타자가 현전하는 얼굴에 동일성을 강요하고 그것에 폭력을 행사하는 것을 가장 비문명적인 것으로 비판한다.[5] 다원화된 이질적인 세계에서 타자

4) 밀러의 극들에서 "얼굴"이란 낱말은 중요한 의미를 띤다. 『세일즈맨의 죽음』에서 윌리가 비프의 얼굴을 쓰다듬는 행위, 『내 모든 아들들』에서 크리스가 아버지의 행동에 얼굴을 들지 못하는 행위, 이 모두는 타자를 인간답게 대하는 행위와 관련된다. 밀러가 사용하는 얼굴의 의미는 레비나스의 얼굴 철학에서 더 구체적인 모습을 띤다. 레비나스는 낯선 자, 과부, 고아 등의 타자의 얼굴을 무한한 연민을 끌어내는 성스러움의 차원으로 끌어 올린다(TI 78). 그런 점에서 타자의 얼굴에 침을 뱉는 행위는 밀러와 레비나스가 지향하는 얼굴의 성스러움에 정면 배치된다.

5) 레비나스의 타자철학을 논하면서 자크 데리다는 동질적 공동체를 지향하는 주체는

에 대한 진정한 환대 정신은 자신의 동일성의 체계로 타자를 끌어들이려고 하지 않으며 폭력적 강압에 의한 혐오에 노출시키지 않는다는 데에 있다고 보는 것이다.

이 극에서 이태리에서 온 이방인들은 에디 부부의 따뜻한 보살핌을 필요로 하는 자들이다. 그런 점에서 마르코는 자식들을 부양하려고 열심히 일한 죄밖에 없는 자신을 밀고한 에디를 이해하지 못한다. 그는 에디의 밀고를 비인간적인 비열한 짓으로 비난하며 "저 놈이 내 자식들을 죽였어. 저 놈이 내 자식들의 먹이를 강탈해 갔어"(That one! He killed my children. That one stole the food from my children)(77)라고 외친다.

마르코는 에디의 밀고를 그를 죽인 살인행위나 다름없다고 말한다. 왜냐하면 그의 가족의 생계를 책임질 수단을 빼앗아 버렸기 때문이다. 밀러는 폭력에 대해 폭력으로 응징하는 사회 현실에 대해 비판적인 태도를 보여준다. 에릭 모트람(Eric Mottram)은 제대로 교육을 받지 못한 채 격한 노동에 시달리는 부두노동자인 에디는 아직은 이태리의 시실리인으로 남아있다고 본다(40). 에디의 밀고는 폭력에는 폭력으로, 피에는 피로 응징하는 시실리안 법이 이 지역에 다시 들어섬을 의미한다. 마르코가 주먹과 보복을 통한 응징에 기대려고 하자 알피에르는 주먹이 신이 아니라고 말한다.

진리라는 태양의 빛으로 향하면서 타자를 면전에서 마주하며 바라보는 것이 아니라 옆에서 느끼는 것이라고 말한다. 타자를 옆에서 나라는 주체가 지향하는 곳을 같이 바라보는 동일성의 존재로 보고, 정면으로 마주하는 존재로 보지 않는다는 것이다(90).

이 손은 신이 아닐세…. 오로지 신만이 정의를 심판하시네.

This is not God…Only God makes justice. (79)

밀러는 현 시대에 제 신들에 대한 종교는 사라졌으며, 신처럼 권력을 휘두르는 종교가 득세한다고 말한다("The Shadows of the Gods" 181). 그것은 정치적, 경제적 권력을 쥐기 위해 수단을 가리지 않는 폭력의 신일 수도 있는 것이다. 여기에서 폭력의 신 대신에 밀러가 대안으로 찾는 신을 꼭 기독교적인 신으로 볼 필요는 없다. 밀러에 관한 한 타자에 대한 배려와 사랑 그리고 용서, 이것이 바로 인류가 필요한 윤리학인 동시에 신인 것이다. 그러한 점에서 밀러의 윤리학은 레비나스의 타자철학과 밀접한 상관성을 지닌다. 레비나스는 타자의 얼굴에 나타나는 초월적 무한성을 통해서만 살인의 부정이 가능하다고 본다. 그러나 시실리언 법이 지배하는 브루클린의 현실에서 이러한 타자의 환대는 가로질러 넘을 수 없는 벽이다. 그곳에서 타자의 살인은 윤리적 불가능성으로 다가오는 것이 아니라 나의, 동질성의 정의로운 회복으로 합리화된다.

알피에리는 보석으로 마르코를 풀어주기 전에 폭력을 사용하지 않겠다는 다짐을 하라고 하자, 후자는 그런 약속을 하는 것은 치욕스러운 일이라고 말한다(78). 에디 또한 자신에게 침을 뱉고, 마을 사람 앞에서 모욕을 주었던 그와 담판을 벌이고자 한다. 그는 마르코와 맞서면서 "이름을 되찾기를 바란다"(I want my name)(82)고 말한다. 그의 이름의 되찾기는 『시련』의 마지막 장면에서 프록터(Proctor)가 외쳤던 이름의 되찾기와는 다르다. 정당한 이름을 되찾고자 하는 에디의 주장은 그의 비도덕적 선택으로 인하여 정당성이 훼손된다. 해럴드 클러맨(Harold Clurman)은 에디는 자신의 약점의 고통을 빌미삼아 타자가 그 대가를 치르도록 한다는 점에서 자신의 행동을 도덕적 기반 위에서 합리화하지 못한다고 본다(149). 빅스비 또한 에디의 광기에 가까운 편집증이 자신뿐만 아니라 타자들을 파괴함으로써 사회 비평자로서의 의미를 얻는 데 실패한다고 본다(202). 조 켈러도, 윌리 로먼도, 존 프록터도 마지막에 자살 또는 죽음을 선택함으로써 그의 이름을 되찾고자 하였다. 하지만 에디의 죽음은 비도덕적 폭력성에 있어서 그들의 죽음과 확연히 다르다.

에디와 마르코의 결투 장면은 셰익스피어(Shakespeare)의 『로미오와 줄리엣』(*Romeo and Juliet*)에서의 거리의 폭력성을 상기시킨다. 로미오가 말리는 틈에 머큐쇼(Mercutio)가 티볼트(Tybalt)의 칼에 찔려 죽듯이, 에디도 공격하다가 되레 찔려 죽는다. 16세기 이태리의 거리에서나 볼 수 있는 난투극이 브루클린 부둣가에서 자신의 동일성이 침해 받는다는 이유로 버젓이 자행되고 있는 것이다. 레비나스는 살인을 가져오는 폭력은 타인에 대한 절대적 부정으로서 타자의 이질성을 겨눈다고 말한다(*TI* 224-5). 밀러 역시 타자의 이질성에 대한 부정이 타자에게 휘두르는 잔인한 폭력성으로 나타난다고 보는데, 레드 훅 사회의 야만적 폭력성을 통해 이를 적나라하게 보여주고 있다.

마지막 장면에서 에디는 비어트리스의 품안에서 숨을 거둔다. 닐 카슨(Neil Carson)은 개작극에서 에디가 비어트리스의 품 안에서 죽도록 한 것은 밀러가 시실리안 미국인의 복수의 규율과 비어트리스의 용서의 정신을 대조시키려는 의도라고 본다(101). 밀러는 법도 폭력도 인간의 존엄성을 세워 줄 수 없다고 본다. 오로지 타자에 대한 환대, 타자에 대한 포용을 통해서만 자신의 존엄성을 세우는 것이 가능하다는 것이다.

이 극에서 비어트리스는 에디와 극명하게 대조되는 인물로 타자의 환대를 적극적으로 실천한다. 그녀에 관한 한, 타자에 대한 연민과 타자에 대한 환대는 자신이 자신의 양심에게 내리는 명령이며 인간의 존엄성에 대한 자발적 인간애의 표현이다. 에디에 따르면, 그녀는 "통 큰 마음"(too big a heart)(21)을 가진 여성이다. 레비나스는 소유의 집착과 이기적 독단을 초월하여 선의 공동체를 가능케 하는 것은 타자의 환대에서 가능하다고 보는데(TI 76), 이 극에서 비어트리스는 이러한 관대함을 실천하는 상징적 인물이다.

그런 점에서 에디를 품은 비어트리스의 여성성[6]을 통해 밀러는 타자의 환대를 가능케 하는 초월성의 예를 제시해 주고 있다. 레비나스는 타자를 향한 주체의 근접성은 절대적 타자를 "유모가 젖먹이를 감싸 안듯이 내 품에"[7]라는 성서적 양식에 따라서 팔 안에 품음을 의미한다고 말한다(*Otherwise Than Being* 91). 레비나스에게 모성은 상처받는 존재에 대한 어루만짐, 타자에 대한 열림을 의미한다. 『모두가 내 아들』(*All My Sons*)에서 밀러는 조를 무법자적인 남성성을 가진 인물로 그리는 대신에 아들 크리스를 "무한한 애정을 가진 사람"(A man capable of immense affection)(11)으로 그렸다. 크리스가 보여주는 타자를 품에 안는 인간애는 레비나스가 정의내리는 여성성에

6) 밀러는 거친 남성성에 대립되는 여성상으로 비어트리스를 등장시킨다. 비어트리스는 타자를 용서하거나 타자를 아무런 조건 없이 환대하는 자이다. 밀러의 윤리체계로 볼 때, 레비나스의 철학에서처럼 남성의 타자에 대한 배제 의식에 대립된 용어로서의 여성성은 반드시 성별의 여성을 말하는 것은 아니다. 오히려 크리스가 가진 여성성이 밀러와 레비나스의 개념에 가깝다.

7) 「민수기」, 11, 12 참조.

근접한다. 왜냐하면 레비나스가 정의하는 여성성은 부드러움 같은 여성의 속성을 말하는 것이 아니라, 고통을 당하는 약자에 대해 긍휼히 여기는 모성애와 같은 마음이기 때문이다. 그러므로 비어트리스의 타자의 감싸 안음은 성적 여성성을 초월하여 상처받은 약한 타자에 대한 책임을 짊어짐에 다름 아니다.

레비나스처럼, 밀러는 이 세상에 팽배한 타자에 대한 배제와 동일성의 폭력을 부정하고 타자의 망각을 일깨워 범인류애적인 사랑의 여성성을 구현하고자 했다. 이 극에 드러난 밀러의 타자철학은 그런 점에서 레비나스의 타자철학으로 관통되는 것이다.

III. 결론

이 극에서 밀러는 에디의 근친상간적인 성적 집착과 밀입국자들인 로돌포와 마르코와의 관계를 통해 동일성의 폭력 문제와 타자의 망각에 초점을 맞추고 있다. 밀러는 이들의 관계를 통해 주체가 자신의 시선에서 타자를 판단하고 심판하며, 자신에게 동일화하지 않는 타자를 제거하려 하는 현실세계의 실상을 문제 삼는다.

밀러는 에디의 왜곡된 성적 자기애를 단초로 삼아 한 인간이 타자를 포용의 대상이 아닌 배제의 대상으로 만들어 나가는 과정을 보여주고 있다. 그는 타자를 동일화시키고자 하는 폭력성을 윤리의식과 책임의식의 결여로 보고 인간의 비극을 심화시키는 심각한 사태로 규정한다. 밀러는 극의 기능을 관객 자신이 타자와의 상호성이라는 계시에 의하여 타자를 어루만질 수 있도록 자각시키는 것으로 본다. 산업화된 자본주의 사회의 단절된 인간관계와 인간 소외를 극복하는 길은 오로지 타인에 대한 사랑과 사회에 대한 책임을 통해서 해결될 수 있다고 보는 것이다.

밀러는 현대 사회가 타자와의 상호적인 윤리적 관계에 기반을 두지 않으면, 타자의 인간적 존엄성을 인정하지 않는다면 점점 더 폭력적이고 비인간적인 사회로 전락하게 될 것이라고 경고한다. 마찬가지로 레비나스도 우리 사회가 타자와의 윤리적 관계를 회복하지 않으면 현시대는 심각한 위기에 처하게 될 것이라고 진단했다.

20세기에 들어서서 제2차 세계대전과 나치의 파시즘과 홀로코스트 등과 같은 역사적 사건들을 직접 체험한 양사는 타사를 군중 속의 익명적 존재로서 망각해 버리는 동일성의 폭력성에 대해 극히 경계했다. 그런 맥락에서 레비나스의 타자철학과 밀러의 윤리체계의 상관성에 초점을 두어 이 극에 나타난 동일성과 타자의 문제를 조명한 것이다.

(영미연구 2015)

인용 문헌

- 레스쿠레, 마리 안느. 『레비나스 평전』. 변광배 · 김모세 옮김. 서울: 살림, 2006.
- Bigsby, C. W. E. *A Critical Introduction to Twentieth-century American Drama*. vol 2. Cambridge: Cambridge UP, 1984.
- Carson, Neil. *Arthur Miller*. London: the Macmillan Press LTD., 1982.
- Corrigan, Robert W. "Introduction: The Achievement of Arthur Miller." *Arthur Miler: A Collection of Critical Essays*. Ed. Robert W. Corrigan. Englewood Cliffs, N. J.: Prentice-hall, Inc., 1969.
- Clurman Harold. "Arthur Miller's Later Plays." *Arthur Miler: A Collection of Critical Essays*. Ed. Robert W. Corrigan. Englewood Cliffs, N. J.: Prentice-hall, Inc., 1969: 143-168.
- Derrida, Jacques. *Writing and Difference*. Chicago: U of Chicago P, 1978.
- Levinas, Emmanuel. *Otherwise Than Being*. Trans. Alphonso Lingis. Pittsburgh: Duquesne UP, 2009.
- ________. *Totality and Infinity*. Trans. Alphonso Lingis. Pittsburgh: Duquesne UP, 1969.
- Miller, Arthur. *All My Sons*. New York: Penguin Books. 2000.
- ________. *Arthur Miller: A View from the Bridge / All My Sons*. New York: Penguin Books, 1980.
- ________. "Introduction." *Arthur Miller: Collected Plays*. New York: The Viking Press, 1976: 3-55.
- ________. "On Social Plays." *The Theater Essays of Arthur Miller*. Eds. Robert A. Martin & Steven R. Centola. New York: Da Capo Press, 1996: 51-69.
- ________. "The Shadows of the Gods." *The Theater Essays of Arthur

Miller. Eds. Robert A. Martin & Steven R. Centola. New York: Da Capo Press, 1996: 175-194.

- Mottram, Eric. "Arthur Miller: The Development of a Political Dramatist in America." *Arthur Miler: A Collection of Critical Essays*. Ed. Robert W. Corrigan. Englewood Cliffs, N. J.: Prentice-hall, Inc., 1969: 23-57.
- Nelson, Benjamin. *Arthur Miller: Portrait of a Playwright*. New York; David Mckay Company, Inc., 1970.
- Weals, Gerald. "Arthur Miller: Man and His Image." *Arthur Miller: the Crucible*. Ed. Gerald Weals. New York: Penguin Books Ltd, 1980: 333-351.
- Williams, Raymond. "The Realism of Arthur Miller." *Arthur Miler: A Collection of Critical Essays*. Ed. Robert W. Corrigan. Englewood Cliffs, N. J.: Prentice-hall, Inc, 1969: 69-79.

아서 밀러의 『전락 이후』*After the Fall*와 레비나스의 타자철학: 전체주의의 동일성의 폭력, 타자의 얼굴 그리고 타자의 망각

I. 서론

1964년에 초연된 『전락 이후』(*After the Fall*)에 대해 왓츠(Richard Watts), 맥카튼(John McCarten), 브루스타인(Robert Brustein) 등을 비롯한 대다수의 비평가들은 호의적인 반응을 보이지 않았다. 그 이유로 밀러의 자전적 요소의 강한 투영, 산만한 줄거리, 단조로운 극중 인물들의 성격 등이 거론된다.[1] 그러나 이후 비평가들은 밀러의 진정한 의도는 개인과 집단 양 영역에서의 타자의 망각에 대한 고발에 있다며 이러한 혹평이 과도하다고 비판한다. 넬슨(Benjamin Nelson)은 이 극이 동시대의 전체주의 폭력에 대한 윤리적 비판이라고 보며(247-8), 트로브리지(Clinton W. Trowbridge)는 나치 전체주의의 파괴성의 기저를 파헤치고 있다고 주장한다(47). 코리건(Robert Corrigan)은 개인과 공적 영역에서 전체주의의 집단적 광기와 타자의 망각을 다루고 있다고 본다(9).

이 극에서 밀러는 타자의 망각의 문제를 특히 세 가지 측면에서 조명한다. 첫째, 밀러는 주인공 퀜틴(Quentin)과 두 여성과의 결혼 생활

1) Welland. "The Drama of Forgiveness" 66-69 참조.

을 통해 타자의 망각의 문제를 본격적으로 제기한다. 밀러는 퀜틴의 루이스(Louise)와의 초혼과 메기(Maggie)와의 재혼을 통해 동일성의 폭력, 의사소통의 단절, 사랑의 죽음, 그리고 그것에 대한 책임의 문제를 핵심 주제로 다룬다. 일상적인 삶에서 대부분의 사람들은 개인의 이기적 이해관계에 함몰되어 타자를 망각하는 비본래적인 삶을 살아간다. 밀러는 현대 사회에서 부부 간의 사랑에서조차 상대에 대한 배려, 연민, 용서와 같은 윤리적 감정이 내던져진 지 오래되었음을 개탄하고 있다.

둘째, 밀러는 타자가 더 이상 믿음의 대상이 아닌 경쟁과 밀고와 제기의 대상이 되어 버린 세계를 비판한다. 밀러는 인간은 "사신을 가로막는 대상은 누구든 제거하려 하고, 나아가 사랑의 대상까지도 파괴하는 계책"(the solution of obliterating whatever stands in the way, thus destroying what is loved as well)에 늘 깨어있다고 말한다("Foreword to After the Fall" 256-57). 특히 밀러는 반미특위의 매카시즘의 광풍이 몰고 온 반문명적인 타자의 부정을 다루면서, 퀜틴과 루(Lou)와 믹키(Mickey)의 관계를 통해 한때 공산주의 사상을 함께 했던 자들의 밀고와 배신을 조명한다. 밀러는 정치적 이데올로기의 차원에서 배반과 밀고를 강요하여 타자의 목숨을 위협하는 반문명적 행태에 대해 고발한다.

셋째, 밀러는 퀜틴이 세 번째 만난 여성인 홀가(Holga)와의 관계에서 나치 정권의 전체주의와 홀로코스트의 참상 그리고 악의 보편성 문제를 다룬다. 밀러는 나치의 포로수용소의 감시타워를 통해 전체주의의 폭력을 비판한다. 밀러는 그곳에는 인간이 살 자리가 존재하지 않는다는, 곧 타인에 대한 준엄한 심판만이 존재한다는 공포와 절망을 보여준다. 그러나 밀러는 나치의 끔찍한 공포가 안겨주는 절망에 무릎 꿇는 인간의 무력함에 반대하며 인간의 도덕성의 회복에 의해 사회가 변화될 수 있다고 믿는다. 그러한 믿음 없이는 "극은 역겨움과 환멸과 시련의 패턴을 되풀이할 수밖에 없다"고 본다("Morality and Modern Drama" 208).

이 극에서 밀러가 보여주는 도덕철학은 주체가 함몰되는 하이데거(Martin Heidegger)의 존재론적 철학도, 희망이 엿보이지 않는 절망 속에서 책임을 강조하는 사르트르(Jean-Paul Sartre)의 고립된 주체 철학도 아니다. 따라서 밀러는 사르트르와 카뮈(Albert Camus) 철학에 영향을 받은 베켓(Samuel Beckett), 이오네스코(Eugene Ionesco), 핀터(Harold Pinter) 등의 부조리극과도 거리를 둔다. 밀러는 발라키언(Janet Balakian)과의 대담에서 이오네스코, 베켓, 피터 등의 부조리극의 세계에 대해 동조하지 못한 이유를 이렇게 밝힌다.

> 내가 그들과 다소 불편해 했던 것은 사실입니다. 사람들이 삶의 무의미성을 환호하려 하면 결국 파시즘이 닥치게 되지요. 그들이 인류의 희망의 불가피한 패배를 너무 편히 받아들일 때…나는 독재가 바로 코앞에 다가왔음을 감지하게 됩니다. 아마도 내가 태어 났던 시기에는 절망이 모든 것에 대한 빛을 꺼버려서, 유대인 또는 회의주의자라는 이유로 여러분을 죽일 수도 있다고 생각하는 것이 과장이 아니었기 때문일는지도 모릅니다.
>
> But it is true that I was rather uncomfortable with them. When people tend to celebrate the meaningless, it ends up with fascism. When they get too comfortable with the inevitable defeat of human hope,…,I smell dictatorship

around the corner; probably because I was born into the era when it was not an exaggeration to think that the h opeless could maybe turn out the lights on everything and kill you for being a Jew or a skeptic. ("A Conversation with Arthur Miller" 491)

사르트르와 카뮈 등 현대철학의 영향을 받은 부조리극과 일정한 거리를 두는 밀러의 윤리체계가 레비나스(Emmanuel Levinas)의 타자철학과 여러 면에서 상사성을 보여 주고 있다는 점은 주목할 만하다. 특히 이 극에서 밀러가 세 가지 타자의 망각을 제시하고 있는 것처럼, 레비나스도 그의 타자철학에서 세 가지 제국주의를 고발하고 있기 때문이다. 레비나스는 첫째로 자아의 제국주의에 의한 타자의 망각을 비판하고, 둘째로 자본주의 체제에서의 매카시즘의 광기에 의한 제국주의의 폭력을 경고하고, 셋째로 나치정권에 의한 전체주의의 광란을 고발한다.

이 세 가지 모두는 도덕주의자로서 밀러가 그의 극들의 핵심 주제로 다루는 관심사다. 첫째로 레비나스는 인간에게 진정한 삶이 부재한 까닭은 이 지상의 세계에서 주체의 욕망만이 살아남고 타자는 망각되어 감에 있다고 적시한다. 레비나스는 "내 안에 타자의 개념"(the idea of the other in me)에 기반을 둔 인간의 삶을 비판한다(Critchley and Bernasconi 15-6). 즉 "내 안에 타자의 개념"은 자신의 주체적인 입장에서 타자를 인식의 대상으로 삼는 것을 말한다. 밀러처럼 레비나스는 20세기에서의 인간의 체험을 첫째는 사회적, 경제적 측면에서 극심한 생존경쟁에 의한 타자의 망각으로 요약한다. 레비나스는 주체는 그 자신을 위해 존재하며, 그것은 그 자신의 동일성을 재현한다고 말한다

(*TT* 87).[2]

둘째로, 레비나스는 인간의 자유를 압제하는 전체주의의 공포가 현 시대를 유령처럼 배회하고 있다고 말하며, 악한 자들이 인간에 폭력을 가하는 동물적 지배를 참담한 인간조건으로 규정한다(*TT* 35). 그런 맥락에서 그는 현대사에 있어서 인간의 체험은 잔혹한 고문을 통한 매카시즘적 전체주의의 광풍에 의한 공포정치로 정의된다고 본다. 인간의 저항과 모든 자유의 압제의 역사를 보여주는 고문과 배신의 정치는 자본주의와 공산주의 이데올로기의 극렬한 대치와 밀접히 관련된다. 밀러가 타자를 마녀화하는 전체주의를 줄곧 비판해 온 것처럼, 레비나스는 매카시즘적 광기는 인간이 육체적 죽음에 대해 공포를 가지고 있다는 사실을 이용하여 고문의 공포를 통해 인간의 배반과 배신을 조장한다고 비판한다. 매카시즘적 광기의 목적은 이질적 타자로서 전체성에 저항하는 존재자를 동료의 배신을 통해 철저하게 타도하는 데 있기 때문이다.

셋째로, 레비나스는 1941년을 비극적 역사의 해로 규정하며 그 해에 신은 진정 죽었다고 말한다. 레비나스는 제2차 세계대전에서의 나치의 유대인에 대한 학살과 죽음의 수용소를 목격하면서 히틀러의 독재 정권의 잔악성에 절망하고 환멸을 느낀다. 히틀러의 나치 정권은 인간으로부터 선택의 자유와 사상의 자유, 인간의 존엄성 자체를 박탈했다고 정의 내린다. 그는 이러한 어둠의 시대에 히틀러 정권의 장악

---

2) 앞으로 여기서 인용되는 레비나스의 저작들인 「신과 철학」("God and Philosophy")은 "GP"로, 「의미와 감각」("Meaning and Sense")은"MS"로, 『존재와는 다르게』(*Otherwise Than Being*)는 *OB*로, 『전체성과 무한』(*Totality and Infinity*)은 *TI*로 축약하여 명기함을 밝힌다.

으로부터 풀려나는 유일한 방법은 타자를 위해 행동하는 데 있다고 말한다("MS" 51). 밀러처럼, 레비나스도 나치의 제국주의적 체험이 가져온 절망으로부터 딛고 일어설 윤리체계를 정조하고자 한다. 레비나스는 인간의 마음속에는 나치의 전체주의와 같은 폭력이 깃들어 있다고 보고 이러한 비극에서 벗어나기 위한 인간성의 회복을 그의 타자철학에서 강조한다.

이와 같이 밀러와 레비나스는 각각의 영역에서 인간의 이기적 주체의 집착에 의한 사랑의 죽음과 타자의 망각, 매카시즘적 동일성의 폭력, 그리고 나치정권의 유대인 대량학살의 공포를 딛고 일어설 윤리체계를 설파한다. 그들은 현대사회에서의 현대인의 의사소통의 부재와 소외의 문제뿐만 아니라, 공적 영역에서의 동일성의 폭력과 타자의 망각의 심각성을 줄곧 일깨운다. 그러한 점에서 이 작품에서는 레비나스의 타자철학을 바탕으로 이 극을 사랑의 죽음과 타자의 심판, 매카시즘적 마녀사냥과 타자의 얼굴, 그리고 나치의 전체주의적 감시타워와 타자의 망각으로 세분하여 논하고자 한다.

II. 사랑의 죽음과 타자의 심판

이 극은 변호사인 주인공 퀜틴의 회상과 독백으로 엮어진다. 퀜틴은 루이스와 메기와의 결혼생활을 회상한다. 밀러는 퀜틴과 루이스의 결혼생활에서 의사소통의 부재와 사랑의 죽음을 주제로 다룬다. 그들 스스로 "우린 결혼한 것 같지 않아"(We don't seem married)(36)라고 자인하듯이, 부부 사이에 대화다운 대화가 존재하지 않는다. 루이스는 퀜틴과의 삶에서 "난 존재하지 않는다"(I don't exist)(36)고 실존적 물음을 던진다. 레비나스가 주체는 자신을 위해 존재하며, 자신을 재현하려 하므로 타자를 망각하게 된다고 말한 것처럼(*OB* 87), 퀜틴은 결혼생활에서 늘 루이스를 자기의 자아와 일치시키려는 집착을 보였다. 그의 타자의 망각은 루이스와의 의사소통의 단절과 사랑의 죽음을 가져온다.

퀜틴은 최근 변호사직을 그만둔 이유로 "난 나 자신의 성공만을 도모해 왔다"(I was merely in the service of my own success)(12)고 느꼈기 때문이라고 말하는데, 이는 자신이 타자를 철저히 망각해왔다는 것에 대한 고백이다. 그러므로 그는 자신의 삶이 "법의 판례, 일련의 증거물"(a case at law, a series of proofs)(13)을 찾는 데 매몰된 데 대해 회의하며, 삶이 법리의 냉정한 따짐과 판결로 확정되지 않는다는 것을 깨닫는다.

퀜틴은 그의 삶이 자신에 대한 끊임없는 기억과 집착이었다는 깨달음에 다다른다. 레비나스는 이를 "의식의 제국주의"(the imperialism of consciousness)(*OB* 92)라고 부르는데, 타자에 대한 철저한 망각의 상태를 말한다. 일례로 퀜틴은 루이스에게 공판 사건을 읽어주는 것을 대화로 착각하거나, 자신의 어머니에 대한 기억은 소중히 여기면서도 아내에 대한 관심에는 인색함을 보인다. 퀜틴이 "난 당신을 알아"(I know you)(37)라고 할 때도, 그의 이기적 주체의 관점이 극명하게 드러난다. 그는 아내의 일상, 성격, 취향을 표피적으로 알지는 몰라도 그녀의 내밀한 슬픔, 상처, 고통이 무엇인지는 모른다. 메를로-퐁티(Merleau-Ponty)는 고독과 의사소통은 양자택일의 두 항이 아닌, 단 하나의 현상의 두 계기들인데, 그 까닭은 타인은 나에 대해서 존재하기 때문이며, 나의 경험은 어떤 방식으로든 타인을 제공하도록 되어 있기 때문이라고 말한다.

> 나는 신이 아니면서도 다만 신의 권리를 주장할 뿐이다. 나는 모든 상황에의 연루를 피하며 타자들을 초월한다. 모든 상황과 타자가 내 앞에 현존하여 나에 의해 체험되고 있는데도 말이다.
>
> I am not God, but merely lay claim to divinity. I escape from every involvement and transcend others in so far as every situation and every other person must be experienced by me in order to exist in my eyes. (359)

타인이 주변에 없이는 나는 고독에 대해서조차도 말하지 못할 것이고 의사소통이 불가한 타자를 선언할 수 없다는 것이다. 루이스는 남편이 바로 앞에 있음에도 대화가 단절되어 철저한 고독을 느낀다. 그녀는 남편이 자신을 무(nothing)로 여기고 있다고 생각하며 "난 칭찬받는 기계가 아니에요!…난 당신의 엄마가 아니에요! 난 독립된 인간이에요"(I am not a praise machine!...I am not your mother! I am separate person)(49)라고 외친다. 레비나스는 의사소통이란 자기 자신을 드러내는 진솔함에 있으며, 자아의 해체에 있으며, 모든 회피의 포기에 있으며, 상처와 상처입기 쉬움의 드러냄에 있다고 말한다(*OB* 48). 퀜틴은 현실 도피에서 벗어나 그녀에게 다가가 그녀의 상처를 자신의 상처로 보듬어낼 용기를 내지 못한다. 즉 자신의 삶의 방식을 고치려 할 의지, 자아 해체의 의지를 보이지 않는다. 그러한 퀜틴에게서 루이스는 더 이상 소통의 의지를 발견하지 못한다.

결국 퀜틴은 루이스와 결별한다. 그리고 메기라는 여성을 만나 재혼한다. 메기는 불우한 환경을 딛고 성공한 가수이다. 대중의 시선을 피해 엘리베이터도, 도어맨도 없는 아파트에서 산다. 호텔에 투숙할 때도 "Miss None"(85)이라는 이름을 사용한다. 그 이름은 '아무것도 아닌 존재'(nobody)인 동시에 '무'(nothing)[3](85), 곧 존재 결핍의 존재자라는 의미다. 무대 위에서는 성공한 가수이지만 일단 무대를 떠나면 아무도 모르는 존재가 된다. 주변 사람들은 세상물정 모르는 그녀를 이용하고 착취하려 하자 퀜틴은 이를 보고 분개한다.

> 그들이 갈취하려는 거는 돈이 아니야, 당신의 인격을 파괴하려는 거구. 당신은 고깃덩어리가 아니야.
>
> It's not the money they take, it's the dignity they destroy. You're not a piece of meat. (90)

대중들은 메기를 육체적 욕망의 대상으로 삼는다. 메기의 육감적인 매력은 남성들에게 상품 가치적 의미를 띤다. 그녀의 성적 매력은 누군가의 욕망을 채워줄, 곧 남성들의 관음증적 욕구를 충족시켜 줄 대상으로 전락한다. 저급한 취향의 대중들에게 무방비의 발가벗음 속에 있

---

3) 여기서 밀러가 사용하는 nobody는 사르트르가 세계-내-존재로서의 인간을 존재와 무로 나눈 것 중에 무와 비슷한 개념이다. 사르트르는 무는 타자에 의해 부정되는 끊임없는 가능성이라고 말한다(*Being and Nothingness* 43). 그러므로 무는 존재의 반대개념이 아니라 존재의 모순 개념이다. 사르트르는 의식은 언제나 무엇에 대한 의식이며, 결코 그 자신일 수 없다고 말한다(*Being and Nothingness* 47). 그러므로 무는 타자가 주체를 끊임없이 침투하는 상태를 일컫는 것으로써 주체는 존재결핍을 느끼게 된다는 것이다.

는 메기는 고깃덩어리로 보인다. 퀜틴은 "모든 사람이 이제 당신을 만지기를 원한다"(everybody wants to touch you now)(79)고 생각한다고 말하며, 익명의 대중들이 메기를 성적 욕망의 대상으로 보는 것을 비판한다.

퀜틴은 그녀의 주변에서 "사랑의 죽음"(the death of love)(72)을 보며 메기에게 사랑의 구원자가 될 책임을 느낀다. 그가 자신은 그녀의 육체를 탐하는 사람은 아님을 밝힐 때(80). 그의 진심을 읽은 메기는 "당신은 신과 같아요"(you're like a god)(80)라고 응답한다. 밀러는 한 인간이 타자에게 신적인 존재가 되는 것을 최고의 윤리적 휴머니즘으로 본다. 레비나스도 한 인간이 타자를 지고미한 신적 존재로 환대하는 것을 최고의 윤리적 휴머니즘으로 규정한다("MS" 64). 레비나스는 이 지상의 모든 폭력과 살육은 철학과 종교의 부재 때문에 생긴 것이 아니라 한 인간이 타자를 성스러운 존재로 보고자 하지 않기 때문에 생긴 것임을 강조한다.

신처럼 다가온 퀜틴에게 메기는 사랑을 요구한다. 메기는 "나를 바라봐 주세요, 그래야 내가 실존하든 뭐든 할 게 아니에요"(you should look at me, like I existed or something)(100)라고 말한다. 밀러는 곧 진정한 실존은 타자를 마주함으로써 가능하다고 본다. 레비나스도 타자의 망각은 서로 마주 보기를 거부하는 데서 오는 것이므로 얼굴의 마주 봄을 타자에 대한 욕망으로 은유화한다(*TT* 172).[4] 레비나스는 내가 환대하는 얼굴의 긴박성이 나를 책임 앞에 불러 세움으로써 주의

4) 레비나스는 그의 타자철학의 중요 개념으로 얼굴을 은유화한다. 그에게 얼굴은 보여지거나, 만져지는, 곧 시각적, 촉각적 대상이 아니라, 타자를 성스러운 존재로 보는 형이상학적 개념이다(*TT* 194-200).

를 기울이게 하고, 경청하게 하고, 타자의 부름을 인정하는 것을 가능케 한다고 말한다(*TI* 179).

그러나 메기는 퀜틴의 돌봄 속에서도 다중(多衆) 속의 고독을 극복하지 못하고 약물에 의존하며 삶을 자포자기하는 상태에 이른다. 퀜틴도 자신이 그녀를 변화시킬 능력이 있는지 회의한다. 그는 무한한 사랑인 신의 권능에 미치고자 한 자신의 인내력이 한계에 다다랐음을 고백하고 "우린 서로를…이용했다"(we… used one another)고 솔직히 털어놓는다(113). 퀜틴은 메기에 대한 자신의 사랑에 한계를 자인한다.

III. 매카시즘적 마녀사냥과 타자의 얼굴

남녀 간의 사랑의 죽음을 다루었던 밀러는 이제 남자들의 세계에서의 우정과 배신의 문제를 다룬다. 밀러는 배반과 밀고가 횡행하는 동시대의 반문명적인 행태를 반미특위의 매카시즘의 광풍을 통해 고발한다. 매카시즘적 광기는 공산주의 사상에 한 때 동조했던 자들을 마녀사냥의 과녁으로 삼는다. 매카시스트들은 고문의 공포와 회유를 통해 공산주의 당원이었던 자들을 가려내기에 혈안이 된다.

퀜틴과 루 그리고 믹키는 한때 공산주의의 사상적 동지였다. 공산당 가입 문제로 혹독한 시련을 겪은 믹키는 특위에 소환되었음을 알린다. 그리고 이제 "동료들의 이름을 털어놓을 수밖에 없다"(I'm going to name names)(41)고 말한다. 믹키가 결국 매카시즘적 전체주의 폭력에 무릎 꿇겠다고 하자 퀜틴은 "모든 게 한결같군! 정말, 우리가 서로에게 어떤 존재인지 모르겠어!"(Everything is one thing! You see--I don't know what we are to one another!)(42)라고 말한다. 레비나스는 "폭력은 부패이며, 회유과 협박이 있는 곳에서 의지는 배반된다"고 말한다(*TI* 229). 바꿔 말하면, 인간은 목숨의 연장을 위해서 언제나 자신의 의지를 꺾을 수 있다는 것이다(*TI* 52). 믹키는 "모든 세상의 불의에 저항하는 형제애"(like some brotherhood opposed to all the world's injustice)(43)를 외쳤던 공산주의 강령은 하나의 속임수였으며, 공산주의는 청년들의 정의에 대한 열망을 도구로 사용했다고 주장한다. 루는 연루자들의 발설은 영혼을 파는 비열한 행위라고 맹렬히 규탄한다.

> 모든 사람이 믿음을 깨면 문명이 존재할 수가 없어! 그러니까 특위가 속물의 얼굴을 하고 있는 거야.
>
> Because if everyone broke faith there would be no civilization! That is why the Committee is the face of the Philistine! (44)

밀러는 마녀 사냥하는 자들과 배신자들을 공히 "속물의 얼굴"(the face of the Philistine)(44)로 은유화한다. 마녀사냥꾼들인 특위 세력은 속물의 얼굴을 내면한다. 이들에게 무릎을 꿇으려 하는 믹키의 배신행위는 또 다른 속물의 얼굴이다. 고급 아파트에, 자동차에, 돈에 영혼을 판 믹키는 속물과 다를 바 없다고 루는 통박한다. 이때 퀜틴은 루의 변호를 자청하며 이렇게 말한다.

> 사람들 사이에 어딘가 보이지 않는 관계망이 여기엔 없는 것 같아.

난 늘 그것을 믿었거든. 사람들이 그렇게 쉽게 처단되리라고 는 결코 믿지 못했어. 그리고 그건 정치적인 문제를 크게 벗어나는 것이잖아.

It' like some unseen web of connexion between people is simply not there. and I always relied on it, somehow; I never quite believed that people could be so easily disposed of. And it's larger than the political question. (47)

밀러는 매카시스트들이 민주 시민으로서의 정치적 신조와 믿음의 차이를 아예 인정하지 않으려는 데 대해 개탄한다. 그들은 정치적 이데올로기에 있어서 이질적인 자들을 낱낱이 색출하려 한다. 레비나스는 날조와 조작으로 타자를 제거하는 저열한 행위를 "형체 없음에 형체를 부여함"(the informing of the formless)(*TI* 101)이라고 빗대어 말한다. 곧 "형체 없음에 형체를 부여"한다는 것은 없는 것을 날조하여 있는 사실로 조작해 냄을 말한다. 그는 형체 없는 것에 형체를 부여하여 타자를 전유하는 속임수를 주술로 보며 타자를 악마화하는 모든 유령 속에 속임이 은폐되어 있음을 적시한다. 밀러도 사회의 정치 · 종교 지도자들이 벌이는 매카시즘적 마녀사냥을 타자들을 자신들이 지배하는 동일성의 체계 속으로 흡수시키려는 제국주의적 전략으로 본다.[5] 밀러도 마녀사냥의 핵심은 "형체 없음에 형체를 부여"하는 날조와 조작의 기술에 의존함을 고발한다. 퀜틴은 무고한 자의 죄를 조작하여 마녀사냥하는 매카시즘적 광기에 분개한다.

5) 윤희억 179 참조.

> 난 우리가 이념으로 서로 죽이고 있음을 보았지. 루를 변호하는 것은 사랑하기 때문이야. 그런데 사회는 그 사랑을 일종의 반역으로 변질시키고 있어.
>
> I saw that we are killing one another with abstractions. I'm defending Lou because I love him, yet the society transforms that love into a kind of treason. (62)

퀜틴은 곤경에 처한 타자를 외면하는 것을 의도적 잔혹성으로 규정한다. 그러나 믹키는 "죄책감을 느끼지 마라"(don't ever be guilty)(63)고 단호하게 말하며 과거의 인연을 냉혹하게 청산하려 한다. 믹키의 비윤리적 태도에 퀜틴은 격노한다.

> 사내라면 알아야지, 온전한 인간이라면 말이야, 그건 제 얼굴을 아는 것과 같다는 것을!
>
> A man ought to know--a decent man knows that like he knows his own face! (64)

밀러는 얼굴에 형이상학적 의미를 부여한다. 곧 그에게 얼굴은 인간의 성스러운 존엄성의 은유가 된다. 밀러의 극에서 얼굴의 개념은 레비나스가 그의 얼굴 철학에서 형상화하는 개념에 상응한다. 레비나스는 눈으로 볼 수 있는, 매만질 수 있는 가시적인 얼굴은 가면을 쓸 수 있는 얼굴이므로 의미를 부여하지 않는 대신에("MS" 60), 낯선 자, 과부, 고아 등의 타자의 얼굴을 무한한 연민을 끌어내는 성스러움의 차원으로 끌어 올린다(*TI* 78). 비슷한 맥락에서 퀜틴도 자신의 얼굴을 안다는 것은 곤경에 처한 자를 외면하지 않는 온전한 인간의 징표라고 말한다. 곧 자신의 얼굴을 아는 것은 인간으로서의 면목(面目)을 잃지 않는 것이며, 인간으로서의 면목을 잃지 않는 것은 타자의 얼굴을 바라보는 것이고, 타자의 얼굴을 바라보는 것은 그의 곤경을 경청하고 외면하지 않는 것이다.

그러나 매카시스트들은 적으로 규정된 자들을 악마의 화신처럼 가차없이 무력화시키려고 한다. 레비나스는 그들은 단순한 방해물인 타자를 물리적 신체로써 제거하여 전체를 재구성하기를 기도한다(*TI* 229)고 보며 자유의 쟁취 과정에서 극도의 시련은 죽음이 아니라 고통이라고 말한다. 매카시스트들은 타자가 완전히 굴복하도록 참을 수 없는 고통을 가한다. 메를로-퐁티는 실토하도록 고문에 처해 있는 상황을 이렇게 묘사한다.

> 사람들이 어떤 사람들로 하여금 실토하도록 고문을 가한다. 그들이 얻어내고자 하는 이름과 주소를 그가 제공하기를 거부한다면, 그것은 지원 없는 고독한 결단에 의해서가 아니다. 그는 여전히 자신의 동료들과 함께 하고 있다고 느끼고 여전히 공동투쟁에 참가하고 있다고 느끼므로 말할 수 없는 것이다.
>
> Let us suppose that a man is tortured to make him talk. If he refuses to give the names and addresses which it is desired to extract from him, this does not arise from a solitary and unsupported decision: the man still feels himself to be with his comrades, and, being still involved in the common struggle, he is as it were incapable of talking. (453-4)

메를로-퐁티는 궁극적으로 고문의 고통에 저항할 수 있음은 한갓 의식 때문이 아니라 자신이 사랑하는 동료들과 함께 하고 있다는 동료애에 대한 자각 때문이라고 말한다.

그러나 밀러의 주인공들의 경우, 상황이 변하면서 한때 공산주의자들이었던 그들의 동지적 결의에 균열이 생긴다. 한때 믹키와 퀜틴과 함께 공산주의에 경도되었던 루(Lou)는 대학에서 소련 법을 전공하는 학자다. 그는 반미특위의 압박에 밀려 저서의 출간을 포기하면서 "그 책을 출간 못하는 것은 내겐 일종의 자살이나 마찬가지야"(to put that book away is like a kind of suicide to me)(34)라고 말한다. 동시에 그는 소련 공산주의의 실제를 거짓으로 감추어왔다는 사괴심도 느끼는데, 한때 믿었던 공산주의 이념에 대한 회의를 드러내고 있는 것이다. 그 앞에는 수난이 남아 있음을 깨닫고 결국 루는 정신적 압박감 속에서 지하철 전동차에 뛰어들어 죽는다. 루는 동료를 배반하지 않기 위해 특위가 자신에게 고문을 가하기 전에 죽어버린 것이다.

그러나 문제는 그의 죽음이 전체주의자의 예속에 저항하는 것임에도 되레 전체주의의 공고화를 가져오는 아이러니를 낳는 데 있다. 레비나스는 자신의 목숨을 바쳐 타자에 예속되기를 거부하는 것은 그의 죽음에 의해 제국주의자들에게 봉사하는 것을 배제하지 못한다고 주장한다. 레비나스는 죽음으로 동일성의 폭력을 피하는 노력 속에서 그 폭력 세력을 인정하게 되며, 이러한 죽음은 부조리한 게임을 보여준다고 말한다(*TI* 229). 죽음을 택함으로써 주체적인 의지는 그것이 무시하기로 한 타자의 폭력을 승인해 주는 것이 되며, 그 자신이 타자에 의해 세물이 되어 농락거리가 됨을 피할 수 없다는 것이다.

퀜틴은 루의 죽음에 자신도 무관할 수 없음을 느끼며 심한 자책감에 시달린다.

> 훌륭한 아버지, 착한 아들들, 그들이 아니라, 누군가 다른 사람이 죽는다는 데 다행스러워 하면, 비록 무관하다 해도 어찌 그것을 이해할 수 있겠는가? 그의 영혼 어딘가에 부담되던 자가 죽어…너의 마음을 안도케 해주는 그러한 기쁨, 그 기쁨, 그 기쁨에 공범자가 비록 아니라 해도?
>
> Good fathers, devoted sons, grateful that someone else will die, not they, and how can one understand that, if one is innocent? If somewhere in one's soul there is no accomplice--of that joy, that joy, that joy when a burden dies…and leaves you safe? (65-66)

하이데거(Martin Heidegger)가 갈파하듯이, 보통 사람들은 장례식에 참석하고도 타인의 죽음에 대해서 쉽게 망각하고 자신의 죽음이 멀리 있는 것처럼 비본래적인 삶을 살아간다(296-7). 퀜틴은 루의 자살이 그가 변호하는 짐을 덜어준 것에 잠시 기뻐하는데, 그러한 자신의 비겁함을 보고 비굴함을 느낀다. 그는 루의 죽음에 자신도 공모자였음을 깨닫는다. 『모두가 내 아들』(*All My Sons*)에서 크리스가 외친 "인간의 인간에 대한 일종의 책임"(A kind of--responsibility. Man for man)(35-6)은 실종되어 버렸다. 이 극의 제목인 『전락 이후』가 바로 인간 모두가 형제였던 시대는 이미 지나갔다는 것을 함의하고 있다. 퀜틴은 서로가 서로에 대해 적의를 불태우는 암울한 시대에 살고 있음을 실감한다.

뿌리에 있어서 우린 모두 친구라는 거죠! 전 이 세상이 믿기지 않아요. 이 모든 증오가 저에겐 현실 같지 않아요!

That underneath we're all profoundly friends! I can't believe this world; all this hatred isn't real to me! (67)

퀜틴이 증언하는 이러한 삶은 현대인들이 균일하게 걸어가는 길이다. 이러한 소시민적 삶에는 양심이니, 용기니, 도덕이니 하는 거창한 대의는 죽은 지 오래다. 퀜틴은 동료를 배반하기 두려워 자살한 루를 떠올리며 믹키에게 묻는다.

누구의 이름으로? 너는 누구의 피 묻은 이름으로 네가 사랑했던 이의 얼굴을 마주하며 "이제 너는 쫓기고 있으니, 그 극한 상황에서 죽어야 해!"라고 말을 하는가?

In whose name? in whose blood-covered name do you look into a face you loved, and say, Now you have been found wanting, and now in your extremity you die! (107)

퀜틴이 말하는 누군가가 사랑했던 이의 얼굴은 인간으로서 존엄성을 마땅히 인정받아야 할 인격성의 은유이다. 레비나스는 타자의 얼굴은 주체의 소유욕을 마비시키는 무한으로서 살인의 불가능성이며, 살의를 무력화시킨다고 말한다(*TI* 171/ 199). 레비나스의 주장처럼 밀러에게 타자의 얼굴의 현현은 살인의 윤리적 불가능성을 현시하는 은유적 의미를 띤다. 퀜틴의 말에는 자기의 이해관계를 위해서 타자를 결코 범할 수 없다는 밀러의 윤리철학이 드러나 있다.

그런 관점에서 퀜틴이 볼 때 형제와 같았던 동료가 자살하도록 극한 상황에 밀어 넣는 것은 의도적 살해행위와 다름없다. 루가 자살한 이유는 동료를 밀고하면 얼굴을 들고 살 수 없기 때문이다. 『모두가 내 아들』에서 래리(Larry)는 아버지의 떳떳하지 못한 과거를 발견한 후 부친 살해의 욕망을 드러낼 정도로 극도의 수치심을 드러내며 "난 얼굴을 들고 다닐 수가 없어"(I can't face anybody)(83)라고 말한 바 있다. 래리가 얼굴을 들 수 없다는 것은 자신이 더 이상 도덕적인 존재로 살 수 없다는 것을 의미한다. 마찬가지로 루가 자살을 택한 이유도 역시 양심의 가책으로 더 이상 얼굴을 들고 살 수 없다고 생각했기 때문이다. 거리낌 없는 양심으로 얼굴을 들고 살기 위해서 그는 역설적으로 죽음을 택한 것이다.

IV. 나치의 전체주의적 감시 타워와 타자의 얼굴

퀜틴은 자신이 성공한 변호사로서 살아남아 있음은 타자의 망각의 결과였음을 자각한다. 또한 그는 두 번의 결혼 생활의 파산에 대해 자신이 책임이 있음을 이제 피하지 않는다. 퀜틴은 독일에서 고고학자인 홀가를 만나 타자의 망각에 대한 죄책감을 뼈저리게 느끼며 자신의 삶에 전기를 마련한다. 그는 타자의 삶을 자기의 손아귀에 넣을 수 없다는 것을 깨닫는다("Foreword to *After the Fall*" 256-57). 그것이 타자에 대한 환대의 시발점이다.

퀜틴은 홀가와 나치 정권의 포로수용소를 둘러본다. 밀러는 수많은 유대인들을 살육한 포로수용소의 감시 타워를 인간의 얼굴에 비유한다. 포로수용소의 감시 타워처럼 인간의 얼굴은 이질적 타자를 반당분자로 분류하는 데 기여한다. 발라키언(Janet Balakian)의 지적처럼, 수용소의 감시 타워는 홀로코스트와 매카시즘의 은유인 동시에 타자에 대한 배신의 은유다(121). 포로수용소의 감시 타워의 얼굴은 현실세계 곳곳에서 타자를 감시하고, 밀고하여, 노예화시키는 폭력의 은유인 것이다. 밀러는 타자에게 동일성의 폭력을 휘두르는 전체주의적 사회가 포로수용소의 감시 타워처럼 인간의 일거일동을 주시하고 있음을 고발하고 있다.

나치 정권의 전체주의 하에서 인간의 얼굴은 더 이상 인류애적 사랑의 표징이 되지 못한다. 『비시에서 일어난 일』(*Incident at Vichy*)에서 독일인 인종학 교수가 인종을 얼굴로 구분해 내듯이 타자의 얼굴은 차별과 구분의 기호로 전락한다. 나치에게 얼굴은 유대인을 가려내는 인종차별의 기표였다. 퀜틴은 수용소 돌탑을 바라보며 생김새에 대해 말한다.

> …이제 공허해 보이는 텅 빈 타워도 얼굴을 가지고 묻는 듯합니다, 이보다 더한 진실이 어디에 있을 수 있냐고?
>
> ....Even hollow now and empty, it[the tower] has a face, and asks a sort of question: What do you believe as true as this? (25)

수용소 감시 타워는 인간의 얼굴 형상을 하고 있다. 그러나 그 얼굴에는 타자에 대한 감시의 눈초리만이 발광한다. 어떤 인간애도 엿보이지 않는다. 그 얼굴은 타자를 노예화하는 감시의 탑이다. 거기에는 인간에 대한 어떤 성스러운 믿음도 존재하지 않는다. 타자는 믿음의 대상이 아니라 의심과 밀고의 대상이다. 퀜틴은 수용소의 감시 타워를 바라보며 죄책감을 느낀다. 홀가는 "그의 얼굴을 어루만지며"(30), "그들 손에서 살아남았다고 해도 죄가 없는 것은 아니에요"(no one they didn't kill can be innocent again)(30)라고 말한다. 그녀는 우리 모두가 나치 정권의 만행을 좌시한 방관자로서 죄로부터 자유로울 수 없음을 인정한다.

> 아는 것이 전부인가요? 죽이고자 하는 욕망은 결코 죽지 않지만, 용기라는 선물로 우리는 그 욕망이 나타날 때 그 얼굴을 직시하여, 그것도 사랑의 어루만짐으로…용서할 수 있습니다.
>
> Is the knowing all? And the wish to kill is never killed, but with some gift of our courage one may look into its face when it appears, and with a stroke of love...forgive it. (120)

홀가의 말은 인간은 타자의 얼굴을 마주보고 거기에서 성스러움을 발견해야 한다는 레비나스의 얼굴 철학에 근접한다. 이 극에서 밀러는 타자를 마주 바라보며 얼굴을 어루만지는 자들과 특위 심문을 앞둔 친구에게 돌덩어리 같은 얼굴을 돌리는 자(41), 그리고 돌같이 굳은 얼굴로 "그의 머리를 콘크리트 바닥에 짓뭉개버리는"(smash[ing] [his] head on a concrete floor)(25) 자들을 대조시킨다. 레비나스도 나치 정권의 얼굴을 돌덩이 같이 화석화된 굳은 얼굴에 비유하며 동일성의 폭력을 휘두르는 인간들이 돌의 마음을 가지고 도시로 몰려들었다고 말한다(*OB* 159). 그러한 돌덩어리 같은 얼굴은 화석화된 인간이다.

그러므로 나치 정권의 부역자들은 철면피한 인간 살육을 저지르고도 얼굴을 치켜들고 전후 재판정에 들어설 수 있었던 것이다. 레비나스처럼 밀러는 이러한 사람들은 부끄러워할 얼굴도 없는 존재들이라고 본다.

레비나스는 책임은 이기적인 돌 같은 마음으로 나를 구성하는 것을 허용하지 않는다고 말한다("GP" 180-1). 책임은 나의 돌 같은 얼굴을 버리게 하여 곤경에 처한 타자의 얼굴을 마주하게 한다는 것이다. 레비나스는 얼굴의 현전을 나의 자유의지에 책임을 일깨우며 책임의 기초를 놓는 비폭력의 기표로 사용한다(*TI* 202-3). 레비나스는 얼굴은 통합되는 것의 거부이며 다수성과 다원성의 환대에 대한 은유이다. 그는 타자의 얼굴에 응대하는 태도에 대한 환대를 요구한다. 레비나스는 우리의 책무는 부재한 신을 기다리는 것이 아니라, 타자의 얼굴에 응답하는 것이며, 타자의 타자성은 나와 그를 분리시키는 인종, 피부색의 차이에 의지하지 않는다고 말한다. 그럼으로써 폭력 없는 세계가 가능하다는 것이다.

레비나스처럼, 밀러도 삶이란 "또 다른 타자가 존재한다"(another person exists)"(49)는 것에 대한 각성이라고 주장한다. 밀러는 자아를 초월하여 타자를 환대하는 데서 윤리적 휴머니즘이 비롯된다고 본다. 바라키언은 이 극이 "인간적 고뇌의 오딧세이이며, 자신의 양심과 가치관과 행동에 의한 인간의 심판이다"(the play is an Odyssey of individual anguish, a trial of man by his own conscience, his own values, his own deeds)(120)라고 말한다. 또한 트로브리지는 퀜틴이 느끼는 고뇌는 자신의 악에 대한 공범의식에 뿌리를 두지만, 미래의 불확실성 앞에 그의 선택은 기본적으로 "존재하느냐 존재지 않느냐"(to be or not to be)라고 본다(48). 트로브리지가 퀜틴의 앞에 놓여 있는 선택이 "존재하느냐 존재치 않느냐"라고 말했을 때, 그 "존재"는 하이데거가 말하는 세계-내-존재로서 서로가 자신의 이익에 매달리는 투쟁의 장에서의 존재를 의미한다. 그러나 레비나스는 하이데거가 말하는 존재의 망각을 넘어 타자의 망각을 문제 삼는다. 레비나스는 타자의 망각에서 벗어나 자아를 초월하여 타자를 환대하고 책임지는 선택으로 나아갈 것을 요구한다. 밀러도 "서로에 대한 공포를 넘어서, 서로에 대한 호전성을 넘어서 인류애에 이르는 길을 우리는 발견하게 될 것이다"(we will find a way beyond fear of each other, beyond bellicosity, a way into our humanity)("The Salesman Has a Birthday" 15)라고 말한 바 있다. 그것이 바로 퀜틴이 미래에 걸어가려 하는 길일 것이다.

V. 결론

밀러는 미국 자본주의가 낳은 극단적 개인주의와 사랑의 죽음, 매카시즘의 마녀사냥의 유령, 그리고 나치의 전체주의와 홀로코스트, 이들 모두를 인간의 전락의 등가물로 규정한다. 밀러가 생각하는 인간의 실존은 키에르케고르(Kierkegaard)적인 단독자의 실존도 아니며, 사르트르적인 주체의 실존도 아니고, 야스퍼스(Karl Jaspers)적인 좌절의 실존도 아니다. 또한 하이데거의 존재론에서의 비본래적인 삶을 초월하는 영웅적 실존도 아니다. 또한 밀러는 신이 부재한 시대에 인간의 구원은 베켓이나 핀터 류의 희망이 보이지 않는 좌절의 부조리극으로 해결될 수도 없다고 보았다.

레비나스처럼, 밀러는 우리 모두가 타자의 불행의 공범이라는 죄의식에 바탕한 윤리적 휴머니즘에서 그 해답을 찾고자 하였다. 신이 부재한 그 빈자리에 인간이 작은 신으로 들어서야 한다는 것이다. 타자를 망각하는 준엄한 심판자가 아닌 타자를 환대하는 작은 신으로서 말이다. 그런 점에서 레비나스처럼 이 극에서 밀러는 종말의 시간을 연기하는 인내를 가짐으로써 폭력과 살인을 이 세상에서 몰아내는 희망을 포기하지 않는다.

(신영어영문학 2018)

인용 문헌

- Balakian, Janet N. "The Holocaust, the Depression, and McCarthysm: Miller in The Sixties." *The Cambridge Companion to Arthur MIller*. Ed. Christopher Bigsby. Cambridge: Cambridge UP, 2010: 118-140.
- Carson, Neil. *Arthur Miller*. London: the Macmillan Press LTD, 1982.
- Corrigan, Robert W. "Introduction: The Achievement of Arthur Miller." *Arthur Miler: A Collection of Critical Essays*. Ed. Robert W. Corrigan. Englewood Cliffs, N.J.: Prentice-hall, Inc, 1969: 1-22.
- Critchley, Simon and Robert Bernasconi(eds). "Introduction." *The Cambridge Companion to Levinas*. Cambridge: Cambridge UP, 2002: 1-32.
- Heidegger, Martin. *Being and Time*. Trans. Macquarrie & Eduard Robinson. Oxford Basil Blackwell, 1973.
- Levinas, Emmanuel. "God and Philosophy." *The Levinas Reader: Emmanuel Levinas*. Ed. Séan Hand. Cambridge: Blackwell, 1989: 166-189. [Abbreviated as "GP"]
- ________. "Meaning and Sense." *Emmanuel Levinas: Basic Philosophical Writings*. Eds. Adriaan T. Peperzak, Simon Critchley, and Rob. Bloomington: Indiana UP, 1996: 33-64. [Abbreviated as"MS"]
- ________. *Otherwise Than Being*. Trans. Alphonso Lingis. Pittsburgh: Duquesne UP, 1998. [Abbreviated as "*OB*"]
- ________. *Totality and Infinity*. Trans. Alphonso Lingis. Pittsburgh: Duquesne UP, 1969. [Abbreviated as "*TI*"]
- Miller, Arthur. "A Conversation with Arthur Miller." *The Theater Essays of Arthur Miller*. Eds. Robert A. Martin & Steven R. Centola. New York: Da Capo, 1996: 51-68.
- ________. *After the Fall*. New York: Penguin Books, 1979.

- ________. *All My Sons*. New York: Penguin Books, 2000.
- ________. "Arthur Miller: An Interview." *The Theater Essays of Arthur Miller*. Eds. Robert A. Martin & Steven R. Centola. New York: Da Capo, 1996: 51-68.
- ________. *Arthur Miller: Death of a Salesman*. Ed. Gerald Weales. New York: Penguin Books, 1981.
- ________. "Foreword to After the Fall." *The Theater Essays of Arthur Miller*. Eds. Robert A. Martin & Steven R. Centola. New York: Da Capo, 1996: 255-7.
- ________. "Morality and Modern Drama." *The Theater Essays of Arthur Miller*. Eds. Robert A. Martin & Steven R. Centola. New York: Da Capo, 1996: 195-214.
- ________. "The Salesman Has a Birthday." *The Theater Essays of Arthur Miller*. Eds. Robert A. Martin & Steven R. Centola. New York: Da Capo, 1996: 12-5.
- Merleau-Ponty, Maurice. *Phenomenology of Perception*. Trans. Colin Smith. New York: Routledge, 1994.
- Nelson, Benjamin. Arthur Miller: Portrait of a Playwright. New York; David Mckay Company, Inc, 1970.
- Sartre, Jean-Paul. *Being and Nothingness*. Trans. Hazel E. Barnes. New York: Washington Square Press, 1984.
- Trowbridge, Clinton W. *Arthur Miller: Between Pathos and Tragedy*. Ed. Harold Bloom. New York, Chelsea House Publishers, 1987.
- Welland, Dennis. "The Drama of Forgiveness." *Arthur Miller*. Ed. Harold Bloom. New York: Chelsea House Publishers, 1987: 65-78.
- Yoon, Heeuhk. "A Study of the Apparition of the Same and the Witch-hunting of the Other in Arthur Miller's *The Crucible* through Levinasian Philosophy." *Modern Studies in English Language & Literature*.

60, 1(2016): 173-192.
[윤희억. 「아서 밀러의 시련: 레비나스의 타자철학을 통해 본 동일성의 유령과 타자의 마녀화」. 『현대영어영문학』 60권 1호 (2016): 173-192.]

아서 밀러의 『비시에서 일어난 일』*Incident at Vichy*: 레비나스의 타자철학을 통해 본 전체주의의 폭력과 타자의 망각

I. 서론

『전락 이후』(*After the Fall*)에서 밀러는 이미 나치 정권의 광기와 폭력성 문제를 다룬 바 있다. 그러나 『비시에서 일어난 일』(*Incident at Vichy*)에서 밀러는 나치의 전체주의적 폭력과 홀로코스트(Holocaust)의 공포, 그리고 악의 평범성 문제를 더욱 집중적으로 파헤친다. 모트람(Eric Mottram)은 이 극에서 밀러는 타자에 대한 사랑과 책임의 행위에 의해 나치 참극의 절망을 극복하려 한다고 주장한다(52). 윌즈(Gerald Weales)는 우리 모두가 이 세상의 악으로부터 자유로울 수 없는 공모자라는 사실을 일깨우고 있다고 본다(139-40). 코리건(Corrigan)은 타자를 위해 자신을 희생하는 인간의 위대성을 부각시키고 있다고 말한다(14-5). 그러나 발라키언(Janet Balakian)이 나치 정권의 공포에서 벗어나는 인간의 해방은 내 안에서 타자의 성스러움을 발견함으로써 가능하다고 말했을 때(131), 그녀는 밀러가 이 극에서 구현하는 윤리체계의 핵심에 한 발 더 다가선다. 왜냐하면 밀러는 나치 정권의 파시즘이 예증하는 인간의 광기와 악의 평범성을 소멸하는 데서 한 발짝 더 나아가, 이러한 광기로부터의 해방은 이기적 자아의 폐기를 통한 내 안에서의 타자의 재위치화에 의해서만 오로지 가능하다고 선언하고 있기 때문이다.

『모두가 내 아들』(*All My Sons*)에서 밀러는 "파시즘"(Fascism)(61)의 위험성을 이미 언급하며 "세상에는 자신들의 책임을 감수하느니 차라리 모든 사람들이 교수형 당했으면 하는 사람들이 있단다"(64)라고 말한 바 있다. 그는 인간 내부에 잠재해 있는 잔악성을 직접 목격하고 파시즘적인 사고가 보편적 인간성이 될 수 있음을 경고한다.

> 우리는 마음속의 야수성을 보아야 한다. 그래야 우리가 이들 희생자들뿐만 아니라 나치의 형제라는 것도 알게 되고, 우리 삶의 궁극적인 공포, 즉, 우리 자신의 가학성과 직면하게 된다.
>
> We should see the bestiality in our own hearts; so that we should know how we are brothers not only to these victims but to the Nazis, so that the ultimate terror of our lives should be faced--namely our own sadism. ("The Shadows of the Gods" 187)

밀러는 유대인으로서 제2차 세계대전에 종군기자로 참전하여 나치 정권이 저지른 전체주의적 폭력의 만행 속에서 인간에 내재한 악의 평범성을 발견하게 된다. 그러한 절망 속에서도 밀러는 부조리한 인간 조건에의 항복을 거부하고 인간애의 회복에 의해 이를 변화시킬 수 있다고 믿는다. 그는 나치들의 잔악성에서 우리 자신에 내재한 악을 성찰하고, 악의 평범성은 나치만의 문제가 아니라 우리 모두의 문제임을 직시할 것을 요구한다("The Shadows of the Gods" 188).

밀러는 나치정권의 가공할 폭력이 가져온 절망과 환멸을 극복할 대안으로서 비극은 윤리적 휴머니즘을 담아내야 한다고 주장한다("The Nature of Tragedy" 9-10). 그는 『전락 이후』에서 퀜틴(Quentin)을 통해 "우리 모두가 죄인"(Neither of us is innocent)(109)이라는 도덕적 죄의식을 드러낸 것처럼, 윤리적 휴머니즘을 통해 인간에 내재된 악의 평범성의 극복이 가능하다고 본다. 밀러의 윤리체계의 핵심 개념인 타자 심판의 불가능성은 본질적으로 도스토예프스키의 『카라마조프의 형제들』(*The Brothers Karamazov*)에 나오는 "우리 모두는 모든 것에 대해 타자 앞에 죄인들이다. 그리고 나는 타자들보다 더 큰 죄인이다"(each of us is guilty before the other for everything, and I more than any)(374)[1]라는 문구에서 영향 받은 것이다(Nelson 19). 특히 밀러는 도스토예프스키의 사상에서 과학과 이기적 자아가 지배하는 세계에 대한 비판, 이전투구의 세계에서의 인간의 악의 보편성에 대한 고찰, 부조리한 인간조건에서 신의 존재에 대한 의문, 우리 모두가 죄인이라는 자기 성찰과 타자 심판의 불가능성, 오로지 타자에 대한 책임을 통해서만이 인간간의 단절의 극복이 가능하다는 철학 등을 수용하게 된다.

밀러의 도스토예프스키로부터의 영향 관계와 그의 악의 평범성에 대한 성찰과 타자 심판의 불가능성 그리고 타자에 대한 책임과 희생의 실천 철학의 강조는 자연스럽게 우리를 레비나스의 타자철학에 주목케 한다. 레비나스도 『카라마조프의 형제들』의 "우리 모두는 모든 것에 대해 타자 앞에 죄인들이다. 그리고 나는 타자들보다 더 큰 죄인이다"라는 구절을 그의 타자철학의 핵심 논제로 강조한다("GP" 182; *EI*

1) 『카라마조프의 형제들』(*The Brothers Karamazov*) 2부 6장 참조. "우리 모두가 죄인이므로 타자의 죄에 대해 심판자가 될 수 없다"는 논지는 415-17 참조.

98; *OB* 146).[2] 밀러와 레비나스가 『카라마조프의 형제들』을 관통하는 역사적, 종교적, 철학적, 정신분석학적 논점들 중에서도 유독 이 구절을, 곧 타자철학을 그들의 윤리체계의 핵심 개념으로 삼게 된 것은 결코 우연의 일치라고만 볼 수 없다.

레비나스는 전체주의의 폭력이 불길한 유령처럼 유럽에 떠돌고 있던 비극적 현대사와 함께 하면서 악한 자들이 타자에 행사하는 극악한 동물적 지배를 부인할 수 없는 인간조건으로 인정한다(*TI* 35). 그도 유대인으로서 프랑스에서 나치 정권의 반유대주의적 폭력을 직접 체험하면서 악의 평범성을 직접 체험한 바 있다. 그는 나치 정권은 인간의 선택의 자유와 사상의 자유, 즉 인간의 존엄성 자체를 말살했다고 정의 내리며(레스쿠레 164), 20세기의 잔혹한 악의 전형이었던 아우슈비츠(Auschwitz)의 참상에서 그의 윤리철학의 토대를 발견해 낸다.

밀러처럼, 레비나스도 인간의 마음속에는 나치의 전체주의적 폭력을 방조하는 악의 평범성이 깃들어 있음에 대해 고뇌하며, 이러한 인간의 잔악성이 종교의 힘만으로는 치유되지 못한다는 데 깊이 회의한다. 그 결과 그는 인간의 이기적 광기와 전체주의적 잔악성의 극복을 위한 해답을 기독교적 신의 구원에서 찾지 않고 윤리성의 회복에 의한 타자의 절대적 수용에서 찾는다. 이것이 바로 그의 타자철학의 근간이

---

2) 앞으로 본고에서 인용되는 레비나스의 저작들인 「제 1철학으로서의 윤리학」("Ethics as First Philosophy")은 "EFP"로, 『존재와 존재자』(*Existence and Existents*)는 *EE*로, 『윤리와 무한』(*Ethics and Infinity*)은 *EI*로, 「신과 철학」("God and Philosophy")은 "GP"로, 「존재론은 근본적인가?」("Is Ontology Fundamental?")는 "OF"로, 『존재와는 다르게』(*Otherwise Than Being*)는 *OB*로, 「대속」(Substitution)은 "S"로, 『전체성과 무한』(*Totality and Infinity*)은 *TI*로, 「무용한 고통」("Useless Suffering")은 "US"로 축약하여 명기함을 밝힌다.

다. 레비나스는 이러한 윤리철학의 체화를 통해서만이 우리 모두가 악의 평범성을 벗어나 본원적 인간성을 회복하는 길로 들어설 수 있다고 믿는다.

이와 같이 밀러와 레비나스는 각각의 영역에서 인간의 보다 위대한 가능성, 즉 윤리적 휴머니즘인 타자 윤리학을 제시하여 인류의 미래에 대한 희망을 포기하지 않았다는 점에서 공통점이 있다. 그러한 점에서 레비나스의 타자철학의 중심 개념인 전체주의의 폭력성, 타자의 얼굴, 타자를 위한 책임과 대속(代贖) 등을 구조적 틀로 삼아 이 극을 연구하고자 한다. 이러한 시도는 밀러가 이 극에서 극화시키고자 한 전체주의의 광기와 타자의 망가 그리고 타자에 대한 책임과 대속(代贖)의 윤리를 더욱 밀도 있게 고찰할 기회를 제공해 주리라고 믿는다.

Ⅱ. 나치의 전체주의의 폭력과 공포

이 극의 개막장면은 죽음의 공포에 휩싸이게 된 인간의 실존을 극화한다. 구치소로 보이는 건물에 여러 인물들이 영문도 모른 채 끌려와 있다. 화가 르보(Lebeau), 전기공 베이야드(Bayard), 배우 몬쇼(Monceau), 집시(Gypsy)[3], 소년, 유대인 노인, 의사 르뒤(Leduc), 폰 베르크(Von Berg) 왕자 등이 바로 그들이다. 체포되어 온 자들은 죽음의 공포에 시달린다. 그들 중 일부는 인종적 생김새 때문에 끌려왔다고 믿는다. 화가인 르보는 정체불명인 자들이 그의 "코와 귀와 입을 재더니"(158-9)

3) 유대인의 동부지역으로의 이송에는 수만 명의 집시들도 포함되었다(『예루살렘의 아이히만』 306, 340-341).

끌고 왔다고 말한다. 르덕(Leduc)도 그들이 자신의 코의 치수를 잰 후 (165) 끌고왔다고 주장한다.

사실 한 인간이 타자와 처음 대면할 때 던지는 질문은 '그는 누구인가'이다. 형이상학적 본질을 규정하는 근본 개념으로서 타자가 누구인지에 대한 물음은 대개 그가 무엇을 하는 자인가에 대한 물음에 귀착된다. 레비나스는 주체가 타자의 정체성에, 곧 '그는 누구인가'에 관심을 가지는 이유는 타자가 이질적일 경우 그의 존재의 독립성을 부정하려는 데 있다고 말한다.

> 대체로 존재에서 시작하여 타자로부터 내게 오는 모든 것은 나의 파악과 소유에 제공된다. 나는 그를 그의 역사와 그의 배경과 그의 습성의 틀 속에서 이해한다.
>
> Everything which comes to me from the other starting from being in general offers itself to my comprehension and possession. I understand him in the framework of his history, his surroundings and habits. ("OF" 9)

레비나스는 나와 타자와의 관계는 '기호의 체계'(a system of signs) 내에서 하나의 기호로서 존재한다고 본다(*TI* 178). 그의 지적처럼 나치 정권하에서 여기에 끌려온 유대인들은 인종적 기호에 의해 표상되고 구분된다. 영문도 모르고 체포된 자들은 처음에는 외국인 신원파악을 위한 전수조사이기를 바란다. 그러다가 폴란드 행 열차에 수많은 유대인들이 타고 있다는 목격담과 열차 문이 바깥에서 잠겨있다는 소문을 듣고서는 심상치 않게 여긴다. 베이야드는 독일군들이 유대인들을 폴란드 수용소로 이송시켜 노동을 시킨다는 소문을 들었다고 한다 (167). 몬쇼는 불안감을 감추지 못하면서도 설마 "독일인들도 사람인데"(168)라고 말하며 소문을 애써 믿으려 하지 않는다. 하지만 폰 베르크는 음악과 예술을 사랑하는 독일인이 유대인을 사냥개처럼 쫓고 있고 유럽을 감옥으로 만들고 있다고 말하며(170), 르덕도 다수의 교양있는 독일인들이 나치에 참여한 것을 보고 예술은 이러한 폭력을 막는 데 무력하다고 말한다(171). 이들의 말을 듣고 몬쇼는 살아남는 유일한 방법은 희생양처럼 보이지 않도록 연기하는 것뿐이라고 말한다. 빅터 프랭클(Victor E. Frankl)은 아우슈비츠 수용소에서는 불쌍하고, 병들고, 초라해 보이는 사람들, 그래서 육체노동을 할 수 없는 사람들이 가스실로 먼저 보내지므로 매일 면도를 하여 일할 능력이 있는 것처럼 보이는 것이 중요했다고 증언한다(50). 비슷한 맥락에서 몬쇼는 배우의 자신감 없는 연기에 대해 관객은 "가학적" (sadistic)(174)이라고 말하며, 약해 보이는 징후를 보여서는 안 된다고 충고한다.

> 미심쩍은 변종이 아닌, 순혈인 인간의 얼굴을 보여주어야 해요. 그들은 차이를 감지하죠.
>
> One must show them the face of a man who is right, not a man who is suspect and wrong. They sense the difference. (175)

사회주의적 성향을 가진 베이야드는 "그들이 미래를 고문할 수는 없어요"(176)라고 맞받으며 고문의 공포가 육체에 족쇄를 채울 수는 있으나 영혼을 선느릴 수는 없다고 말한다. 하지만 유폐된 공간에서 그것을 감당해 내는 것은 또 다른 문제이다. 나치 권력은 육체적 고통의 공포를 최대한 이용해 인간을 장악하려 한다. 레비나스는 전체주의자들은 인간이 고문의 공포 앞에 무릎을 꿇고 순순히 기계적 부품으로 전락된다고 믿는 자들이라고 주장한다(*TI* 237). 체포된 자들은 피할 수 없는 죽음 속에서 그들의 의지를 스스로 배신하며 견딜 수 없는 고통 속에서 죽음의 종료를 연기하고 싶어 하게 된다는 것이다. 레비나스는 적대적이고 악의에 찬 권력이 타자에게 교활하게 가하는 죽음에 대한 공포를 이렇게 정의한다.

> 나의 죽음은 내가 더 이상 어떤 방식으로도 나의 권력을 행사할 수 없는 순간으로부터 온다. 나는 적어도 그러한 충돌 속에서 내가 접촉하는 방해물과 맞서지 못한다…죽음은 수수께끼처럼 내게 다가오는 위협이다…나의 죽음으로부터 나를 분리하는 시간은 끝도 없이 줄어들고 줄어든다.

> My death comes from an instant upon which I can in no way exercise my power. I do not run up against an obstacle which at least I touch in that collision...Death is a menace that approaches me as a mystery....the time that separates me from my death dwindles and dwindles without end. (*TI* 234-5)

레비나스는 죽음의 공포는 죽음이 삶에 있어서의 모든 가능성의 불가능성이며, 완전한 수동성(숨을 거두는 상태)의 닥쳐옴이라는 사실에 기인하므로 폭력과 고문에 대한 공포는 곧 존재의 중단에 대한 두려움으로 직결된다고 본다. 레비나스가 기술했듯이, 체포된 자들은 폭력의 공포가 자신에게 서서히 위협적으로 다가옴을 느낀다. 카페 종업원이 폴란드의 가스실에 대한 끔찍한 소문을 들려주자 르덕과 몬쇼와 폰 베르크는 가스실에서 사람을 불태워 죽인다는 소문에 경악한다. 몬쇼는 독일인이 무슨 연유로 유대인을 그렇게 잔혹하게 죽이겠는가라고 반문하지만(180), 독일인을 잘 아는 폰 베르크는 상상할 수 없는 잔인한 짓을 범하는 자들이 권력자들이라고 말한다.

> …독일인들은 그들이 독일인이라서가 아니라 무(無)이기 때문에 이러한 짓들을 한다. 그것이 이 시대의 징표다. 인간이 실존을 덜하면 덜할수록 명확한 인상을 보이는 것이 더욱 중요하다…그들의 동기는 음악적이다. 사람들은 그들이 연주하는 소리에 불과하다.
>
> …They do these things not because they are German but because they are nothing. It is the hallmark of the age--the less you exist the more important it is to make a clear impression…Their motives are musical, and people are merely sounds they play. (180-181)

폰 베르크는 그들이 "무"(nothing), 즉 "아무것도 아닌 존재"라고 말한다. 곧 그들은 상부의 지시에 따라 타자들을 죽음으로 몰아가는 하수인격인 존재들이라는 것이다. 하이데거(Martin Heidegger)의 말을 빌리면, 그들은 누군가의 목적에 도구가 되어 비본래적[4]으로 실존하는 자들이다. 그들은 누군가의 목적에 악기가 되어 소리를 내는 도구적

4) 하이데거는 타성에 젖어 있는 일상적 현존재의 비본래적인(inauthentic) 삶을 그 자신이 고유하게 장악하는 본래적(authentic) 삶과 구분한다. 비본래적 존재들은 타인의 삶에 종속되어 도구적 삶을 산다(*Being and Time* 163-68).

존재들이다. 『햄릿』(*Hamlet*)에서 로젠크랜츠(Rosencrantz)와 길덴스턴(Guildenstern)이 클로디어스(Claudius)의 도구가 되어 그의 속마음을 알아내려 하자, 햄릿은 "…날 피리삼아 놀고 싶을 테지,/ 내 피리 구멍을 알아내어, 내 마음의 비밀을 뽑아내고"(3.2.355-358)라고 일침을 가한다. 햄릿은 자신을 악기로 삼아 클로디어스가 듣고 싶은 소리를 전해주려는 도구적 존재로 전락한 그들을 조롱한다. 햄릿의 주변 세계에서 클로디어스의 추종자들이 하나의 도구로 기능하듯이, 이곳에서 취조하는 무리도 바로 나치 정권의 도구에 불과하다. 나치 권력자들에게 모든 존재자는 자신이 추구하는 목표를 실현하는 데 방해가 되느냐, 아니면 도움이 되느냐 하는 도구적 존재에 불과하다. 이 극에서 소령은 나치 정권의 폭압적 위계질서 속에서 꼭두각시 같은 도구로 전락하며, 인종학 전공 교수는 인종을 구분하여 처단하고자 하는 나치의 목적에 부역하는 도구가 된다.

III. 타자의 얼굴과 레비나스의 얼굴의 형이상학

체포된 자들 중 르덕은 죽음의 그림자를 직감하고 탈출을 감행하려 한다. 몬쇼는 그들이 죽이려고 했을 경우 경비가 더 삼엄했을 것이라고 말한다. 그러나 르덕은 이성에 의해 논리적으로 분석하지 말고 감성에 귀를 기울이라고 충고한다.

> 이 상황에 대한 순수한 이성적 분석에 당신의 목숨을 걸 수는 없어요. 감정에 귀를 기울이면, 여기에 존재하는 위험을 확실히 느낄 겁

니다.

> You cannot wager your life on a purely rational analysis of this situation: Listen to your feelings; you must certainly feel the danger here. (186)

함께 대기 중이던 소년도 공포 속에서 동요한다. 그는 전당포에 어머니의 결혼반지를 맡기고 생계비를 마련하려다가 거리에서 붙잡혔다. 소년은 폰 베르크에게 만일 석방되면 자신을 대신하여 어머니에게 반지를 돌려줄 것을 부탁한다. 밀러는 굶주림에 시달리는 소년과 어머니와의 관계에서 가장 나약한 인간 존재의 실존을 그려내고자 한다. 폰 베르크는 한동안 "그 소년의 얼굴"(the boy's face)(187)을 물끄러미 바라본다. 밀러에게 타자의 얼굴을 바라보는 것은 다른 작가에게서 흔히 발견되는 단순한 연민의 제스처가 아니다.[5] 밀러는 인간의 얼굴 자체에 형이상학적 성스러움과 지고함의 의미를 부여한다. 감히 그 누구도 살인을 범할 수 없는 지고한 성스러움 말이다.

그러므로 밀러의 극중 인물들이 서로 얼굴을 마주하는 장면은 윤리적 휴머니즘이 현현하는 에피파니(epiphany)적 순간이다. 레비나스

---

5) 『세일즈맨의 죽음』(*Death of a Salesman*)에서 윌리(Willy)는 비프의 얼굴을 쓰다듬는다. 『모두가 내 아들』(*All My Sons*)에서 크리스(Chris)는 아버지의 부도덕한 행동에 얼굴을 들지 못하며 죄책감을 느낀다. 나아가 『전락 이후』(*After the Fall*)에서 메기(Maggie)가 퀜틴(Quentin)에게 "당신은 신과 같아요"(72)라고 말할 때, 그녀는 그에게서 신의 성스러움을 보며, 홀가(Holga)가 "용기라는 선물로 우리는…얼굴을 마주보고, 사랑의 어루만짐으로…용서할 수 있습니다"(113)라고 말할 때, 그녀는 타자의 얼굴에서 성스러움을 발견한다. 이와 같이 밀러는 그의 극 전반에 걸쳐서 지속적으로 타자의 얼굴을 마주하며 바라보는 것을 타자를 윤리적으로 대하는 초월적 행위로 은유화한다.

는 타자의 현현은 낯선 자, 과부, 고아의 얼굴에서 그의 결핍에 의해 우리에게 간청하는 데 있다고 말한다(*TI* 78). 타자의 환대는 배고픔과 결핍에서 발원하며, 타자를 수용하는 것은 베풂이다(*TI* 77). 타자의 얼굴은 신이 부재한 이 세상에서 낯설고, 가난하고, 프로레타리아적인 존재의 조건이 된다. 타자의 얼굴의 초월성은 나에게, 나의 눈에, 나의 지각에 현존하는 것이 아니라, 인간을 범할 수 없다는 성스러움 그 자체의 발원이다. 그러므로 레비나스는 얼굴의 마주대함은 신비한 윤리적 관계의 성립의 순간이며, 자신을 버리고 전체주의의 폭력에 합류하는 것을 거절하는 증표라고 말한다(*TI* 202).

레비나스가 얼굴의 현현은 인류애를 열며, 벌거벗은 얼굴은 나에게 가난한 자와 낯선 자의 기근을 현전시킨다고 말한 바와 같이, 소년과 어머니의 빈한한 처지는 폰 베르크로 하여금 신비한 윤리적 책임의 순간에 맞닥뜨리게 한다. 이윽고 폰 베르크는 르덕에게 "무엇이든 말하면 도와주겠다"(187)고 말한다. 타자의 벌거벗은 얼굴은 폰 베르크에게 명령을 내린 것이다. 레비나스에 따르면, 이러한 명령은 타자의 어려움을 보고 내가 환대하도록 타자가 먼저 내린 명령인 것이다. 르덕은 르보를 쳐다보면서 말한다.

> 그는 배고픔으로 유약하며, 그 소년은 깃털과 같아요. 나는 도망치기를 원해요, 살육 당하지 않도록.
>
> He's weak with hunger, and the boy's like a feather. I wanted to get away, not just be slaughtered. (187)

레비나스에 따르면, 자신의 죽음의 날짜가 닥쳐와야 비로소 인간은 자기의 죽음을 맞이한다고 말한다(*TI* 235). 즉 나의 죽음의 임박함이 나의 존재에 대한 두려움이 되고 위협이 된다는 것이다. 르덕과 르보도 나치 권력의 쥐조가 임박해 옴을 시시각각으로 느끼지만 그들의 공포는 죽음의 임박함을 감지하면서도 이를 피할 수 없다는 무력감에서 온다. 살육 당할지도 모른다는 극도의 공포감은 그 자신이 유대인임을 처절하게 자각케 한다. 그는 극도의 공포의 순간에 부모님의 파리 생활과 가재도구에 대한 애착 때문에 미국으로 이주할 기회를 놓쳤던 것을 못내 아쉬워한다.

> 허나, 봐요, 사람들은 자신들이 죽을 수 있다는 것을 믿으려 하지 않아요. 황동침대와 카펫과 얼굴이 있으면 죽지 않는다는 거죠.
>
> But, see, people won't believe they can be killed. Not them with their brass bed and their carpets and their faces. (189)

르보는 자신이 체포당할 때 누군가 그의 코를 재 본 것에서 불길한 죽음을 직감하며 온갖 이유로 사람을 죽일 수 있다는 것을 실감한다. 이 때 르덕은 "어떻든 우리는 죽게 되어 있어요. 유대인이든 이방인이든 모두가 말예요"(190)라고 말하며, 죽음은 지금 닥치지 않으면 조금 연기될 뿐이지 인간은 결국 죽게 되어 있다고 애써 위로한다.

그럼에도 르보는 탈출을 결심한다. 몬쇼는 경비를 때려눕히고 탈출한다고 해도 대부분의 시민들이 프랑스 경찰 노릇을 하고 있어 곧 잡혀올 것이라고 말한다(190). 사실 아렌트(Hannah Arendt)에 따르면, 유대인의 이송은 비시 정부뿐만 아니라 프랑스 경찰의 능동적인 도움이 필요한 일이었는데, 외국계 유대인은 프랑스에서는 항상 골칫거리였으며, 따라서 프랑스 정부는 이들을 제거할 기회를 프랑스에게 부여한 독일의 태도 변화를 반겼다고 한다(『예루살렘의 아이히만』 242). 이와 같이 밀러는 독일이 장악하고 있는 프랑스 지역의 주민들이 프랑스 경찰이나 마찬가지라는 냉혹한 현실을 제시하며 우리 모두가 나치가 저지른 악의 공범자라는 사실을 적시하고 있다.

IV. 우리 모두는 유대인: 타자의 망각과 악의 평범성

이 극에서 밀러는 공포에 무릎을 꿇은 다수의 방관자들, 곧 비시 정권 하의 평범한 프랑스 사람들도 폭력의 공조자임을 분명히 한다. 밀러는 비시 정권하에서 유대인들을 사냥하던 자들은 독일인들이 아니라 프랑스 경찰들이었다는 점을 강조한다. 따라서 그는 죄의식의 단계를 넘어 타자를 위해 책임과 대속(substitution)의 행동의 단계로 넘어서는 희생정신의 중요성을 강조한다("An Interview with Arthur Miller" 432).

밀러는 타자에 대한 책임과 대속의 주제를 독일군 소령과 폰 베르크를 통해 극명하게 극화한다. 르덕은 대담하게 독일군 소령에게 탈출할 기회를 달라고 부탁한다. 소령이 유대인 색출작업에 대한 상부의 명령에 인간적 고뇌를 가지고 있는 것으로 보였기 때문이다. 그러나 소령은 현재 이 세상에는 더 이상 인간 간에 사랑이라는 개념은 존재하지 않으며 서로가 서로를 감시하는 세상으로 바뀌었다고 말한다. 얀 코트(Jan Kott)는 맥베스가 살인 지령을 내리는 대로 자객들이 행하는 것을 "아우슈비츠의 체험"(Auschwitz experience)이라고 칭하는데(74),

소령은 이와 같은 비극적 실존 상황을 적나라하게 적시한다.

> 나는 이 총구로 당신을 겨누고 있고 [교수를 가리킨다] 그는 나를 겨누고, 그리고 누군가가 그를, 그리고 누군가가 다른 누군가를 겨누고 있단 말이오.
>
> I have you at the end of this revolver [indicates the Professor] he has me--and somebody has him--and somebody has somebody else. (193)

현재의 파시스트 나치 정권 하에서 독일군 소령은 자신이 설혹 감시의 총을 내려놓는다고 해도 인종 학살 문제는 해결될 사안이 아니라는 것을 암시한다. 뉘른베르크(Nurnberg)의 한 보고서에 따르면 처형에 참여하기를 거절한 이유로 사형을 받은 친위대 대원들은 단 한 사람도 발견되지 않았다고 한다(『예루살렘의 아이히만』 157). 아렌트는 문명화된 국가의 법은 인간의 살인의 충동에 맞서 모든 사람들에게 "살인하지 말라"고 말하지만, 히틀러의 법은 인간의 정상적인 본성에 맞서 양심의 소리를 무시하고 모든 사람에게 "너는 살인할지어다"를 요구했다고 말한다(『예루살렘의 아이히만』 226). 유대인 전체를 멸종시키려는 히틀러의 광신적 민족주의는 그의 하부 조직 전체를 그물처럼 얽아매고 있있다. 그러므로 상부의 지시를 거부하는 자는 곧 그의 목숨을 담보해야 했다. 밀러는 히틀러의 강권통치와 독일국민의 관계를 부자관계로, 주인과 하인의 관계로 규정한다("Morality and Modern Drama" 212). 그러한 정권에서 국민들은 명령에 복종하는 무책임성을 드러낼 수밖에 없으며, 독일군 장교는 전체주의 폭력을 행사하는 하나의 부품으로 전락하는 것을 거부하지 못한다.

이제 르덕과 유대인 노인과 폰 베르크만이 취조를 기다리고 있다. 르덕은 나치의 폭력을 두려워하며 죽음을 앞둔 사람처럼 폰 베르크에게 말한다.

> 이 모든 고통이 무의미한 까닭은, 그것이 교훈이 될 수 없으며, 결코 어떤 의미를 지닐 수 없으며, 거듭하여 영원히 되풀이될 것이라는 데 있어요.
>
> Because all this suffering is so pointless--it can never be a lesson, it can never have a meaning, and that is why it will be repeated again and again forever. (197)

인간이 겪는 고통에 대한 르덕의 회의는 타자의 고통을 외면하는 타자의 망각, 곧 인간의 악의 평범성에 뿌리를 둔다. 레비나스는 나치정권하에서의 가해자들의 폭력과 희생자들의 고통에 초점을 맞추면서 우리 모두가 이러한 비극이 일어나도록 방치한 방관자의 책임에서 면죄될 수 없다고 비판한다.

> 금세기의 과도한 고통에 직면해서 제기되는 신정설의 목적은…타자가 겪는 고통에 대한 정당화될 수 없는 성격을 드러낸다…. 이러한 잔학행위에 맞서 우리 시대의 비 인도주의 속에서 확인하는 윤리적 감성에 관한 한 이웃의 고통의 정당화는 확실히 모든 부도덕성의 원천이다.
>
> This end of theodicy, which obtrudes itself in the face of this

> century's inordinate distress...reveal[s] the unjustifiable character of suffering in the other person...For an ethical sensibility--confirming itself, in the inhumanity of our time, against this inhumanity--the justification of the neighbour's pain is certainly the source of all immorality. ("US" 163)

레비나스는 주변의 방관자들이 그들의 형제의 고통에 대해 좀 더 적극적 태도를 취했더라면, 나치가 자행한 대량살육의 끔찍한 사건은 다르게 진행될 수도 있었을 것이라고 믿는다. 그러므로 레비나스의 윤리철학은 나의 이웃인 타자의 고통에 대한 응답, 타자에 대한 무한 책임을 강조한다. 레비나스처럼, 밀러도 악의 존재를 신의 섭리로 보고 인간의 고통에 의미를 부여하는 신정설에서 해답을 찾지 못한다. 밀러는 악이 인류에 가하는 무용한 고통에 대한 응답을 윤리적 휴머니즘에서 찾는데, 이는 유대인 노인 장면에서 극적으로 은유화된다. 유대인 노인이 끌려 들어가는 도중에 그가 안고 있던 보따리가 터져 하얀 구름 같은 깃털이 허공에 흩어진다. 르덕과 폰 베르크는 허공에 날리는 그 깃털을 바라본다. 밀러는 이미 앞서 "소년은 깃털과 같다"(the boy's like a feather)(187)라고 비유한 적이 있다. 르덕은 타자를 깃털처럼 가볍게 죽이려는 살의로 가득 찬 나치 같은 사람들이 있다고 말한다. 그러자 폰 베르크는 생명의 무게가 깃털처럼 가벼워진 이 시대에도 이에 저항하는 사람들이 있다고 대응한다.

> 살인으로 손가락을 더럽히느니 차라리 죽는 것이 더 용이하다고 생각하는 사람들이 있어요. 그들이 실존합니다.

There are people who would find it easier to die than stain one finger with this murder. They exist. (199)

폰 베르크는 나치정권 하에서 살인이 깃털처럼 가볍게 저질러지는 것을 직접 목격한 바 있다. 그가 지원한 오케스트라 단원들 중 일부가 탈출하려다가 발각되어 살해 당한 것이 그가 오스트리아를 떠난 이유이다. 그러므로 그는 결코 살인을 저지르는 일에 동참할 수 없으며 차라리 죽음을 받아들이겠다는 의지를 밝힌다. 여기서 폰 베르크가 말하는 실존은 사르트르(Jean-Paul Sartre)가 주장하는 것처럼 주체가 자유의지에 의해 선택한 것에 대해 책임을 지는 데 있는 것이 아니라, 한 발 더 나아가서 레비나스가 정의하듯이, 주체를 폐위시켜 타자에 대해 책임을 지고 대속하는 실존을 말하는 것이다.

그러나 르덕은 폰 베르크의 이상주의에 회의적 시각을 드러낸다. 르덕은 이방인이라면 누구나 그의 마음속에 유대인에 대한 증오심은 아니더라도 반감을 숨기고 있음을 보아 왔다고 말한다.

각자는 그 나름의 유대인이 있어요. 그것이 타자죠. 그리고 유대인들은 그들의 유대인이 있고요…. 여러분이 온전한 인간임에도 여러분은 여러분의 유대인, 즉 당신이 그가 아니라서 그의 죽음이 당신을 안도케 하는 자를 가지고 있음을 알아야 해요.

Each man has his Jew; it is the other. And the Jews have their Jews...You must see that you have yours--the man whose death leaves you relieved that you are not him, despite your decency. (200)

밀러는 폰 베르크의 이상주의와 르덕의 회의주의를 대치시켜 인간의 악의 평범성 문제를 제기한다. 우리의 마음 어딘가에는 타자에 대한 증오, 곧 유대인을 두고 있다는 것이다. 퍼트남(Hilary Putnam)이 레비나스 타자철학에 내재된 역설은 "모든 인간은 유대인이다"(All human beings are Jews)라고 갈파한 것처럼(34), 밀러는 유대인의 차별과 학살에서 타자를 망각하는 인간의 악의 평범성을 꿰뚫어 보며 타자에 대한 증오를 우리 모두가 가진 유대인으로 은유화한 것이다.

V. 타자에 대한 책임과 대속(substitution)

밀러는 어느 극작가보다도 악에 대한 인간의 책임 문제에 대해 집착하며 "인간의 책임의 회피를 우리 시대의 공통적인 몸짓"(The evasion of personal responsibility has been the common gesture of our age)으로 보았다(Otten 111). 밀러는 유대인 의사 르덕과 폰 베르크의 대면을 통해 이 문제를 끄집어낸다. 르덕은 폰 베르크의 사촌 케슬러 남작(Baron Kessler)이 의대에서 유대인들을 몰아내는 데 앞장서 나치에 부역했음을 밝힌다. 르덕은 폰 베르크가 그의 이름에서 핏줄의 온기를 느낄지 모르나 자신은 살기를 느낀다고 말한다. 그러면서 르덕은 타자에 대한 책임을 요구한다.

> 내가 원하는 것은 당신의 죄책감이 아니라, 당신의 책임이에요. 그것이 도움이 될 수 있죠.

It's not your guilt I want, it's your responsibility--that might have helped. (201)

르덕이 유대인의 증오에 대한 우리 모두의 연루를 인정할 때만이 비로소 타자에 대한 책임을 지는 것이라고 말할 때(111), 밀러의 타자에 대한 책임의 본질이 드러난다. 밀러가 르덕을 통해 제시하는 책임의 윤리는 레비나스가 규정하는 책임의 윤리에 한층 가깝다. 레비나스는 책임은 타자를 위한 벌거벗음이며 주체를 주장하지 않으며 주체를 쫓아내어 자신의 자리를 잃고, 망명하는 것이라고 말한다(*OB* 138). 그는 타자를 위한 대속은 자신의 살 속에 타자를 가짐과 같은 육화로서 자신 속에 타자성을 들일 수 있는 마음이라고 규정한다(*OB* 114-5). 곧 대속의 정신은 자기 자신으로부터 완전히 물러서 타자의 불행과 파산을 자신의 것으로 짊어지는 것이다. 레비나스는 대속의 정신을 이렇게 정의내린다.

자아의 추방은 행동이 아니라 타자를 위한 대속 속에서 수동성을 초월하는 수동성의 양상이다. 자신이 추방의 흔적 속에 있는 것처럼 존재하는 것은 자신으로부터 완전히 물러섬이다…. 그것은 자신의 입에서 빵을 꺼내어 타자에게 주도록, 나 자신의 살을 선물로 바치도록 이미 내게 명령하는 순수한 증거이다.

[To] exile itself [the I] is not an act all, but a modality of passivity which in substitution is beyond even passivity. to be oneself as in the trace of one's exile is to be as a pure withdrawal from oneself...[It] is a pure witness to the inordinateness which already commands me, to give to the

> other taking the bread out of my own mouth, and making a gift of my own skin. (*OB* 138)

마침내 폰 베르크가 취조실로 들어갈 순간을 맞이한다. 이때 폰 베르크와 르덕은 서로 얼굴을 마주보며 교감한다.

> 폰 베르크가 돌아서 르덕을 바라보자, 르덕도 그를 바라보더니 따뜻한 미소를 지으며 돌아선다.

> Von Berg turns back to Leduc, who glances up at him and smiles with warmth, then turns away. (201)[6)]

레비나스는 일체의 세속적 타협과 혼탁한 이해관계를 초월하여 타자의 얼굴에서 성스러움을 발견하는 "얼굴과 얼굴이 마주하는 단도직입성"이 존재하지 않는다면, 인간은 윤리적 행위의 실천적 차원을 넘어설 수 없다고 본다("EFP" 82-83). 타자의 얼굴은 단순히 보여지거나, 만져지는 육신의 일부가 아니라 결단코 살인을 불가능하게 하는 성스러움의 신전으로 형이상학화된다. 그러므로 타자의 타자성은 나와 그를 분리시키는 어떤 속성, 즉 인종, 민족의 차이, 피부색의 차이, 신분의 차이에 의지하지 않는다. 타자가 무한히 초월적인 성스러운 존재로 나에게 존립할 때만 타자의 계시에 응대가 가능한데, 레비나스는 이것을 얼굴의 환대라고 부른다.[7)] 레비나스는 타자가 나의 부끄러움을 발

---

6) 레비나스는 얼굴은 내가 타자에 의해 불려지는 것이며, 종교적 용어를 사용한다면, 일종의 에피파니(epiphany)에 해당된다고 말한다(*TI* 181).

7) 레비나스는 타자의 얼굴이 보이는 무방비의 눈길의 벌거벗음에서 저항이 없는 저항,

워케 하고 타자가 나를 지배하여, "나의 양심은 타자를 환대한다"(*TI* 84)고 말한다.

취조실로 들어가기 전 르덕을 바라보며 폰 베르크는 레비나스가 말하는 "나의 양심은 타자를 환대한다"는 계시의 순간을 맞이한다. 폰 베르크가 들어간 후에 르덕은 자살을 생각하지만, 바로 그때 폰 베르크는 나와서 그에게 백지 통과증(a white pass)을 건네준다. 폰 베르크는 타자를 대속하는 책임있는 행동을 통해 타자는 힘으로 제압할 수 있고, 죽일 수 있다고 생각하는 살인마 나치 정권에 정면으로 반기를 든다. 그는 그의 죽음을 볼모로 르덕의 생명을 대속하고자 한다.

밀러는 폰 베르크라는 인물을 간접적으로 전해들은 두 역사적 이야기로부터 구상해 냈다고 한다. 비시정권 하의 나치 점령 시절 유대인을 찾아내려고 혈안이 되어있는 가운데 전연 모르던 한 사람의 은덕으로 목숨을 구한 정신과 의사의 이야기와 제2차 세계대전 때 나치에 협력을 거부하여 고통을 당했던 오스트리아 귀족 가문의 프린스 조지프 폰 쉬바르첸베르크(Prince Josef von Schwarzenberg)의 이야기를 합성했다는 것이다(Balakian 128/ *Timebends* 540). 또한 『예루살렘의 아이히만』에서 아렌트가 기록한 자료에 의거하면 밀러가 그려낸 폰 베르크라는 인물은 허구의 창조물만이 아님을 알 수 있다. 그녀에 따르면 독일군 병사인 슈미트(Anton Schmidt)는 유대인 직공들을 도와 그들에게 위조서류와 트럭을 제공했었는데, 이 사실이 나치정권에 발각되어 사형당했다고 한다. 번스타인(Richard J. Bernstein)은 아렌트가 증언한 슈미트의 사례는 타자의 고통에 대해 모든 인간이 윤리적

윤리적인 저항의 광채가 발한다고 본다(*TI* 199). 이러한 타자의 얼굴은 최초의 말씀인 "너는 살인을 범하지 말지어다" 그 자체로서 권력의 살의를 무력화한다고 말한다.

인 책임을 공유해야 한다는 레비나스의 사상과 정신적으로 일치한다고 말한다(259). 마찬가지로 밀러가 그려낸 폰 베르크의 타자에 대한 책임과 대속의 정신도 레비나스의 윤리철학과 정신적 궤를 함께하고 있다. 레비나스가 윤리적 응답은 나의 최상의 의무이며, 타자의 정당화할 수 없는 고통에 대한 나의 책임이며, 나의 형제 동포인 인간에게 가해지는 악에 대한 나의 반응이라고 말하는데, 폰 베르크는 이러한 윤리를 극명하게 실천하고 있다.

클러맨(Harold Clurman)은 폰 베르크의 대속의 행위는 충동적이고 감성적인 사랑에 기반을 두고 있다고 말한다(155). 하지만 이러한 해석은 폰 베르크의 타자에 대한 책임의식을 감정에 치우친 충동적인 선택으로 의미를 축소하는 위험을 내포하고 있다. 폰 베르크도 삶은 일회성으로 주어지며, 한 번 죽고 나면 영원히 환원 불가능한 것이라는 점을 누구보다도 잘 알고 있다. 그러한 그가 타자를 위한 대속을 충동적 감정에서 행했다고 보는 것은 밀러가 이 극에서 구현하고자 하는 타자에 대한 책임과 대속의 윤리의 중요성을 간과하는 것이 된다. 폰 베르크가 보여주는 대속의 정신은 이기적 자아의 완전한 폐기에 의해 가능한 윤리적 실천이라는 점에서 충동적인 감정과는 거리가 멀다.

레비나스는 타자를 위한 대속을 '볼모'(hostage)의 영광이라고 부르는데, 볼모가 된 자는 자기가 타자를 위해 죽임을 당하는 위험을 감수하기 때문이라고 말한다. 그는 '볼모'의 무조건성을 신이 부재한 이 세상에서 동정, 연민, 유대를 가능케 해주는 "지고함"(the High)이며, 성스러움8)으로 규정한다(미가엘 드 생 쉐롱 31).

8) 레비나스는 성스러움이 히브리어에서 성스러운 신에게 적용되지만, 탈무드 시대로 거슬러 올라가는 전통에서는 그것은 또한 인간들, 성인들에게도 적용된다고 말한다

비슷한 맥락에서 밀러는 폰 베르크를 타자를 위해 자기가 죽임을 당하는 수난을 떠맡는, 즉 '볼모'가 되기를 자청하는 지고한 인물로 그려낸다. 나치 정권은 신체의 연약성을 볼모로 인간을 죽음의 공포로 몰아넣으며 폭력과 살인의 부정을 통해서만 타자를 침묵으로 환원시킬 수 있다고 믿는다(*TI* 224-5). 그러한 통념에 맞선다는 점에서 폰 베르크는 나치의 공포정치에 감연히 항거한 인물이다. 레비나스가 미지의 세계인 죽음은 두려움 또는 책임으로부터의 회피를 낳지만, 용기는 죽음을 무릅쓰고 존재한다고 말한 것처럼(*TI* 179), 폰 베르크는 죽음의 공포가 가져오는 책임으로부터의 회피를 거부한다. 레비나스는 대속은 "존재하느냐, 존재치 않느냐"(to be or not to be)의 문제가 아니라, "자신에 반(反)하여 자신을 잃음으로써 자신을 찾는 데에 있다"고 말한 것처럼(*OB* 11), 폰 베르크는 레비나스의 이러한 책임의 윤리를 극적으로 구현하고 있다. 그의 책임의 윤리는 벌거벗은 자에 대한 사랑의 표현에 기반하며, 그들과 나는 한 형제라는 피할 수 없는 실존적 조건의 깨달음에 뿌리를 둔 것이다.

(미카엘 드 생 쉐롱 32). 『카라마조프의 형제들』에서 도스토예프스키는 고립된 영혼에서 벗어나 형제애와 사랑하는 공동체로 향하는 영웅적 행동을 "지고한 어리석음"(a holy fool)(394)이라고 부르는데, 이것도 비슷한 의미를 지닌다. 모두가 타자에 대해 책임지는 것을 어리석음으로 생각하는 시대에 타자에 대한 책임을 떠맡는 행위는 용기 있는 행동이며, 이는 '지고한' 것이다.

VI. 결론

이 극에서 밀러는 히틀러의 광기가 자행한 나치의 파시즘과 홀로코스트의 참상의 환부를 가장 치열하게 드러내고 있다. 밀러는 전체주의의 폭력과 고문과 살육에 의해 모든 타자성을 말살해 버린 아우슈비츠의 시대를 극의 배경으로 삼는다. 유대인들은 이유도, 영문도 모른 채 잡혀와 강제수용소로 이송되어 가스실에서 나치즘의 제물로 살육된다.

밀러는 이 극에서 나치의 전체주의 폭력의 극화를 통해 인간의 악과의 공모와 인간의 내면에 상존하는 악의 평범성을 고발하고 타자에 대한 망각과 타자에 대한 책임의 필요성을 일깨우고 있는데, 이러한 밀러의 윤리체계의 핵심을 레비나스의 타자철학과의 상관성의 관점에서 파헤치려고 하였다. 레비나스가 존재의 문제를 타자의 망각, 타자의 얼굴, 책임과 대속의 윤리, 곧 정의의 윤리에 입각하여 다루었듯이, 밀러 역시 인간이 존재할 권리의 합당성은 타자의 죽음을 외면하지 않는, 방치하지 않는 정의의 윤리에서 온다고 믿고 있음을 보여주고자 했다. 밀러가 이 극에서 구현하고자 한 윤리적 휴머니즘은 바로 레비나스적 사유에 뿌리를 두고 있기 때문이다. 이 극에서 밀러가 폰 베르크를 이러한 정의의 윤리를 실천하는 인물로, 타자의 죽음 앞에 자신을 용기있게 책임에로 불러 세우는 인물로 극화하고 있는 것도 그러한 윤리철학에 근거함을 보여주고 있는 것이다.

(현대영미드라마 2019)

인용 문헌

- Arendt, Hannah. *Eichmann in Jerusalem*. Trans. Kim, Seon-wook. Seoul: Hankilsa, 2006. Print.
  [아렌트, 한나. 『예루살렘의 아이히만』. 김선욱 옮김. 서울: 한길사, 2006.]
- Balakian, Janet N. "The Holocaust, the Depression, and McCarthysm: Miller in the Sixties." *The Cambridge Companion to Arthur MIller*. Ed. Christopher Bigsby. Cambridge: Cambridge UP, 2010: 118-140. Print.
- Clurman Harold. "Arthur Miller's Later Plays." *Arthur Miler: A Collection of Critical Essays*. Ed. Robert W. Corrigan. Englewood Cliffs, N. J.: Prentice-hall, Inc, 1969: 143-168. Print.
- Corrigan, Robert W. Introduction: The Achievement of Arthur Miller. *Arthur Miler: A Collection of Critical Essays*. Ed. Robert W. Corrigan. Englewood Cliffs, N.J.: Prentice-hall, Inc., 1969: 1-22.
- Critchley, Simon and Robert Bernasconi (eds). "Introduction." *The Cambridge Companion to Levinas*. Cambridge: Cambridge UP, 2002.: 1-32. Print.
- de Saint-Cheron, Michaël. *Entretiens avec Emmanuel Levinas*. Trans. Kim, Woongkwon. Seoul: Dongmoonsun, 2008. Print.
  [미카엘 드 생 쉐롱. 『엠마누엘 레비나스의 대담』. 서울 동문선, 2008.]
- Dostoyevsky, Fyodor. *The Brothers Karamazov*. Trans. David Mcduff. London: Penguin Books, 2003.
- Heidegger, Martin. *Being and Time*. Trans. Macquarrie & Eduard Robinson. Oxford Basil Blackwell, 1973. Print.
- Jenkins, Harold, ed. *The Arden Shakespeare Hamlet*. London: Routledge, 1995. Print.
- Kott, Jan. *Shakespeare Our Contemporary*. London: Methuen & Co Ltd,

1970. Print.

- Lescourret, Marie-Anne. *Levinas*. Trans. Byun, Kwangbae & Kim, Moseh. Seoul: Salim, 2006. Print.
  [레스쿠레, 마리안느. 『레비나스 평전』. 변광배 · 김모세 역. 서울: 살림, 2006.]
- Levinas, Emmanuel. "Ethics as First Philosophy." *The Levinas Reader: Emmanuel Levinas*. Ed. Sean Hand. Cambridge: Blackwell, 1992: 75-87. Print.
- _________. *Existence and Existents*. Trans. Alphonso Lingis. Pittsburgh: Duquesne UP, 1978. Print.
- _________. "God and Philosophy." *The Levinas Reader: Emmanuel Levinas*. Ed. Séan Hand. Cambridge: Blackwell, 1989: 166-189. Print.
- _________. "Is Ontology Fundamental?" *Emmanuel Levinas: Basic Philosophical Writings*. Eds. Adriaan T. Peperzak, Simon Critchley, and Rob. Bloomington: Indiana UP, 1996: 1-10. Print.
- _________. *Otherwise Than Being*. Trans. Alphonso Lingis. Pittsburgh: Duquesne UP, 1998. Print.
- _________. "Substitution." *Emmanuel Levinas: Basic Philosophical Writings*. Eds. Adriaan T. Peperzak, Simon Critchley, and Rob. Bloomington: Indiana UP, 1996: 80-95. Print.
- _________. *Totality and Infinity*. Trans. Alphonso Lingis. Pittsburgh: Duquesne UP, 1969. Print.
- _________. "Useless Suffering." Trans. Richard Cohen. *The Provocation of Levinas*. Ed. Robert Bernasconi and David Wood. London: Routledge, 2014: 156-167. Print.
- Miller, Arthur. "A Conversation with Arthur Miller." *The Theater Essays of Arthur Miller*. Eds. Robert A. Martin & Steven R. Centola. New York: Da Capo, 1996: 485-499. Print.

- _________. *After The Fall*. New York: Penguin Books, 1980. Print.
- _________. *All My Sons*. New York: Penguin Books, 2000. Print.
- _________. "An Interview with Arthur Miller." *The Theater Essays of Arthur Miller*. Eds. Robert A. Martin & Steven R. Centola. New York: Da Capo, 1996: 419-435. Print.
- _________. *Incident at Vichy*. New York: The Viking P, 1965. Print.
- _________. "The Family in Modern Drama." *The Theater Essays of Arthur Miller*. Eds. Robert A. Martin & Steven R. Centola. New York: Da Capo, 1996: 69-85. Print.
- _________. "The Shadows of the Gods." *The Theater Essays of Arthur Miller*. Eds. Robert A. Martin & Steven R. Centola. New York: Da Capo, 1996.: 175-194. Print.
- _________. *Timebends: A Life*. New York: Grove Press, 1987. Print.
- Mottram, Eric. "Arthur Miller: the Development of a Political Dramatist in America." *Arthur Miler: A Collection of Critical Essays*. Ed. Robert W. Corrigan. Englewood Cliffs, N. J.: Prentice-hall, Inc, 1969: 23-58. Print.
- Nelson, Benjamin. *Arthur Miller: Portrait of a Playwright*. New York; David Mckay Company, Inc, 1970. Print.
- Otton, Terry. "Artur Miller and the Temptation of Innocence." *The Achievement of Arthur Miller: New Essays*. Ed. Steven R. Centola. Dallas: Contemporary Rearch P, 1995: 109-118. Print.

아서 밀러의 극에 나타난 얼굴의 형이상학과 에마뉘엘 레비나스의 얼굴 철학

아서 밀러(Arthur Miller)의 주요 극들에는 얼굴이라는 낱말이 반복적으로 또한 지속적으로 사용된다. 그런데 이 낱말이 다른 작가들의 경우에서처럼 일상적인 의미로 사용되고 있지 않음을 주목해야 한다. 왜냐하면 밀러가 그의 극들에서 사용하는 얼굴의 의미는 레비나스(Emmanuel Levinas)가 그의 타자철학에서 개념화한 얼굴의 의미로 해석할 때 전자가 사용한 어의에 가장 가깝기 때문이다.

레비나스의 타자철학에서 우리가 마주하는 타자의 얼굴은 가시적인 형상을 넘어 무한한 초월적 사랑의 지고함(highness)을 의미한다. 얼굴과 얼굴의 관계는 칸트(Immanuel Kant)적 범주 하에 존재하는 객체의 인식에 머물지 않는다. 레비나스에게 얼굴은 우리가 바라보거나 만질 수 있는 물리적인 대상을 넘어선 무엇을 의미한다. 레비나스는 얼굴을 정의하면서 발가벗음(nudity)이 얼굴이라고 주장한다. 그는 얼굴의 발가벗음은 내가 그것을 드러내기 때문에 나에게 현존하는 것이 아니므로 나에게, 나의 눈에, 나의 지각에 현존하는 것이 아니라고 말한다. 그는 "얼굴이 나에게로 향하는데, 이것이 바로 발가벗음이다"(*Totality and Infinity* 74-5)라고 말한다. 타자의 얼굴에 내재한 성스러움의 발견은 주체가 완전히 폐위된 비움의 상태에서 가능하다. 레비나스는 우리 모두가 타자에서 자그마한 신적 존재를 발견해 준다면, 이 세상에서의 모든 잔악한 폭력과 야만적 살육은 사라질 수 있으리라는 희망을 포기하지 않는다.

밀러의 극에서 얼굴이란 낱말은 일관되게 형이상학적 의미를 띠는데, 그 까닭은 얼굴은 일반적 어의 그 자체를 넘어서는 철학적 의미를 함축하고 있기 때문이다. 밀러가 특히 극중 인물이 자기 자신의 진실에 직면하게 되는 극적 순간에 얼굴이란 낱말을 사용할 때, 그 얼굴의 의미는 일상적 어의를 넘어선다. 밀러에게 얼굴을 들고 다닌다는 것은 인간답게 존재하는 것을 의미하고, 타자를 환대함은 타자의 얼굴에서 해칠 수 없다는, 살인할 수 없다는 인간의 성스러움을 발견했다는 것을 의미하며, 타자에게서 성스러움을 보지 못한다는 것은, 절대적으로 살인의 불가능성을 보지 못한다는 것은 인간으로서의 면목을, 곧 인간으로서의 윤리를 잃었다는 것을 의미한다. 이러한 맥락에서 이제부터 밀러가 그의 극에서 사용하는 얼굴의 의미를 레비나스의 얼굴 철학을 통해 보다 구체적으로 규명해 보고자 한다.

『모두가 내 아들』(*All My Sons*)에서 조 켈러(Joe Keller)가 한 때 저지른 어두운 과거는 아들 래리(Larry)와 크리스(Chris)의 가치관과 현저하게 대조되어 조명된다. 래리는 부친이 저지른 군납비리에 대해 극도의 수치심을 드러낸다. 그러면서 자신은 "얼굴을 들고 다닐 수가 없어"(I can't face anybody)(83)라고 말하는데, 그가 누군가의 얼굴을 마주칠 수 없다는 것은 자신이 더 이상 얼굴을 들고 다닐 수 있는 도덕적인 존재가 될 수 없다는 것을 의미한다. 크리스도 "무한한 애정을 가진 사람"(A man capable of immence affection)(11)으로서 "얼굴을 가리면서 울먹이는데"(covering his face as he weeps)(71), 그 역시 더 이상 양심의 가책으로 얼굴을 들고 다닐 수 없다고 생각한다.

레비나스는 타자의 얼굴에는 신의 성스러움이 내재한다고 보아 인간의 얼굴은 신의 사랑이 현현하는 성전으로 본다. 크리스가 바라는 세상은 인간이 서로의 얼굴을 마주 보고 사는데 거리낌이 없는 사회이다. 냉혹한 자본주의 철학에 매몰되어 타자의 존재를 망각한 조는 크리스에게 "크리스, 인간은 이 세상에서 예수처럼 살 수는 없어!"(Chris, a man can't be a Jesus in this world!)(83) 라고 말한다. 조는 이 범속한 세상에서 인간이 예수처럼 희생적 삶을 살 수는 없다고 말한다. 자신이 저지른 범죄행위는 자본주의 사회에서 누구나가 저지를 수 있는 행위라고 변명하면서, 자신에게 면죄부를 주려 한다. 크리스가 맞서고자 하는 것은 전혀 양심의 가책 없이 악을 저지르면서도 "신의 목소리"(the voice of God)(56)를 가진 듯이 타자를 가차 없이 심판하는 자들의 폭력적 독선이다. 레비나스는 우리의 책무는 이름 없는 신과 투쟁하는 것이 아니라, 타자의 표정에, 타자의 계시에 응대하는 데 있다고 보는데, 마찬가지로 크리스가 갈망하는 세계도 바로 타자를 이방인으로 홀대하지 않고 환대하는 세상이다.

밀러의 대표작인 『세일즈맨의 죽음』(*Death of A Salesman*)에서 주인공 윌리는 가족에 대한 사랑을 몸소 실천하려고 하지만 아메리칸 드림에 집착하여 가족과의 소통은 물론이고, 가족에 대한 책임을 진정한 의미에서 짊어졌다고 보기는 힘들다. 윌리는 가족과의 삶에서 자신의 동일성을 일방적으로 강요하는 언어를 동어반복적으로 사용한다. 레비나스는 타자와의 소통과 타자를 향한 초월은 탈소유로부터 가능하다고 말하는데, 윌리는 자신의 아들의 성공에 대한 집착을 탈소유하기는커녕 갈수록 절망 속에서도 그 집착에서 한 발짝도 물러서기를 거부한다. 레비나스는 벌거벗음 너머의, 형식 너머의 허물벗기가 서로의 화해와 용서를 가능케 하며, 존재 저편에 있는 책임, 고통의 발견 속에서, 말함의 성실성, 솔직성, 진실함에서 존재는 변화된다고 말한다 (*Otherwise Than Being* 15). 그러나 이 극에서 비프는 자신의 성공에 집착하는 아버지에게 이 집안에서는 단 한 번도 진실을 말한 적이 없다며 아버지의 벌거벗음을 요구하지만 아버지는 이를 완강히 거부한다. 비프는 아버지의 과도한 기대감으로 인해 자신이 좌절된 삶을 사는 것에 대해 아버지를 원망하면서도 다른 한편으로는 아버지의 꿈을 대신 이루어주지 못한 것에 대해 고통스러운 연민을 느낀다. 그는 아버지의 희망을 완전히 짓밟을 수 없어 한때 근무했던 스포츠 용품 사업을 하는 빌 올리버(Bill Oliver) 사장을 찾아가지만 수시간 넘게 기다리는 수모를 당하게 되고, 자신도 모르게 무심결에 올리버 사장의 만년필을 집어들고 나온다. 비프는 아버지의 기대를 한순간에 망쳐버린 것을 알아차리고 "난 아버지의 얼굴을 볼 수가 없어!"(I can't bear to look at his face!)(216)라고 울먹이며 슬픔을 보인다. 비프는 누구의 탓이든 성장과정에서 여러 차례 남의 물건에 손을 댄 적이 있고, 부지불식간에 올리버의 만년필에 손을 댄 것을 알고서는 자신이 여전히 과거에 머물고 있음을 깨닫는다. 그는 자신의 모습을 있는 그대로 직시하면서 자신이 아무것도 아닌 존재임을 깨닫게 되고, 이 사실을 아버지도 인정해 주기를 바란다. 또한 비프가 수학 과락문제를 해결하기 위해 보스턴에 아버지를 만나기 위해 갔을 때 그는 호텔방 앞에서 아버지를 마주친다. 밀러는 이 장면에서 윌리는 "어린 비프와 마주보고 있다"(facing young Biff)(220)라고 묘사한다. 밀러는 동사로 "마주함"(facing)을 사용하고 있는데 이는 "마주함" 자체의 어의를 벗어나서 이제 아버지가 아버지로서 비프 앞에 얼굴을 들고 다니게 힘들어진 사건의 시발점임을 암시하는 것이다.

극이 종막에 이르면서 비프는 아버지와 가족 간에 더 이상 감출 것 없는 진정한 소통을 애원한다. 그가 자신은 시간당 일 달러를 버는 보잘 것 없는 인간임을 인정해 달라고 무릎을 꿇자, 윌리는 아들의 얼굴을 쓰다듬는다. 레비나스는 주체가 타자에게 진정으로 가까이 다가가기인 근접성(proximity)은 타자에 대한 얼굴과 살갗을 직접 맞대는 접촉, 애무 속에서 가능하다고 본다(*Otherwise Than Being* 85). 레비나스가 사용하는 근접성은 두 지역 사이의 공간적 가까움을 의미하는 것이 아니라 진정한 인간다움을 의미하고, 애무의 개념은 어루만짐 같은 손으로 만지는 감각과는 무관하다. 레비나스는 얼굴을 마주보는 근접성은 타자에 대한 배려, 이해, 박애에 뿌리를 둔다. 떠나기 전에 비프는 아버지를 껴안는 접촉을 통해 아버지와 진정으로 마음을 열고 화해하기를 청한다. 레비나스는 이러한 애무는 미래의 희망과 연결되며, 이것은 심리학적으로 보면 연민의 효과라고 말한다(*EE* 154). 레비나스는 주체의 주제화된 접근은 타자에 대한 동일성의 접근이므로 이러한 접근은 진정한 교감과 친밀성을 고양시키지 못하며, 오히려 파괴시킨다고 보는데, 윌리는 이러한 접촉과 애무에 아직 낯설어한다. 왜냐하면 윌리는 비프에 대해 주제적인 대상화를 계속시켜왔으며, 그런 까닭에 비프가 보낸 촉감과 애무의 친밀성을 진정으로 반응하지 못한다. 아버지와 아들 간의 촉감의 친밀성이 굳어져 이미 파괴된 지 오래이기 때문이다. 레비나스는 허식을 벗어던진 고백 속에서 불가능이 가능해지고, 진실로 나가는 일이 가능하다고 강조한다(*EE* 71-3). 윌리는 아직도 비프와 얼굴을 마주보는 근접성을, 촉감을, 애무를 받아들이지 못한다. 왜냐하면 윌리는 아직도 비프를 타자로서 놓아줄 준비가 되어 있지 않기 때문이다. 여기에 윌리의 비극이 있다.

『시련』(*The Crucible*)에서 밀러는 기독교적인 신도, 형이상학적인 신도 더 이상 존재하지 않는다고 믿는다. 그는 인간과의 관계로부터 절연된 신에 대한 앎은 존재하지 않는다고 본다. 레비나스는 타자는 형이상학적 진리의 거처이고 신과 인간의 관계의 중심축이라고 본다(*Totality and Infinity* 79). 밀러도 형이상학은 윤리적 관계에서 실행되며 여기서 의미를 끌어내지 않고서는 신학적 개념은 공허한 형식이라고 본다.

이 극에서 프록터는 댄포스를 바라보며 "나는 루시퍼의 발걸음 소리를 듣는다. 나는 그의 더러운 얼굴을 본다! 그리고 그것이 나의 얼굴이고, 당신의 얼굴이다"(I hear the boot of Lucifer, I see his filthy face! and it is my face, and yours)(119-120)라고 말하며 인간의 얼굴이기를 포기한 댄포스의 전체주의적 폭력을 비판한다. 프록터는 댄포스의 마녀사냥 속에서 루시퍼의 발걸음 소리를 그리고 그의 더러운 얼굴을 본다. 더러움이란 인간의 얼굴에서 성스러움을 보려하지 않고 결점을 찾아내어 타자를 흠집내려는 비열함을 말한다.

레비나스처럼 밀러는 집단적으로 타자의 결점에 흠집을 내어 파멸시키는 더러운 얼굴의 군상들을 비판하며 우리 모두는 죄인이라는 겸허함 속에 타자의 얼굴의 성스러움을 보아야 한다고 말한다. 무고한 사람들을 마녀사냥식으로 처형하는 성직자들이 오히려 혹독한 차별주의자로서의 더러운 얼굴을 드러낸다는 것은 아이러니하다. 해일 목사가 법정에서의 애비게일의 증언이 위증이라고 말하자(114), 메리 워렌이 마치 주술을 부려 천정에서 새가 내려와 발톱으로 자기 얼굴을 쪼아대려 한다는 듯한 환상을 거짓으로 꾸며내며, "신께서 내 얼굴을 만드셨으니, 넌 내 얼굴을 찢으려 할 수는 없지"(God made my face; you cannot want to tear my face)(114)라고 말한다. 애비게일은 위증으로 다른 무고한 사람이 악과 결탁하여 주술을 부리는 것처럼 덮어씌우는 악행을 행하면서도 아이러니하게 자신의 얼굴이 신의 형상을 본떠서 만든 신성한 것임을 내세운다. 애비게일은 인간의 얼굴은 신이 만들었으니, 자신의 얼굴에 모욕을 가할 수 없다고 주장한다. 자신의 얼굴이 진실을 말하고 있다는 것이다. 그러나 실상 애비게일은 그녀의 추악한 거짓으로 자신의 얼굴을 스스로 찢어놓은 셈이 된다.

밀러 극에서 어떤 극중 인물이 자신의 동일성의 폭력에서 벗어나 타자를 독립된 개체로서 존엄성을 인정하는 자각에 이르게 될 때 그는 육체적인 접촉을 시도한다. 그것은 포옹일 수도, 어루만짐일 수도 있지만 가장 중요한 것은 얼굴의 마주봄이며, 얼굴의 쓰다듬음이다. 밀러는 인간의 존귀함과 성스러움을 얼굴이란 제유법을 사용하여 표현하고 있다. 밀러는 프록터를 통하여 집단적으로 타자를 마녀사냥하여 파멸시키는 군상들의 세계를 보여준다. 그는 인간 모두가 죄인이라는 겸허함 속에서 타자의 얼굴에서 신성을 보아야 한다고 말한다. 이러한 밀러의 얼굴에 대한 윤리적 강조는, 나아가 애비게일의 이 말은 역설적으로 인간의 얼굴에 신이 깃들이 있다고 보는 레비나스의 얼굴의 형이상학을 떠올리게 한다. 곧 타자의 얼굴은 신성한 것이며, 모든 이들은 타자를 심판할 수 없는 자기 자신의 죄를 가지고 있다는 것이다. 즉 누구나가 죄인이라는 것이다.

『다리위에서 본 전망』(*A View from the Bridge*)에서 마르코는 체포되어 가던 중 에디의 얼굴에 침을 뱉는다. 그런데 이러한 행위는 인간에게 가해질 수 있는 가장 모멸적인 모욕이다. 레비나스에 따르면 타자의 얼굴은 성스러운 현전으로서 결코 어떤 사기, 기만의 의심이 있는 현실의 실상과는 일치하지 않는다고 말한다(*Totality and Infinity* 202). 레비나스는 사회가 인간 간의 형제애를 중시하는 범인류적 공동체이어야 한다고 봄으로써 타자의 얼굴에서 성스러움을 발견하고 타자에 대한 책임 속에서 타자의 얼굴에 다가서는 인간적 형제애를 강조한다. 그러므로 레비나스는 얼굴의 현존은 인간적 형제애로 끌어오는 박애의 은유로써 타자의 기근에 귀를 기울여 타자를 책임지게 하는 힘으로 본다. 그는 인간은 서로가 현 세계에서 우연히 마주치는 이방인이며, 과부이며, 고아이므로 서로에 대해 책임이 있다고 보는데, 밀러가 이 극에서 강조하는 것도 이러한 타자철학이다.

이 극에서 브루클린 사회는 인간의 얼굴에서 타자에 대한 연민, 이해, 포용이 아니라, 기만, 사기, 속임수를 본다. 밀러는 타자가 현전하는 얼굴에 동일성을 강요하고 그것에 폭력을 행사하는 것을 가장 비문명적인 것으로 비판한다. 다원화된 이질적인 세계에서 타자에 대한 진정한 환대 정신은 자신의 동일성의 체계로 타자를 끌어들이려고 하지 않으며 폭력적 강압에 의한 혐오에 노출시키지 않는다는 데에 있다고 보는 것이다. 마르코는 에디의 밀고를 자신을 죽인 살인행위와 동일시한다. 그는 그의 가족을 부양할 생계 수단을 잃었기 때문이다. 밀러는 폭력에 대해 폭력으로 응징하는 사회 현실에 대해 비판적인 태도를 보여준다. 에디의 밀고는 폭력에는 폭력으로, 피에는 피로 응징하는 시실리안 법이 이 지역에 다시 들어섬을 의미한다. 마르코가 주먹과 보복을 통한 응징에 기대려고 하자 알피에르는 "이 손은 신이 아닐세…. 오로지 신만이 정의를 심판하시네"(This is not God…Only God makes justice)(79)라고 말하며 주먹의 사용을 반대한다.

밀러는 현 시대에 종교적인 신앙과 숭배는 사라졌으며, 신처럼 권력을 휘두르는 종교가 득세한다고 말한다("The Shadows of the Gods" 181). 신에 군림하는 종교는 정치적, 경제적 권력을 쥐기 위해 수단과 방법을 가리지 않는 폭력의 신일 수도 있는 것이다. 그러므로 폭력의 신 대신에 밀러가 대안으로 찾는 신을 반드시 기독교적인 신으로 볼 필요는 없다. 밀러에 관한 한 타자에 대한 배려와 사랑 그리고 용서, 이것이 바로 인류가 필요한 윤리인 동시에 신인 것이다. 레비나스도 타자의 얼굴에 나타나는 초월적 무한성을 통해서만 살인의 부정이 가능하다고 본다. 그러한 점에서 밀러의 윤리철학은 레비나스의 윤리학에 가까이 다가간다.

그러나 브루클린에서는 시실리언 법이 지배한다. 브루클린의 현실에서 밀러가 윤리학의 정초로 보는 타자의 환대는 가로질러 넘을 수 없는 벽이다. 그곳에서 타자의 살인은 윤리적 불가능성으로 다가오는 것이 아니라 나를 지키기 위한 주체의 정당한 동일성의 회복으로 합리화되고, 정당화된다.

『전락 이후』(*After the Fall*)에서 밀러는 이질적 타자를 반동분자로 분류하여 인민재판을 열어 여론몰이를 하는 사회, 힘없는 타자에게 동일성의 폭력을 휘두르는 전체주의 사회가 자신의 주변에 들어서고 있음을 우려한다. 특히 나치의 전체주의의 악몽이 채 가시기도 전에 매카시즘적 전체주의의 폭력이 다시 동시대를 휩쓰는 것을 직접 목격하면서 밀러는 인간의 잔악성을 피부로 느낀다. 그는 현대사회에서 타인에 대한 준엄한 심판만이 존재하는 삶의 무의미와 공허, 절망을 극복하는 지렛대로써 인간 본연의 윤리성 회복을 갈망한다. 그리고 밀러의 이러한 고민이 이 극에 깊이 투영되고 있다.

이 극의 개막장면에서 퀜틴은 최근에 독일에서 알게 된 고고학자인 홀가(Holga)와 포로수용소를 둘러본다. 퀜틴은 독일의 나치 정권이 수많은 유태인들을 살육한 포로수용소의 감시 타워를 하나의 얼굴로 비유한다. 그에게 그 감시 타워의 얼굴은 타자를 복종시키고 노예화하고 착취하고 감시하고 밀고하는 얼굴로 보인다. 나치의 비인간적인 전체주의 하에서 인간의 얼굴은 더 이상 인간애를 낳는 사랑의 표징이 아니다. 『비시에서 일어난 일』에서 독일인 인종학 교수가 인종을 분류하여 유대인을 말살하려 드는 것처럼 얼굴은 차별과 구분의 기호로 전락하게 된다. 지문에서 안구 홍채로 사람의 신원을 확인하는 시대로까지 과학이 발달했지만 밀러가 살던 시대의 사람을 구별하던 방법은 바로 얼굴이었다.

나치에게 얼굴은 인종차별의 기표였던 것처럼, 현대 사회에서도 얼굴은 여전히 차별의 기표로 통용된다. 동시대에 제2차 세계대전의 참극과 매카시즘의 전체주의적 야만성을 몸소 체험하면서 밀러는 신의 형상을 본떠 창조된 인간의 얼굴이 존엄의 대상이 아닌 구분과 차별의 대상으로 전락함을 목격하게 된다. 그리고 그러한 인간의 야만성을 목격하면서 기존의 유대-기독교의 전통만으로는 우리 사회의 인간성 회복이 가능하지 않다고 믿게 되었다.

밀러는 퀜틴의 말을 통해 레비나스의 얼굴 철학을 극명하게 보여준다. 퀜틴의 진심을 드러내는 말에 감동하여 메기는 “당신은 신과 같아요”(you're like a god)(80)라고 말하는데, 그녀의 말은 레비나스의 얼굴 철학의 핵심을 잘 드러내 주고 있다. 레비나스는 모두가 타자를 자그마한 신적 존재로 여겨 준다면 이 지상의 모든 야만적 행동과 인간 살육은 없어질 수 있다고 믿는다. 레비나스는 그동안 타자를 배려하는 윤리철학이나 종교가 없어서 이 세상이 모질게 전락한 것이 아니라, 인간이 그러한 윤리와 종교 정신을 실천하지 않기 때문이라고 역설한다. 숀 핸드(Sean Hand)는 레비나스의 얼굴 철학에 있어서 "얼굴이란 용어는 나에게 현존하는 타자는 내 마음에 있는 타자에 대한 모든 생각을 초월하는 방식을 의미한다"(The term face here denotes the way in which the presentation of the other to me exceeds all idea of the other in me)(5)고 말한다. 퀜틴은 수용소 놀탑을 바라보면서 생김새에 대해 말한다.

> 이제 텅빈, 공허하기조차 한 타워도 얼굴을 가지고서 묻는 듯합니다, 이보다 더 확실한 것이 어디에 있느냐고?
>
> ....Even hollow now and empty, it[the tower] has a face, and asks a sort of question: What do you believe as true as this? (25)

밀러는 감시 타워를 얼굴을 가진 물체로 은유화한다. 그런데 그 감시 타워는 타자를 감시하는 눈초리를 가진 얼굴 모양을 하고 있다. 그 얼굴에는 인간이 지닐 수 있는 어떤 성스러움도 깃들어 있지 않다. 이 타워의 얼굴은 되레 타자를 노예화하기 위해 감시하는 얼굴이다. 타자는 믿음의 대상이 아니라 발고의, 제거의 대상이다. 퀜틴이 수용소의 감시 타워를 바라보며 죄책감을 느끼자 홀가는 "그의 얼굴을 어루만진다"(touches his face)(30). 이 극에서 밀러는 타자를 마주 바라보며 얼굴을 어루만지는 자들과 친구가 특위에 심문을 받음을 알자 얼굴 표정이 돌처럼 변하는 자(41), 그리고 돌같이 굳은 얼굴로 "그의 머리를 콘크리트 바닥에 짓뭉개버리는"(smash[ing] [his] head on a concrete floor)(25) 자들을 대조시킨다. 퀜틴의 죄책감을 보고 홀가는 "그들 손에 살아남아 있다고 해도 무죄일 수는 없어요"(no one they didn't kill can be innocent again)(30)라고 말한다. 홀가는 우리 모두가 어느 정도는 나치 정권의 만행을 좌시한 방관자로서 죄로부터 방면될 수는 없다고 보는 것이다.

> 아는 것이 전부인가요? 죽이고자 하는 욕망은 결코 죽지 않지만, 용기라는 선물로 우리는 그 욕망이 나타날 때 그 얼굴을 직시하여, 그것도 사랑의 어루만짐으로…용서할 수 있습니다.
>
> Is the knowing all? And the wish to kill is never killed, but with some gift of our courage one may look into its face when it appears, and with a stroke of love...forgive it.(120)

홀가의 물음은 인간은 타자의 얼굴을 마주보고 거기에서 성스러움을 발견해야 한다는 레비나스의 얼굴 철학에 근접한다. 여기서 얼굴은 레비나스가 말하는 총체적인 한 인간이 인간으로서 마땅히 존엄성을 인정받아야 할 인격성의 상징인 것이다. 나치 정권의 얼굴을 돌덩이같이 화석화된 굳은 얼굴에 비유한 레비나스는 대홍수에서 살아남은 테우칼리온(Deucalion)[1]이 등 뒤로 던진 돌들이 인간으로 변했듯이,

---

1) 프로메세우스의 아들로 대홍수에서 살아남아 테미스(Themis) 신에게 다시 지구를

돌의 마음을 가진 인간들이 도시로 몰려들었다고 본다(*Otherwise Than Being* 159). 그러한 돌덩어리 같은 얼굴은 아무 것도 느낄 수 없다. 그러므로 나치 정권의 부역자들은 철면피한 인간 살육을 저지르고도 얼굴을 치켜들고 전후 재판정에 들어설 수 있는 것이다. 레비나스처럼 밀러도 이러한 자들에게는 얼굴이 없는 것으로 본다. 부끄러워할 얼굴이 없는 것이다. 밀러는 퀜틴을 통해 삶이란 "타자가 존재한다"(another person exists.)(49)는 것에 대한 각성이라고 말한다. 이는 밀러가 자아를 초월하여 타자를 환대하는 데서 윤리적 휴머니즘이 비롯된다고 보고 있음을 입증한다. 밀러는 바로 이 지향점에서 레비나스의 얼굴 철학과 맞닿아 있다.

『비시에서 일어난 일』(*Incident at Vichy*)에서 밀러는 유대인으로서 "모든 인간은 유대인이다"(all human beings are Jews)라는 생각을 뚜렷이 보여주고 있다. 그는 이 세계에서 타자를 유대인으로 보는 차별적 시각을 문제 삼고 삼고 있는 것이다. 마찬가지로 레비나스도 "모든 인간은 유대인이다"(all human beings are Jews)라고 주장한 바 있다(Simon Critchley "Introduction" 23).

레비나스는 책임은 타자를 위함이고 벌거벗음이며 자신을 제시하지 않으며 자신의 자리를 잃고, 망명하고, 자신을 쫓아 보내는 것이라고 말한다(*Otherwise Than Being* 138). 그는 타자에 대한 책임과 자아의 대속을 그의 윤리학의 정초로 삼는다. 그러므로 레비나스는 타자에 대한 책임과 대속은 자신에 반(反)하여 자신의 살 속에 타자를 가짐과 같은 육화, 달리 말하면 동일자 속에 타자성을 들여놓을 수 있는 마음

소생시킬 것을 부탁하여 등 뒤로 돌을 던져 인간으로 변하게 했음.

이라고 규정한다(*Otherwise Than Being* 114-5).

이 극에서 밀러가 폰 베르크를 통해 구현하는 타자 윤리학도 타자에 대해 책임지고 대속하는 것은 타자의 불행과 파산 그리고 타자의 짐까지도 짊어지는 것이라는 것을 보여준다. 밀러의 타자에 대한 책임과 대속에 대한 정의는 폰 베르크가 취조실로 들어가는 순간에서부터 시작된다. 마침내 폰 베르크와 르덕은 서로 얼굴을 마주보며 교감한다.

> [그는 그의 얼굴을 손으로 가린다]...폰 베르크는 르덕에게로 향하자, 르덕은 그를 바라보더니 따듯하게 미소를 지으며 돌아선다.
>
> [he covers his face with his hands]....Von Berg turns back to Leduc, who glances up at him and smiles with warmth, then turns away. (201)[2)]

레비나스도 타자에 대한 사랑과 환대는 이성에 뿌리를 두지 않으며, 이성을 초월하는 데서 가능하다고 본다. 모든 타협과 모든 혼탁한 오염에 거리를 두는 "얼굴과 얼굴이 마주하는 이러한 단도직입성"(straightforwardness of the face to face)(*EEP* 82-83)이 존재하지 않는다면, 인간은 행위의 실천적 차원을 넘어설 수 없다고 본다. 레비나스가 "얼굴의 바라봄은 더 이상 바라봄이 아니며 듣기이며 말함이다"(the vision of the face is no longer vision but audition and

2) 버나드 월든펠즈는 레비나스의 얼굴이 플라톤의 영혼의 눈길(공화국)을 상기시키기도 하고 하이데거의 전회(a turning) (Kehre)(순간)을 떠올리기도 한다고 말한다. 얼굴은 내가 타자에 의해 불려지는 것이며, 종교적 용어를 사용한다면, 일종의 에피파니epiphany)라는 것이다(Cambridge Companion 67: Bernhard Waldenfels "Levinas and the Face of the Other").

speech)("Is Ontologiy fundamental?" 10)라고 말했듯이, 여기서 폰 베르크의 듣기는 상대방의 두려움에 귀를 기울이는 적극적 태도를 가리키며, 말함은 타자를 향하는 침묵에 가깝다. 레비나스에 따르면 얼굴은 보여지지도, 만져지지도, 시각적이지도, 촉각적이지도 않다. 왜냐하면 시각적, 촉각적 지각에서는 나라는 동질성이 하나의 내용물이 되는 대상의 타자성을 포괄할 수 없기 때문이다. 타자의 타자성은 그를 나로부터 분리시키는 어떤 속성, 즉 인종, 피부색의 차이, 신분의 차이에 의존하지 않는다. 레비나스가 타자의 표성에, 타사의 계시에 응대함에 신의 성스러움이 내재한다고 말하는데, 폰 베르크가 르덕에게 보이는 표정은 레비나스가 얼굴의 환대라고 부르는 것과 일치한다.

이 극에서 나치는 무소불위의 권력으로 타자를 제압할 수 있으며 죽일 수 있다고 생각하는 무법자이며 살인자로 등장한다. 이에 반하여 밀러가 제시하는 윤리는 이와 정반대이다, 그는 타자가 나의 부끄러움을 발원케 하고 타자 자신이 나를 지배하는 것으로서 나의 "양심은 타자를 환대한다"(conscience welcomes the Other)(*Totality and Infinity* 84)는 레비나스의 얼굴의 형이상학과 궤를 같이한다.

폰 베르크가 들어간 사이에 르덕은 칼을 꺼내 자결하려 결심한다. 바로 그때 폰 베르크 나와서 그에게 백지 통과증(a white pass)을 건네준다. 폰 베르크는 타자를 위하는 자의 무한책임, 존재가 대속으로 전환되는 나의 자아로부터 타자를 위해 타자에게 응답하는 대속을 실천한다. 레비나스는 이 순간을 윤리적 휴머니즘의 견지에서 신이 육화된 에피파니적 순간으로 보는데, 이 순간에 인간에게서 신성이 목격된다고 주장한다. 타자에 대해 책임을 지는 인간의 대속의 행위는 인간 간의 연민에 의한 유대가 세상에서 가능하도록 해주는 성스러움의 차원으로 올라서게 된다고 본다. 마찬가지로 밀러는 폰 베르크의 타자에 대한 책임과 대속 속에서 성스러움, 지고함이라는 최고의 윤리를 본다.

결 론

이제까지 밀러의 주요 극들에서 밀러가 지속적으로 사용하는 얼굴이라는 낱말이 일반적인 어의를 넘어서 어떤 상징적인 의미를 띠고 있는지를 살펴보았다. 나아가 밀러가 그의 극에서 투영시킨 얼굴의 형이상학은 레비나스의 얼굴 철학에 의해 더 깊이 천착해 낼 수 있다는 사실을 보여주었다.

『모두가 내 아들』에서 크리스가 아버지의 행동에 얼굴을 들지 못하고 마주보지 못하는 행위에도, 『세일즈맨의 죽음』에서 윌리가 비프의 얼굴을 쓰다듬는 행위에도, 『시련』에서 프록터가 댄포스를 바라보며 인간의 얼굴이기를 포기한 그의 마녀사냥적 폭력을 비판하는 데서도, 『다리위에서 본 전망』에서 브루클린 사회가 인간의 얼굴에서 타자에 대한 연민, 이해, 포용이 아니라, 타자의 망각을 보는 데서도, 나아가 『전락 이후』에서 메기가 쿠엔틴에게 신을 보는 것 같다고 말할 때도, 홀가(Holga)가 얼굴을 직시하고, 사랑의 어루만짐으로 인간은 서로 용서할 수 있다고 말할 때도, 『비시에서 일어난 일』에서 나치의 인종학 교수가 유대 인종을 가려내어 말살하듯이 나치에게 얼굴은 인종차별의 기표였다고 보는 데서도 밀러가 그의 극들에서 구현하고자 한 얼굴에서 성스러움을 발견할 수 있었다. 그는 그의 극 전반에 걸쳐서 얼굴의 형이상학을 통해 인간의 존엄성, 곧 절대 해할 수 없는 인간의 성스러움이라는 그의 윤리학을 보여주었다.

레비나스가 타자의 얼굴은 성스러움의 발견이고 타자에 대한 책임을 담보하는 초월적인 형이상학이며, 타자의 얼굴을 결코 주체의 어떤 이기적인 목적으로 폄훼할 수 없는 성스러운 현전으로 본 것처럼, 밀러도 그의 극에서 얼굴의 형이상학을 통해 타자의 얼굴에서 성스러움을 발견하고 타자에 대한 책임을 담보할 때만 우리는 타자에게 다가서는 형제애를 구축할 수 있다고 믿었다. 밀러는 이러한 인간적 형제애는 타자의 처지에 연민을 느끼고 이에 귀를 기울이는 인간애의 회복에 의해서만, 윤리성의 회복에 의해서만 가능하다고 보았다. 레비나스가 현 시대상황에서 기독교적인 신과 형이상학적인 신과 거리를 두고 타자를 바로 형이상학적 진리의 거처로 삼은 것처럼, 밀러도 유대교의 종교적 차원을 넘어 타 인종, 타 문화에 대해서 사랑과 화해 정신에 기초한 휴머니즘을 강조하였다. 그리고 밀러의 이러한 타자윤리학은 그의 주요 극들에 나타난 얼굴의 형이상학에서 더욱 뚜렷이 드러남을 분석해 보았다.

인용문헌

- Balakian, Janet N. "The Holocaust, the Depression, and McCarthysm: Miller in the Sixties." *The Cambridge Companion to arthur MIller*. Ed. Christopher Bigsby. Cambridge: Cambridge UP, 2010: 118-140.
- Clurman Harold. Arthur Miller's Later plays. *Arthur Miler: A Collection of Critical Essays*. Ed. Robert W. Corrigan. Englewood Cliffs, N. J.: Prentice-hall, Inc., 1969.
- Critchley, Simon and Robert Bernasconi (eds). "Introduction." The Cambridge Companion to Levinas. Cambridge: Cambridge UP, 2002.: 1-32.
- Derrida, Jacques. *The Gift of Death*. Trans. David Wills. Chicago: The Univ. of Chicago Press, 1995.
- Hand, Séan (ed). *The Levinas Reader*. Cambridge: Blackwell, 1989.
- Heidegger, Martin. *Being and Time*. Trans. Macquarrie & Eduard Robinson. Oxford Basil Blackwell, 1973.
- Levinas, Emmanuel. "Essence and Disinterestedness." *Emmanuel Levinas: Basic Philosophical Writings*. Eds. Adriaan T. Peperzak, Simon Critchley, and Rob. Bloomington: Indiana UP, 1996: 98-122. Print.
- ________. *Ethics and Infinity*. Trans. Richard A. Cohen. Pittsburgh: Duquesne UP, 1985. Print.
- ________. *Existence and Existents*. Trans. Alphonso Lingis. Pittsburgh: Duquesne UP, 1978. Print.
- ________. "God and Philosophy." *The Levinas Reader*. Ed. Séan Hand. Cambridge: Blackwell, 1989: 166-189. Print.
- ________. *Otherwise Than Being*. Trans. Alphonso Lingis. Pittsburgh: Duquesne UP, 1998. Print.
- ________. *Time and the Other*. Trans. R. A. Cohen. Pittsburgh:

Duquesne UP, 1987. Print.

- ________. *Totality and Infinity*. Trans. Alphonso Lingis. Pittsburgh: Duquesne UP, 1969. Print.
- Levinas, Emmanuel and Richard Kearney. "Dialogue with Emmanuel Levinas." *Face to Face with Levinas*. Ed. Richard A. Cohen. State U. of New York P, 1986: 13-34. Print.
- Miller, Arthur. A Conversation with Arthur Miller. *The Theater Essays of Arthur Miller*. Eds. Robert A. Martin & Steven R. Centola. New York: Da Capo, 1996: 485-499.
- ________. *Arthur Millerr: A View from the Bridge / All My Sons*. New York: Penguin Books, 1980.
- ________. *After the Fall*. New York: Penguin Books. 1985.
- ________. *All My Sons*. New York: Penguin, 2000. Print.
- ________. *Arthur Miller's Collected Plays*. New York: Viking, 1967. Print.
- ________. *Arthur Miller: Death of a Salesman*. Ed. Gerald Weales. New York: Penguin Books, 1981. Print.
- ________. *Incident at Vichy*. New York: The Viking P, 1965.
- ________. "The Family in Modern Drama." *The Theater Essays of Arthur Miller*. Eds. Robert A. Martin & Steven R. Centola. New York: Da Capo, 1996: 69-85. Print.
- ________. "The Shadows of the Gods." *The Theater Essays of Arthur Miller*. Eds. Robert A. Martin & Steven R. Centola. New York: Da Capo, 1996.: 175-194. Print.
- Nelson, Benjamin. Arthur Miller: Portrait of a Playwright. New York; David Mckay Company, Inc., 1970.
- Peperzak, Adriaan (ed). Ethics as First Philosophy. New York: Routledge, 1995.

- Waldenfels, Bernhard. “Levinas and the Face of the Other.” Critchley, Simon and Robert Bernasconi (eds). The Cambridge Companion to Levinas. Cambridge: Cambridge UP. 2002.: 63-81.
- Welland, Dennis. “The Drama of Forgiveness.” *Arthur Miller*. Ed. Harold Bloom. New York: Chelsea House Publishers, 1987.

부록

테네시 윌리엄즈의 『욕망이라는 이름의 전차』: 사르트르의 타자의 시선과 몸

테네시 윌리엄즈의 『욕망이라는 이름의 전차』*A Streetcar Named Desire*: 사르트르의 타자의 시선과 몸

I. 서론

윌리엄즈(Tennessee Williams)의 『욕망이라는 이름의 전차』(*A Streetcar Named Desire*)는 더 이상 논의가 불필요하다고 생각될 정도로 속속들이 해부된 것이 사실이다. 이 극에 대해 박실(Roger Boxill)은 자서전적인 분석을, 허쉬(Foster Hirsh)는 알레고리적 분석을, 넬슨(Benjamin Nelson)과 랜트(Kathleen Margaret Lant)는 극중 인물들의 성격 분석을, 리델(Joseph N. Riddel)은 신화적 분석을, 길버트(Sandra Gilbert)와 구버(Susan Gubar)는 여성주의적 분석을, 커넌(Alvin B. Kernan)은 극적 기법 분석을, 코스텔로(Donald P. Costello)와 콘(Ruby Cohn)은 상징주의 분석을, 브루스타인(Robert Brustein)은 극과 영화의 상호텍스트성 분석을, 그리고 애들러(Thomas P. Adler)와 윌즈(Gerald Weales) 등은 사회 부적응자의 소외에 대한 주제적 분석을 시도한다.

그러나 이처럼 다양한 접근 방법의 차이에도 불구하고 이들의 논의는 대개 블랑쉬의 낭만적 욕망과 스탠리의 동물적 욕망이 대치되는 두 세계에서 출발한다. 그리고 그 두 세계의 중심에는 성(sex)의 문제가 자리 잡는다. 그 대표적인 예로 콘은 윌리엄즈는 성적 욕망을 생명과 동일시하며 죽음에 대립시킨다고 본다(51). 월즈는 윌리엄즈가 그려내는 사회 부적응자들은 일시적인 진정제인 성에서 위안의 도피처를 찾는다고 말한다(61). 코스텔로는 윌리엄즈에게 성은 인간의 교제의 실패로 인한 보호벽의 필요와 기분전환과 관계가 있다고 말한다(119). 이러한 비평가들의 주장은 윌리엄즈의 『청춘의 달콤한 새』(*Sweet Bird of Youth*)에서 프린세스(Princess)가 챈스(Chance)에게 건네는 말에서 극명하게 예증된다.

> 내가 기억하고 싶지 않은 것들을 잊는 단 한 가지 방법이 있다면, 그것은 사랑의 행위를 통해서에요. 그것만이 기댈 만한 유일한 기분전환이죠.
>
> I have only one way to forget these things I don't want to remember and that's through the act of love-making. That's the only dependable distraction. (44)

윌리엄즈는 현대사회에서 사랑이 더 이상 진실하지 않으며, 성이 인간이 기억하고 싶지 않는 것을 망각케 해주는 유일한 출구가 되어가고 있음을 우려할 만한 징후로 본다. 그러면서 그는 성이 기분전환의 매개물이 되는 현대인의 실존 상황을 "존재가 비존재와 겨루는 싸움" (the game of being against non-being)이라고 규정하며, 그 싸움에서 현실적으로는 비존재가 승자로 예정되어 있다고 말한다("Introduction to *The Rose Tattoo*" ix). 윌리엄즈가 그의 극에서 인간의 실존을 존재와 비존재의 싸움으로 극화하려 했다면, 존재와 비존재가 겨루는 싸움의 의미는 과연 무엇일까?

윌리엄즈가 제기한 존재와 비존재에 대한 물음은 자연스럽게 사르트르(Jean-Paul Sartre)의 존재와 무의 개념으로 우리를 이끌고 간다. 왜냐하면 사르트르가 『존재와 무』(*Being and Nothingness*)[1]에서 인간 조건의 핵심 개념으로 삼은 것이 존재와 무(비존재)의 문제이기 때문이다. 사르트르는 "우리 안팎에 있는 비존재(non-being)의 끊임없는 가능성이 존재에 대한 우리의 질문을 조건 짓는다"(*BN* 36)고 말하며, 비존재의 개념을 사용한다. 그러나 사르트르는 그의 저술에서 비존재의 개념으로 주로 무의 용어를 사용하고 있다. 사르트르는 자신이 즉자가 될 수 없고 타자가 끊임없이 침입하게 되는 대자와 대타 사이의 갈등을 무라고 한다.[2] 즉 그는 무(비존재)는 타자에 의해 부정되는 끊임없는 가능성으로 그 부정에 의해 존재가 성립된다고 본다(*BN* 43). 무는 존재의 반대개념이 아니라 존재의 모순 개념이 된다. 중요한 것은 사르트르가 주체의 존재는 자기의 존재 속에 무의 가능성을 가지게 된다고 말할 때, 그의 무에 대한 개념은 윌리엄즈가 이 극에서 인간의 실존을 존재와 비존재의 투쟁으로 극화할 때 드러내는 비존재의 개념적 형상화와 뚜렷이 상통한다는 점이다. 특히 사르트르가 타자의 시선과 몸 그리고 성의 문제는 인간 조건에 덤이 아니라 근본적인 실존 조건이라고 주장할 때 더욱 그러하다. 그런 점에서 앞으로 윌리

---

1) 앞으로 여기서 인용되는 사르트르의 저작인 『존재와 무』(*Being and Nothingness*)는 *BN*으로 축약하여 명기함을 밝힌다.

2) 사르트르는 사물을 '즉자존재'(being-in-itself)라고 부르는 반면에 인간의 의식은 '대자존재'(being-for-itself)라고 부른다. 의식이 자기 자신을 대상으로 삼지는 않지만 자신을 의식하고 있기 때문이다. '나'라는 주체는 하나의 의식으로서 타자의 의식과 마주치게 되며, 타자의 의식에 부정됨으로서 의식의 분열을 겪게 된다. 타자의 시선을 끊임없이 의식하게 되면서 인간은 대타존재(being-for-Others)가 된다(*BN* 24-30, 127-132, 376-378).

엄즈의 비존재의 개념은 사르트르의 무의 개념으로 대치하여 사용하고자 한다.

사르트르는 "인간존재는 자기 자신의 무이다"(human reality is its own nothingness)(*BN* 567)라고 규정한다. 인간의 존재는 자신이 채울 수 없는 하나의 무에 의해 분리되어 있다고 생각하는 것이다. 그러면서 그는 존재와 무의 문제를 기본적으로 성적 욕망의 대상으로서의 몸과 타자의 시선의 관점에서 고찰하는데, 그 까닭은 하이데거(Martin Heidegger)의 존재론을 포함한 어떤 실존철학도 인간의 몸과 성욕에 대한 문제를 진지하게 다루지 않았다고 본 데에 있다(*BN* 498).

사르트르는 인간 존재는 결여존재로서 하나의 무에 의해 침투되며 타자의 시선의 관점에서 성적 욕망의 대상으로서의 몸이 된다고 말한다.[3] 그는 나의 몸을 지시하는 것은 배경으로서의 세계이며 의식한다는 것은 항상 세계에 대해 의식하는 것이며, 그러므로 내가 책을 읽고 있는 순간에도 나는 앉아서 있는 하나의 몸으로 있음을 그치지 않는다고 말한다(*BN* 439-440). 나는 가는 곳마다 끊임없이 누군가의 시선에 잡혀있게 되는데, 그것은 내가 하나의 몸을 가지고 있어 어떤 공간을 항상 점유할 수밖에 없기 때문이라는 것이다. 레비나스(Emmanuel Levinas)는 "사르트르의 경우 타자와의 만남은 나의 자유를 위협하고, 또 다른 어떤 자유의 시선 속에서 내 자유가 약화되는 것과 같다"고 말한다(*Totality and Infinity* 338). 이와 같이 사르트르는 타자의 대상

3) 윌리엄즈가 그의 극 세계에서 인간의 성적 욕망, 동성애, 마조히즘, 사디즘 등의 담론을 진보적이고, 파격적으로 그리고 때로는 과장되게 극화한 것처럼, 사르트르도 기존의 현대 철학사를 중에서도 그 누구보다도 단연 성의 문제를 실존의 본질로서 외면하지 않고 진보적이고, 파격적으로 그리고 과장된 수사로 다루었다.

으로서 나의 인간조건은 투기장에 내던져져 수많은 사람의 시선 아래 놓이게 되는 것과 같은데 이 체험을 소위 시선이라고 불리는 현상의 총체라고 정의한다(*BN* 374). 그러므로 사르트르는 타자의 시선과 몸 그리고 성 문제는 인간 조건에 덤이 아니라 실존에서 피할 수 없는 문제라고 주장한다.

비슷한 맥락에서 윌리엄즈 극에서 인간의 존재는 타자와 겨루는 투기장에 내던져진 것으로 그려진다. 이 극에서 그는 타자의 시선이 우리의 몸을 지시하므로 우리가 의식하는 것은 항상 타자에 대한 의식이라는 것을 블랑쉬(Blanche)와 스탠리(Stanley)의 관계를 통해 극명하게 보여준다. 블랑쉬는 타자인 스탠리의 시선에 몸이 노출되며, 그에 의해 가치 판단이 되고, 그에 의해 타유화된다. 그녀는 스탠리에게 하나의 몸이 되기를 그치지 않는다는 사실을 의식한다. 그러면서 블랑쉬의 몸은 대자적인 존재차원이 아닌 대타적인 존재로 드러나게 된다.

따라서 사르트르의 이러한 타자의 시선과 몸에 대한 사유는 윌리엄즈가 이 극에서 중점적으로 다룬 남녀의 성적 욕망, 타자의 시선, 유혹으로서의 몸, 사디즘(sadism)과 마조히즘(masochism) 등의 해석에 시사하는 바가 크다. 사르트르의 성적 욕망과 타자의 시선의 개념은 블랑쉬와 스탠리의 관계 속에 깊이 투영되어 있기 때문이다. 윌리엄즈가 주장하듯이, "존재가 무와 싸워 게임을 이겨내는 것"이 사멸을 피하는 것이고, 사멸을 피하기 위한 행동이 성적 욕망과 밀접한 관계가 있다면, 사르트르의 몸과 타자의 시선의 개념을 통한 블랑쉬와 스탠리의 욕망과 시선에 대한 고찰은 이 극에 대한 새로운 해석의 토대가 될 수 있다고 믿는다.

II. 욕망의 세계: 타자의 시선과 몸

블랑쉬는 어느 날 뉴올리언즈(New Orleans)에 거주하는 여동생 스텔라를 찾아간다. 이곳에서 블랑쉬는 스탠리를 조우하게 되면서 그녀의 욕망과 그의 욕망이 극적으로 대치된다. 그리고 그 대치과정에서 블랑쉬는 세 가지 습성에 대한 집착을 보인다. 첫째는 밝은 빛을 피하려는 것이고, 둘째는 술에 중독되어 있다는 것이고, 셋째는 목욕을 좋아하는 것이다. 이러한 습성들은 모두 타자가 자신에게 보내는 시선에 대한 의식 때문에 고착화된 것이다.

> 그리고 천정의 불좀 끄렴! 저 불 꺼줘! 이 무자비한 불빛 아래서는 보이고 싶지 않구나.
>
> And turn that over-light off! turn that off! I won't be looked at in this merciless glare! (11)

> 그녀는…위스키 병을 꺼낸다. 위스키 반 컵을 따른 다음 내려놓는다. 조심스럽게 병을 제자리에 놓고 싱크대에서 컵을 씻은 다음 놓는다.
>
> She…removes a whiskey bottle. She pours a half tumbler of whiskey and tosses it down. She carefully replaces the bottle and washes it out the tumbler at the sink. (10)

> 자, 봐요 상쾌하게 목욕하고 향수를 뿌리니까 새로 태어난 것 같아요.
>
> Here I am, all freshly bathed and scented, and feeling like a brand new human being! (36)

사르트르는 "내가 나를 보는 것은 타자가 나를 보기 때문이다"라고 말한다(*BN* 443). 즉 나의 몸을 의식하는 타자의 시선이 내 몸을 구성한다는 것이다. 블랑쉬가 밝은 빛을 피하고, 목욕을 되풀이하고, 술을 입에 대는 것도 타자의 시선을 의식하여 자신의 몸을 구성하는 행위로 볼 수 있다.

블랑쉬의 타자의 시선에 대한 의식은 개막장면에서 이미 두드러진다. 동생의 집에 찾아왔을 때 블랑쉬는 자신의 공간을 갖는 것에 예민해 방이 두 개뿐인 것에 초조해 한다. 한 눈에 살펴보아도 그녀의 거처는 불분명해 보인다. 게다가 두 방 사이에 문이 없는 것도 불안한 요소이다. 그러므로 제부 스탠리와의 첫 대면의 불안감이 그녀로 하여금 몸을 인식케 한다. 블랑쉬는 긴장된 몸을 달래려고 샤워[4]를 한다. 그녀는 그녀의 몸의 끊임없는 타유화의 가능성 때문에 목욕을 되풀이한다. 사르트르는 인간의 무는 "나는 내가 있지 않은 것으로 있고, 내가 있는 것으로 있지 않기 때문"(since I am what I am not and since I am not what I am)에 존재한다고 정의내린다(*BN* 348). 그는 인간은 대개 자신의 본래의 모습, 누군가에게 비도덕적으로 보이는 모습, 저열한 모습이 타자의 시선에 노출되는 것을 부끄러워한다고 말하는데, 바로 여기서 블랑쉬의 시선에 대한 의식이 생겨나는 것이다.

마침내 스탠리의 들이닥침과 더불어 블랑쉬의 몸의 타유화는 시작된다. 타자의 시선에 대해 전혀 신경 쓰지 않는 그는 "옷이 몸에 달라붙는데, 좀 편하게 있어도 되겠소?"(26)라고 말하며 그녀를 허물없이

4) 블랑쉬는 자신의 대타-몸(타자가 내 몸을 타유화하는 것)을 하나의 도구로서 자신을 위해 사용하려 하나 그러한 시도가 헛되다는 것을 알게 된 뒤에는 자신의 대타-몸을 없애려 한다. 이러한 행위가 몸을 씻는 행위로 나타나는 것이다.

대한다. 사르트르는 "어떤 존재자는 대타 존재로서 타인의 절대적인 주체를 무시하는, 곧 타인의 시선을 전혀 의식하지 않는 뻔뻔스러움을 보여준다"(*BN* 496)라고 말하는데, 스탠리가 그러한 부류에 해당된다. 스탠리는 타자의 존재가 그의 자유에 대한 위협이 되는 경우 타자를 자유가 결여된 한갓 사물로 대상화시켜 타자를 부정함으로써 자신의 타유화를 거부한다.

블랑쉬는 파격적인 스탠리의 태도에 일견 놀라며 움츠러든다. 그러나 곧 정신을 가다듬고 새 옷으로 갈아입으면서 스탠리에게 등 뒤의 단추를 잠가달라고 부탁한다(52). 스탠리의 스스럼없는 태도에 블랑쉬는 자신의 몸이 타인의 시선에 놓이게 되는 것에 대해 경계를 푼 것이다. 그것은 어떤 면에서 블랑쉬가 자신의 몸을 유혹과 시선을 끌어들이는 도구로 사용할 만큼 육체적으로 느슨해졌다는 것을 입증한다. 그녀는 『오페우스의 하강』(*Orpheus Descending*)에서 "나는 드러내기를 좋아해! 나는 눈길이 던져지고, 보여지고, 들려지고, 느껴지기를 원해! 내가 살아 있다는 것을 알게 하기를 원해!"(39)라고 외치는 캐럴(Carol)을 연상케 한다. 사르트르는 몸으로 유혹하는 것을 이렇게 표현한다.

> 유혹한다는 것은…타자의 시선 밑에 나를 두는 일이며, 타자로 하여금 나를 바라보게 만드는 일이다. 유혹한다는 것은 하나의 새로운 출발을 하기 위하여 보이게 되는 위험을 범하는 일이고, 나의 대상 존재에 의해 타자를 내 것으로 전유하는 일이다.
>
> To seduce,,,is to put myself beneath his look and to make him look at me; it is to risk the danger of being-seen in order

to effect a new departure and to appropriate the Other in and by means of my objectness. (*BN* 484)

블랑쉬의 몸의 노출에서 스탠리의 시선을 끌어 자신을 주목케 하려는 의도가 엿보인다. 사르트르는 언어는 목소리의 발성뿐만 아니라 대타-존재로서 타인을 대상으로 체험하는 것을 포함한다고 보는데(*BN* 485), 그런 의미에서 블랑쉬는 스탠리의 시선에 언어가 된다. 블랑쉬는 몸의 언어로 유혹한다. 하지만 자신의 유혹의 몸짓에 스탠리가 어떻게 반응할지는 아직 알 수 없다. 블랑쉬의 몸의 언어는 타자가 의미를 부여하지 않는 한 아무런 의미를 가질 수 없기 때문이다. 스탠리는 블랑쉬의 몸짓에 의미를 주는 자로서 항상 그곳에 현전하게 된다. 블랑쉬의 하나하나의 말과 몸짓은 스탠리에 의해 해석되고 타유화되는 구체적인 체험이 된다. 스탠리가 내숭떠는 여자는 질색이라고 말하자, 블랑쉬는 "어떤 여성의 마법도 당신을 홀리지는 못하겠군요"(39)라고 받아친다. 스탠리의 경고성 발언에도 불구하고 블랑쉬는 스탠리의 몸에 마법을 걸려한다. 블랑쉬는 "분부기로 향수를 뿌린 다음, 장난스럽게 그에게도 뿌린다"(41). 스탠리는 격하게 반응하며 분무기를 낚아채어 화장대 위에 내동댕이쳐 버린다.

이 시점부터 스탠리의 시선의 장악은 시작된다. 스탠리의 시선은 늘 이 작은 아파트의 공간을 지배한다. 얇은 천의 커튼만이 블랑쉬를 스탠리의 시선으로부터 가려줄 수 있다. 블랑쉬는 타자가 자신을 타유화하는 세계 속에 존재하게 된다. 스탠리의 시선은 그녀를 감시하는 무이고 열쇠 구멍이 된다. 블랑쉬는 스탠리의 시선의 표적이 된다. 그녀는 스탠리의 시선으로 인해 고양이처럼 신경이 예민해진다. 신경이 곤

두설 때마다 그녀는 샤워를 하는 정화의식을 거친다. 블랑쉬의 목욕과 화장과 치장은 타자의 시선에 대한 의식이다. 사르트르는 현존재는 세계-내-존재로서 몸으로 존재하며 그 몸은 하나의 과거를 담고 있다고 말한다.

> 현사실성으로서의 몸은 그것이 근원적으로 하나의 출생을 지시하는 한에서 과거이다… 출생, 과거, 우연성은 세계에 관한 모든 가능한 행동의 조건, 이런 것들이 나에게 있어선 그대로의 몸이다. 몸은 결코 나의 영혼에 대한 우연한 덧붙임이 아니다.
>
> The body as facticity is the past as it refers originally to a birth... Birth, the past, contingency, the necessity of a point of view, the factual condition for all possible action of the world--such is the body, such it is for me. It is therefore in no way a contingent addition to my soul. (*BN* 431)

블랑쉬가 남부의 유복한 귀족 가문에서 태어난 것은 우연이다. 나아가 병약한 체질과 내성적 성격 등을 타고난 것도 우연의 산물이다. 이 우연의 산물인 블랑쉬의 태생적 배경은 그녀가 타자를 볼 때의 방법을, 그녀가 타자에게 보여질 때의 방법을 조건 짓는다. 사르트르는 세계-내-존재로서 나의 존재는 타자와의 관계에서 정립된다고 말한다. 부연하면 나는 흑인과의 관계에서는 유럽인으로, 젊은이와의 관계에서는 노인으로, 범죄자와의 관계에서는 재판관으로, 노동자와의 관계에서는 부르주아로, 나의 위치에 따라 여러 가지 관계로 규정될 수 있다는 것이다(*BN* 373).

비슷한 맥락에서, 노동 계급 출신인 스탠리는 그의 역사적 과거가 탑재된 시선으로 부르주와 가문 출신인 블랑쉬를 재단한다. 블랑쉬의 몸에 대한 스탠리의 시선은 그녀의 과거를 추적하는 탐침이다. 블랑쉬의 과거의 역사성은 그녀의 출생과 가문의 내력, 결혼, 그리고 직장생활 등이다. 사르트르에 따르면, 세계-내-존재로서 블랑쉬의 생리적 구조, 성격, 체험은 곧 그녀의 몸이 된다(*BN* 432). 벨 레브(Belle Reve) 저택에서의 성장과정, 앨런(Allan)과의 결혼, 영어교사 생활, 그리고 로럴(Laurel)의 플라밍고(Flamingo) 호텔 등지에서의 소문이 그녀의 과거이고 그녀의 몸이다. 블랑쉬의 과거의 이력은 타자의 저항과 수용의 흔적을 남기면서 그녀의 생리적 구조를 형성한 것이다.

스탠리의 블랑쉬의 과거에 대한 추적은 벨-레브 농장의 양도 서류건으로부터 시작된다. 그는 사냥개처럼 그녀의 과거가 담겨있는 트렁크를 샅샅이 뒤진다. 스탠리는 스텔라로부터 언니가 벨 레브 농장을 잃어버렸다는 이야기를 들었을 때도 석연치 않아하며 “이것 좀 눈 똑바로 뜨고 봐!”(Open your eyes to this stuff!)(33)라고 말하며 시선을 강조한다.[5] 스탠리의 시선에 블랑쉬의 트렁크는 그녀의 과거의 행적의 증거물이 된다. 그는 블랑쉬의 트렁크에서 물건들을 끄집어 낼 때 매의 눈으로 하나하나 확인한다. 그는 몸이 발달한 인간이다. 그의 시각, 미각, 후각, 촉각, 청각은 사냥하는 동물처럼 곧추 세워진다. 그

5) 맨 처음 블랑쉬가 유니스(Eunice)의 안내로 아파트에 들어온 직후, 그녀는 피곤에 지친 몸을 달래기 위해 술을 찾는다. 마침내 그녀는 “옳지, 보인다, 보여!”(Oh, I spy, I spy!)(18)라고 말하며 스탠리의 술에 손을 댄다. 이때 블랑쉬가 내뱉은 “보인다, 보여!”라는 말은 아이러니컬하게도 스탠리와의 관계에서 지속적으로 상기되는 시선의 은유이다. 왜냐하면 블랑쉬는 이 집에 와서 자신이 감추고 싶어 하는 것마다 스탠리의 시선에 의해 “보인다, 보여!”가 되기 때문이다.

는 몸의 축으로 움직인다. 그래서 블랑쉬는 스탠리를 동물에 비유한다.

> 그는 짐승처럼 행동하고, 짐승의 습성을 지녔어! 짐승처럼 먹고, 짐승처럼 움직이고, 짐승처럼 말하지! 아직은 썩 인간의 단계에 이르지 못한, 뭐랄까, 어딘지 모르게 인간 이하의 냄새가 나지!
>
> He acts like an animal, has an animal's habits! Eats like one, moves like one, talks like one! There's even something—sub-human-- something not quite to the stage of humanity yet! (83)

블랑쉬는 마치 자신이 사납고 저돌적인 동물의 공격에 무방비 상태가 되어 있는 것 같은 위협을 느낀다. 사르트르는 우리가 타자의 시선에 노출되어 상처받기 쉬운 몸이 되고, 거기서 달아날 수도 없이 무방비 상태에 있게 된다는 점을 강조한다(*BN* 347). 스탠리의 시선은 그녀를 체험하고 그녀의 몸을 타유화하려 한다. 블랑쉬는 점점 아찔한 현기증을 느낀다. 사르트르는 타자의 시선에 대한 날카로운 의식이 가져오는 거북스러움은 주체의 몸이 돌이킬 수 없이 타유화된 결과인데, 악화되면 정신병의 원인이 될 수도 있다고 진단한다(*BN* 463).

블랑쉬도 비슷한 정신질환의 징후를 보인다. 그녀는 어두운 구석에 자신을 숨기고 싶어 한다. 스탠리는 그것을 꿰뚫고 블랑쉬가 숨어 있고 싶은 어두운 구석에 손전등을 들이대는 자이다. 스탠리의 시선은 탐조등이 되어 그녀를 세계의 한복판에 세워 해부하여 타유화시킨다. 스탠리의 시선은 그녀의 몸을 알몸 자체로 파악하여, 그녀에게는 결코 보이지 않는 모습을 있는 그대로 보여준다. 스탠리는 블랑쉬의 숨기고

싫은 과거를 알몸의 상태로 벗겨내고, 들추어내어, 매섭게 죄인으로 심판하고자 한다.

III. 블랑쉬의 도피의 욕망과 자기기만(bad faith), 그리고 미치와의 사랑

사르트르는 "나는 내 존재의 근원에 있어서 타자를 내 것으로 만들려고 하는 기투이다"라고 말한다(*BN* 474). 스탠리는 블랑쉬를 강제로 타유화하여 그녀에게 사형선고를 내리고자 한다. 그는 블랑쉬의 현실 도피 노력을 잔인하게 무력화시키는 파괴자이다. 그 앞에 블랑쉬의 몸은 이제 있는 그대로 노출된다. 그녀는 이미 끊임없이 타자의 시선으로 자신의 몸이 파악돼 온 존재였다. 그녀는 "남자들은 싫증을 빨리 내지, 특히 여자가 서른을 넘어서면 말이야. 서른이 넘은 여자들은 속된 말로 한물갔다고 생각하는 거지"(94-5)라고 말하며 타인의 시선이 항상 자신을 재단함을 인식하고 있다. 사르트르는 타자의 시선과 몸의 관계를 의사가 환자를 청진기로 진찰하는 것에 비유한다(*BN* 462). 의사가 환자의 가슴에 청진기를 대고 그의 몸을 느끼듯이, 스탠리와 그와 비슷한 부류의 남자들은 블랑쉬를 비슷한 방식으로 체험한다. 의사가 환자의 몸의 질병이나 환부를 진찰하듯이, 타자가 그녀의 몸을 살펴보고 진단해 온 것이다.

블랑쉬는 "여성의 매력은 50%가 환상"(41)이라고 말한다. 그러한 감정이입은 그녀가 한창 젊었을 때는 통했을 것이다. 하지만 블랑쉬가 앨런과 결혼한 후 그의 동성애의 현장을 발견했을 때 모든 것이 달라진다. 블랑쉬는 앨런의 동성애의 현장을 목격하고 충격을 받는다. 블랑쉬는 그가 허위의 삶을 통해 결혼의 성실성의 의무를 위반했음을 알고 질겁한다. 그녀는 앨런을 이미 "있는 그대로의 것으로 있지 않은" 존재, 즉 허위의 존재로 규정한다. 블랑쉬는 남편에게 자기가 악인이라는 것을 스스로 고백하도록 몰아세우며 불결한 존재로서 선을 긋는다. 사르트르는 동성애자는 흔히 견딜 수 없는 죄의식을 가지고 있어서 그의 존재 전체가 이 죄의식과의 관계에서 규정된다고 본다. 동성애자는 자신의 동성애적인 경향을 인정하면서도 자신이 남색자로 변태적 존재로 노출되는 것에 극력 반감을 갖는다는 것이다(*BN* 107). 앨런은 그의 존재의 비밀이 생생하게 포착된 것에 극도의 반감과 모멸감을 느끼고 자살을 선택한다.

예기치 않은 앨런의 과격한 죽음은 블랑쉬의 절망이 된다. 이제 역으로 블랑쉬는 자신의 남편의 죽음에 대한 죄책감으로 시달린다. 그리고 그 죄의식을 덜기 위해서 여러 남자에게 그녀의 몸을 내맡긴다. 그녀의 모욕이 남편의 자살을 야기했다는 자책감에서 남자에게 몸을 맡기는 것이 자신에게 형벌을 가하는 방식이 된 것이다. 그녀는 자신의 몸에 형벌을 가했지만 그녀의 형벌의 흔적, 몸의 흔적은 더욱 뚜렷이 그녀 앞에 현전한다. 블랑쉬가 자신의 과거로부터 도피하려는 순간에 과거의 기억은 다시 그녀를 붙잡는다. 그녀가 자신의 과거에서 눈을 돌리려는 순간 그 과거는 반사적으로 지시되는 것이다. 사르트르는 이러한 악순환을 이렇게 설명한다.

> 나는 내가 도피하고자 하는 것을 불가피하게 영원히 마음속에 안고 가야 하는 동시에, 내가 어떤 대상으로부터 도피하기 위해서는 그

> 도피의 대상을 겨누어야 하는 것이다…요컨대 나는 알지 않으려고 도피하지만, 내가 도피하고 있다는 것을 알지 않을 수 없다. 그러하니 불안으로부터의 도피는 불안을 의식하는 하나의 방법일 뿐이다.
>
> [I]t must be understood not only that I must of necessity perpetually carry within me what I wish to flee but also that I must aim at the object of my flight in order to flee it...In a word, I flee in order not to know, but I cannot avoid knowing that I am fleeing; and the flight from anguish is only a mode of becoming conscious of anguish. (*BN*83)

사르트르는 현기증이 불안이 되는 것은 내가 절벽에서 떨어질까 두려워하는 것이 아니라, 내가 스스로 절벽에서 내 몸을 던질까봐 두려워하기 때문이라고 말한다(*BN* 65). 인간은 외부 상황이 자신의 생명을 위협하는 경우 공포를 느끼지만, 그가 처한 상황에 대한 해결책이 없을 때, 불안을 느끼게 된다는 것이다. 블랑쉬의 불안에도 출구가 없다. 도피의 끝이 보이지 않는다. 그녀의 불안은 그녀의 성적 욕망으로부터 도피할 수 없다는 데서 온다.

블랑쉬를 몸으로서 드러내 보이도록 하는 불안은, 사르트르에 따르면, 익명의 타자에게 주문을 걸어 타자를 현존시키고자 하는 욕망이 된다(*BN* 510). 그러한 욕망은 고등학교 영어교사로 재직 중에 그녀가 17세 미소년과의 불미스러운 관계를 맺는 데에서도, 그리고 이브닝 스타 지의 수금원으로 온 청년에게 보이는 연민과 접근에서도 드러난다. 사르트르의 『구토』(*Nausea*)에서 로캉텡(Roquantin)은 어떤 사람이 도서관에서 한 학생의 손바닥을 손가락으로 애무하는 것을 도서관 직원이 발견하고 욕설과 폭행을 가하는 장면을 목격한다. 그는 그 동성애자의 행위를 변태적 관능으로 매도하기보다는 그를 버림받은 휴머니스트로서 연민을 보인다(신오현 94). 마찬가지로 블랑쉬가 비 내리는 날 신문 수금원인 미소년과 나누는 환상 속의 사랑은 도착적 관능이라고 혐오되기보다는 오히려 일종의 버림받은 자에 대한 연민이 일게 하는 것도 사실이다.

그러나 블랑쉬의 불안으로부터의 도피는 스탠리와 같은 인간에게는 연극으로 보인다. 그는 환상 속의 도피를 인정하지 않는다. 스탠리의 냉혹한 시선은 블랑쉬의 구토를 가져온다. 그때 그 순수한 구토는 자신의 얼굴에 대한 혐오, 늙어가는 몸매에 대한 자각 증상과 함께 온다. 이제 사형선고를 받은 수형자처럼 블랑쉬는 절망 속에서 곧 떠날 것이라고 선언한다. 스탠리가 자신을 떠밀어 내버릴 때까지 머무르지 않겠다고 다짐한다.

그러한 절망 속에서 블랑쉬는 미치(Mitch)를 만나게 되고 한 줄기의 희망의 빛을 발견한다. 사르트르는 사랑하는 자는 사랑받고자 하는 욕망에 포로가 되기 때문에 스스로 몸이 되기를 욕망하며 타인을 향한 도피를 연기(演技)하는 자유가 된다고 말한다(*BN* 489). 블랑쉬의 미치에 대한 사랑은 도피처를 향한 그녀의 마지막 몸짓이라는 점에서 이를 적나라하게 보여준다. 그녀는 미치를 향한 도피의 연극을 시작함으로써 타유화되기를 바란다. 미치에게 스스로 몸이 되기를 욕망하는데, 그녀는 미치가 스탠리와 같은 부류가 아니라고 느꼈기 때문이다.

블랑쉬는 놀이공원에서 막 돌아온 후 스탠리와 미치의 차이를 더욱 확연히 알게 된다. 첫 대면에서 스탠리는 그녀 앞에서 상의를 벗어던지는 것을 서슴지 않았던 데 반해, 미치는 그녀가 외투를 벗으라고 권

해도 땀이 찬 모습을 보여주기 민망하다며 사양한다(105). 블랑쉬는 미치의 신사다움에 끌리며 현재의 점잖은 태도로만 그를 판단하고 싶어 한다. 블랑쉬는 마치 스탠리에 의해 함락된 성의 공주의 역할을 연기하듯 그에게 마법의 주술을 걸어 낭만적인 연인의 분위기를 연출한다. 블랑쉬는 스탠리를 자신에게 보내진 죽음의 사자(使者)로 생각하기 때문에 미치가 구원의 기사로 나서주기를 간절히 바란다. 블랑쉬는 기사처럼 나타난 미치에게 스탠리는 자신의 "사형집행인"(111)이라고 천명한다. 블랑쉬는 장미꽃을 바치는 미치를 보고 "나의 장미기사여! 내게 먼저 무릎을 꿇고…꽃다발을 건네주오"(My Rosenkavalier! Bow to me first...now present them)(99)라고 청한다. 그녀는 그에게 신사로서의 예법을 갖춘 기사도의 사랑을 요구한다. 미치도 고독한 영혼으로서 실연의 상처를 극복할 새 짝을 찾고 있다.

> 미치: 당신은 누군가가 필요해요. 나도 그렇고, 그게 당신과 나일 수 있겠죠, 블랑쉬?
> 블랑쉬: 때로 신이 아주 빨리 나타나는 군요!
>
> Mitch: You need somebody. and I need somebody, too. Could it be--you and me, Blanche?
> Blanche: Sometimes--there's God--so quickly! (116)

블랑쉬는 미치를 신이 보내준 선물이라고 믿고 싶어 한다. 왜냐하면 그녀는 "바위처럼 험한 세상에서 몸을 숨길 하나의 틈새"(a cleft in the rock of the world that I could hide in)(147)를 필요로 했기 때문이다. 그러한 암흑 속에서 최초의 데이트를 통해 미치에게 접근하고 있지만 그녀의 심경은 복잡하다. 많은 남자들의 접근이 처음에는 신사적이다가도 그녀에게 품고 있던 본색을 드러내기 때문이다. 그러므로 그녀는 몸을 드러내면서도 감추어야 한다.

블랑쉬는 미치를 유혹하기 위해 자기기만의 연기를 펼쳐야 한다. 사르트르에 따르면, 자기기만은 나의 의식이 그것이 있지 않은 것으로 존재하고, 그것이 있는 것으로 존재하지 않는다는 역설에 입각한다. 블랑쉬가 있는 그대로 존재하지 않는 연기를 하는 것은, 곧 정숙한 여인의 연기를 하는 것은 그녀의 다른 욕망을 충족시키기 위해서다. 그것은 곧 미치에 대한 욕망의 충족이다. 그러므로 블랑쉬는 되도록 그의 성적인 저의를 차단해야 한다. 둘만이 남겨진 공간에서 미치가 키스해도 되냐고 묻자 블랑쉬는 정색하며 왜 허락을 받으려고 하느냐고 말한다. 그때 미치는 과거에 거부당한 기억을 떠올린다. 블랑쉬는 이렇게 답한다.

> 내가 거부했던 것은 키스가 아니었어요. 키스는 아주 좋았어요. 내가 말리려했던 것은 다른 자그만 앞서나감이었어요…화가 난 건 아니었어요! 정말로 조금도요! 사실 기분이 들떴어요, 당신이 나를 욕망하니까요!
>
> Honey, it wasn't the kiss I objected to, I liked the kiss very much. It was the other little--familiarity"-that is-felt obliged to--discourage…I didn't resent it! Not a bit in the world! In fact, I was somewhat flattered that you--desired me! (102-3)

블랑쉬는 과거에 미치가 접근하는 태도에서 성적인 저의를 간파하고

속도조절의 필요성을 느꼈던 것이다. 그녀는 지난번에 그가 조금 앞서 갔음을 부드럽게 언질을 해준다. 블랑쉬는 미치에게 키스는 허락하되, 그 이상으로 그의 손길이 미치는 것을 현 단계에서는 차단한다. 그녀는 자신이 쉬운 여자, 헐거운 여자로 보이는 것을 두려워한다. 그녀는 남자들이 너무 쉽게 얻어지는 것은 원치 않는다는 것을 이미 알고 있기 때문이다(94). 블랑쉬는 정숙한 숙녀로 인정받기 위해서 자기가 정해 놓은 진도에 맞추어 미치와의 연인관계가 진행되기를 바란다. 사르트르는 데이트를 시작하는 남성과 여성의 접촉이 촉발하는 긴장관계를 이렇게 표현한다.

> 그때 남자가 그녀의 손을 잡는다고 생각해 보자…그 손을 그대로 맡겨버리는 것은 그녀가 불장난에 동의하는 결과가 되어 빠져드는 것이 된다. 손을 빼버리는 것은 심란하고 동요되지만, 그 순간을 매혹적으로 만드는 조화를 깨뜨리는 것이 된다.
>
> But then suppose he takes her hand...To leave the hand there is to consent in herself to flirt, to engage herself. To withdraw it is to break the troubled and unstable harmony which gives the hour its charm. (*BN* 97)

사르트르는 여성은 남자의 욕정이 찬미, 존중, 존경으로 승화되어 가는 한에서, 곧 고상한 형태로 순화되는 한에서만 이를 인정하려 하는 경향이 있다고 주장한다. 이러한 여성 심리는 블랑쉬의 심정을 적확히 대변해 주고 있다. 블랑쉬는 남자의 욕정이 지배하는 접근에 예민한 혐오감을 느낀다. 그렇다고 그 욕정을 완강히 거부하지도 못한다. 사르트르는 이러한 상황을 다시 절묘하게 묘사한다.

> 그녀는…하나의 인격으로서, 하나의 의식으로서 자기를 드러낸다. 그러는 동안 몸과 영혼의 분리가 이루어진다. 손은 무기력하게 상대의 따뜻한 두 손 사이에서 머무른다. 동의하는 것도, 저항하는 것도 아닌 하나의 사물로.
>
> [S]he shows herself...a personality, a consciousness. And during this time the divorce of the body from the soul is accomplished; the hand rests inert between the warm hands of her companion--neither consenting nor resisting--a thing. (*BN* 97)

사르트르는 이 여성의 행위를 "자기기만"적이라고 규정한다. 그 까닭은 남자의 욕정이 욕정으로 느껴지지 않을 때만 그것을 향유할 것을 자신에게 허락한다는 데 있다. 사르트르의 지적처럼, 블랑쉬는 자신의 몸의 현존이 미치의 욕정의 대상임을 느끼면서도 욕정의 대상이 자신의 몸만이 아니기를 갈망한다. 이것이 바로 블랑쉬가 빠져드는 "자기기만"이다. 즉 그녀의 "자기기만"은 몸의 언어로 타자에게 현존하기를 원하면서도 타자의 성적 욕정이 배제된 사랑을 요구하는 모순에 있다.

그러한 "자기기만"의 모순 속에서 블랑쉬는 미치 앞에서 파리 세느강변의 어느 카페에 있는 연인인 것처럼 촛불을 켜며 다시 낭만적인 분위기를 연출한다. 그녀는 자신들이 파리의 보헤미안 연인인 것처럼, 즉 자신이 "춘희"(la Dame aux Camellias)이고 미치가 "연인"(Armand)인 것처럼 배역한다. 그녀는 자신의 사랑이 몸에 의해서가 아니라 인격적으로 승화되기를 바란다. 그러면서도 이율배반적으로 프랑스어를 모르는 미치에게 "오늘밤 저와 (잠자리를) 함께 하시겠어요?"(*Voulez-vous coucher avec moi ce soir?*)(104)라고 하는 혼잣말을 잊지 않는다. 블랑쉬는 순간 몽상에 빠져 무의식적으로 그녀의 욕망을 드러낸 것이다. 몽상의 세계 속에 "자기기만"적으로 있는 것이다. 사르트르는 이런 존재 방식에 한 번 빠지게 되면 거기에서 빠져나오기 어려우며, "자기기만"은 꿈속에서든 현실에서든 세계-내-존재로서 하나의 존재 양식이 된다고 말한다(*BN* 113).

분위기가 고조되자 미치는 화제를 블랑쉬의 몸무게로 돌린다. 미치가 그녀의 몸무게를 측정하는 척하며 그녀를 들어올릴 때 그녀는 이를 쾌히 받아들인다. 하지만 그의 손이 그녀의 허리에 예상보다 오래 머뭇거리자 다시 정색을 하며 신사답게 예의를 갖춰달라고 부탁한다. 그녀는 자신의 몸이 미치에게 일으키는 욕정에 대해, 정제되지 않은 노골적인 욕정에 대해 거부감을 느끼는 것이다. 그녀는 자신이 깐깐한 노처녀 교사처럼 보이는 것을 두려워하면서도, 쉬운 여자로 생각되는 것을 더 우려하고 있다.

블랑쉬는 "자기기만" 속에 무대 위에 선 연기자가 된다. 그녀의 연기는 그녀가 될 수 없는 것이 되려는 도피이다. 그녀의 "자기기만"은 '있는 그대로의 그녀'를 부정하고 '있지 않은 그녀'로 살기를 원하는 데서 생겨난다. 블랑쉬의 역사의 사실성이란 그녀가 결코 변화시킬 수 없는 그녀의 행적이고 과거이다. 그녀의 실존적 역설은 진실이 아니면서 진실로 있기를 바라는 데 있다.

결국 블랑쉬와 미치의 로맨스에 파국이 다가온다. 스탠리가 미치에게 그녀의 불미스러운 과거를 귀띔해 준 것이다. 사르트르는 제 삼자의 나타남은 그것이 어떤 자이든 두 사람의 사랑의 파괴라고 본다(*BN*

491). 미치는 전등의 종이 갓을 뜯어내며 블랑쉬의 맨 얼굴을 있는 그대로 직시한다. 그리고 그녀의 위선에 대해 추궁하며 "사실적"(realistic)(144)이 될 것을 요구한다. 블랑쉬는 이에 절규에 가까운 소리로 외친다.

> 난 사실주의는 싫어요. 전 마법을 원해요! 네, 그래요, 마법! 난 사람들에게 마법을 걸려고 해요. 나는 그들에게 사물을 그릇되게 전하죠. 난 진실을 말하지 않고, 진실이어야 하는 것을 말한답니다.
>
> I don't want realism. I want magic! Yes, yes, magic! I try to give that to people. I misrepresent things to them. I don't tell truth, I tell what ought to be truth. (145)

블랑쉬가 그녀의 마법의 연기를 "난 진실을 말하지 않고, 진실이어야 하는 것을 말한다"고 말할 때 사르트르의 "자기기만"의 의미는 보다 명확하게 다가온다.

막다른 골목에서 블랑쉬는 마침내 과거를 털어놓는다. 그녀는 플라밍고 호텔이 아니라 타란툴라 암즈(Tarantula Arms)라는 호텔에 묵었다고 말한다. 그리고 남편 앨런이 죽고 난 빈자리를 메우려고 이 남자 저 남자를 전전하면서 통정관계를 맺었다고 고백한다. 프로이트(Sigmund Freud)는 도덕적 마조히즘을 가진 주체는 자기가 고문과 같은 모든 고통스러운 과정을 통해서 속죄해야 할 어떤 죄를 범했다고 생각한다고 말한다. 마조히즘은 죄가 되는 행동을 하고 싶은 유혹을 만들어내며, 그러한 행위는 사디즘적 양심의 가책이나 운명이라는 힘의 질책을 통해 속죄해야 한다는 것이다(172-183). 마조히즘 환자는 자기 자신의 현실적 존재 자체를 파괴하고 싶어 하는데, 이러한 도덕적 마조히즘은 앨런의 자살로 인한 블랑쉬의 자기파괴 과정에서 목격된다.

> 그래요, 낯선 사람들과 많은 관계를 가졌어요. 앨런이 죽은 후--낯선 사람들과의 관계만이 내 텅 빈 가슴을 채워 줄 수 있는 것처럼 보였죠…. 내가 여기 저기, 이 사람 저 사람에게 전전한 것은 두려움, 바로 두려움 때문이었어요, 피신처를 찾아서 말이죠.
>
> Yes, I had many intimacies with strangers, after the death of Allan--intimacies with strangers was all I seemed able to fill my empty heart with...I think it was panic, just panic, that drove me from one to another, hunting for some protection--here and there. (146)

블랑쉬는 어린 소년과의 부적절한 관계에 대해서도, 벨 레브를 잃기 전에 가까이 있던 훈련소의 젊은 병사들과 몰래 놀러 나갔던 일들도 다 꺼내 놓는다(149). 이렇게 해서 그녀는 유일하게 남아있던 사랑의 불빛이 사그라지는 것을 깨닫게 된다. 블랑쉬는 절망 속에서 몸을 가누지 못한다.

IV. 스텔라의 마조히즘 그리고 스탠리의 사디즘과 성폭력

사르트르는 타인은 나의 주체를 지시하는 존재로서 전면적인 절망을 불러일으킬 수도 있고, 아니면 나와 타자가 동화를 이루는 하나의 새로운 시도를 발원시킬 수도 있다고 말한다(*BN* 491). 그는 후자의 경우를 이렇게 정의한다.

타자는 나의 대타-존재의 근거이므로, 만일 내가 나를 존재시키는 배려를 타자에게 맡긴다면, 나는 이미 타자의 존재 속에 하나의 자유에 의해 근거가 부여된 하나의 즉 자-존재에 지나지 않게 될 것이나.

Since the Other is the foundation of my being-for-others, if I relied on the Other to make me exist, I should no longer be anything more than a being-in-itself founded in its being by a freedom. (*BN* 491)

스탠리의 아내 스텔라는 후자의 경우에 속한다. 스텔라는 자신의 주체를 버리고 타인 속에 자기를 잃으려고 하는 마조히스트적 태도를 보인다. 그녀는 스탠리의 현실적인 욕망에 의해 대상으로 파악되고 욕망되기를 원한다. 스텔라가 스탠리의 대상-존재로서 산다는 것은 폭력에 대한 그녀의 수용적 태도에서 극명하게 드러난다.

스탠리가 라디오를 내팽개치는 거친 행동을 보일 때가 있었다. 스텔라가 화를 내자 그는 임신한 그녀를 손찌검하는 폭력을 휘두른다(63). 누가보아도 그녀의 주체가 타자에 의해 철저히 부정된 충격적인 사건이다. 그런데 스탠리가 용서를 구하자 스텔라는 마치 아무 일도 없었던 듯이 정상생활로 되돌아간다. 블랑쉬는 스텔라의 이러한 태도에 아연해 한다. 스텔라는 남자들이 술 마시며 포커판을 벌이다보면 그럴 수도 있다며 대수롭지 않은 듯이 내꾸한다. 되레 스탠리가 자신의 부끄러운 행동을 무마하는 뜻에서 10달러까지 주었다며 흡족해 한다. 그러면서 신혼 첫날밤의 에피소드를 들려준다.

스탠리는 늘 물건들을 때려 부숴어, 정말이지 결혼날 밤 우리가 여기 들어왔을 때, 그는 내 슬리퍼 한 짝을 집어채더니, 이리저리 돌아다니면서 백열전구를 때려 부쉈다니까.

> Stanley's always smashed things. Why, on our wedding night--soon as we came in here--he snatched off one of my slippers and rushed about the place smashing the light bulbs with it. (72)

그러면서 스텔라는 스탠리가 미친 듯이 슬리퍼로 전구를 때려 부쉈을 때, "난 어쩐지 짜릿함을 느꼈어"(I was--sort of--thrilled by it)(73)라고 대꾸한다. 스탠리의 광적인 폭력에 대한 스텔라의 태도는 마조히즘적 성향을 엿보인다. 사르트르는 마조히즘은 타자의 주체의 심연 앞에서 느끼는 일종의 현기증으로, 타자에게 자기의 주체를 동화시켜 자신의 주체를 절멸시키려는 끊임없는 노력이라고 말한다(*BN* 492-93). 이처럼 스텔라는 그의 광기의 세계가 자신을 타유화하는 것을 받아들인다. 곧 자신이 스탠리에 의해 구성되는 것을 부정하지 않는다. 그녀는 스탠리를 소유하려 하기보다는 욕구되기를 바란다.

반면에 스탠리는 사디스트의 전형이다. 그의 사랑은 동물적 본능인 성적 욕구로서 폭군 같은 두려움을 동반한다. 그의 사랑은 마초적이고, 전제적이고, 강요적이기 때문이다. 스탠리는 타인을 자신의 세계에 강제로 동질화시켜 타자를 타유화하려 한다. 그에게 길들여진 스텔라는 그의 전유 속에 안전함을 느끼며, 단순한 도구로 전락한다. 다른 한편으로 스탠리의 성욕은 블랑쉬를 성적으로 존재하게 한다. 블랑쉬는 스탠리에게 단순히 이성적 존재가 아니라, 몸을 드러내는 하나의 존재이다. 윌리엄즈는 스탠리가 여자를 보면 한 눈에 어떻게 수작을 걸어야 할지 직감할 수 있는 인물이라고 말한다(25). 스탠리 자신도 블랑쉬에게 "당신이 내 처형이란 걸 몰랐다면, 당신이 어떤 여잔지 가늠이 되었을 거요!"(41)라고까지 말한다. 스탠리의 욕망의 시선은 타자의 성을 원초적인 직감으로 체험하며, 그가 타자를 욕망하는 방법은 타자의 전유를 통해서이다. 그런 점에서 그의 성적 욕망은 사디스트적이다. 사르트르는 사디즘을 이렇게 정의 내린다.

> 사디즘은 폭력을 통해 타자를 육화시키려는 시도이다. 힘에 의한 이 육체화는 이미 타자의 전유, 타자의 이용이어야 한다. 사디즘은 성적 욕망처럼 타자로부터 그를 가리고 있는 행위를 벗겨내어 알몸을 드러내려 한다.
>
> Sadism is an effort to incarnate the Other through violence, and this incarnation by force must be already the appropriation and utilization of the Other. Sadism like desire seeks to strip the Other of the acts which hide him. It seeks to reveal the flesh beneath the action. (*BN* 518)

스탠리가 스텔라의 허벅지를 세게 때리는 행위, 블랑쉬가 라디오를 켜자 소리가 거슬린다고 그 자그마한 라디오를 창문 밖으로 내던지는 행위, 신혼 첫날 밤 미친 듯이 전구를 슬리퍼로 때려 부수는 행위, 술에 취하면 아내에게 욕설과 폭력을 행사하는 행위, 이 모두가 사디스트적 행태이다. 스탠리는 또한 블랑쉬와 미치의 관계를 파탄나게 하고, 그녀의 생일 선물로 고속버스 티켓을 건네 그녀가 구토하게 하는데, 이 모두가 사디스트적 광기이다. 스텔라가 스탠리의 몰인정한 행동에 절망하자 그는 "우리 둘이 있을 때 행복하지 않았어, 저 여자가 이곳에 나타나기 전까지는 모든 게 나쁘지 않았잖아?"(137-38)라고 말하며,

원시적, 동물적 욕망이 충만했던 그들만의 행복했던 삶을 그녀에게 상기시킨다. 원초적인 스탠리는 먹이 사냥에 능한 동물과 같다. 동물의 호기심은 언제나 성욕과 식욕을 겨눈다. 사르트르는 성적 욕망을 굶주림과 비교하며, "성적 욕망은 몸과의 공범에 빠지는 것이다…욕망이 당신을 사로잡으면 그것은 당신을 마비시키며 빠져들게 한다"(*BN* 503-5)고 말한다.

스탠리의 욕망은 블랑쉬의 몸에 대한 욕망이다. 스탠리의 마음을 어지럽히는 것은 몸이다. 그의 욕망은 그녀의 팔, 목, 살짝 비친 가슴에서 유기적인 몸 전체로 향한다. 사르트르는 성적 욕망은 상대의 몸에서 옷을 제거하고 화장을 제거하고, 몸을 단순한 육체로서 존재하게 하려는 하나의 시도, 즉 타자의 몸을 육체화하려는 하나의 시도라고 말한다(*BN* 506). 그러나 스탠리의 블랑쉬에 대한 성적 욕망은 몸을 들추어내고자 하는, 육체화하려는 시도에서 머물지 않는다. 색다른 점은 증오와 원한이 가미된다는 것이다. 사르트르는 이 세상에는 주인이 노예의 탈주를 감시하듯, 감시병이 죄수의 탈옥을 감시하듯, 타자를 부정하여 그의 가능성을 무화시키는 "증오의 인간"(the man of resentment)이 있다고 하는데(*BN* 86-7), 스탠리가 바로 이러한 인간이다. 그는 블랑쉬의 가능성을 철저하게 무화시킨다. 블랑쉬에 대한 그의 성적 욕망은 그녀의 삶을 파괴시키기 위한 욕망이다.

스탠리는 자신의 세계에 침입자로 들어온 블랑쉬를 증오하며 그녀의 죽음을 좇는다. 이때 미치에게 버림받은 블랑쉬는 취기에 젖어 집에 들어오고 술에 거나하게 취한 스탠리가 잇달아 들어와 수상한 눈초리를 던진다. 그의 불길한 다가옴에 블랑쉬는 직감적으로 위협을 느끼며 만일의 방어 수단으로 깨진 맥주병을 집어든다. 바타유(Georges

Bataille)는 사드(Marquis de Sade)의 소설에서처럼, 상대의 반항은 사디스트에게는 더욱 더 커다란 흥분과 쾌락을 선물하며 그런 쾌락을 느끼면서 상대를 근친상간한다고 말한다(206-10). 사디스트는 격분과 반항을 원하며 그것이 그가 추구하는 역설적 쾌락이라는 것이다. 마찬가지로 스탠리는 블랑쉬의 호기로운 저항에 쾌감을 느꼈는지 "그래, 한 번 해 보자 이거군…호랑이!"(So you want some rough-house... Tiger!)(162)라고 포효하며 팔을 비틀어 병을 빼앗는다. 그에게 블랑쉬의 저항은 고양이인 주제에 호랑이처럼 자기 앞에 몸을 부풀리는 연기로 보인다. 그는 마치 원시인이 사냥감을 포획하여 동굴로 가져가듯이 가볍게 그녀를 제압하여 침실로 데려가 겁탈한다. 블랑쉬를 겁탈하는 행위는 사디스트의 극단적 행위의 전형이다. 스탠리에게는 블랑쉬는 정복해야 할 표적물이며, 그 상대방에 대한 공격은 강제 추행이다.

스탠리는 블랑쉬가 자기와 부류가 다르다는 것을 알고 있다. 그것이 그의 증오의 이유이며, 그녀를 제거하려는 이유이다. 스탠리의 증오는 자기와 다른 타자의 말살을 지향하는 감정이다. 이질적 타자가 존재하지 않는 하나의 세계, 그들만의 세계를 원하는 스탠리는 블랑쉬의 자유를 철저히 탈취하는 순간에 도착적 희열을 느낀다. 그가 사냥감을 고깃덩어리로 변하게 했을 때의 그 희열 말이다.

V. 결론

이제까지 수없이 시도된 사르트르 철학의 문학 작품 분석에의 접목은 기본적으로 「실존주의는 휴머니즘이다」("Existentialism is a Humanism")라는 선언적 저술에서 출발한다. 이에 기반한 실존주의적 문학비평은 신이 부재한 상황에서 방향을 잃은 주인공이 그가 선택한 길에 대해 잠시 갈등하고 주저하지만 결국은 자신이 선택한 길을 감수하는, 나아가 자기 추방과 소외의 고통을 감내하는 주인공의 실존적 투쟁을 기본 얼개로 삼는다. 그러나 사르트르가 그의 방대한 주저인 『존재와 무』에서 제기한 타자의 시선과 인간의 몸 그리고 성욕의 문제는 상대적으로 문학작품과의 학제적 연구에 소홀히 되어왔다.

윌리엄즈의 대표작인 『욕망이라는 이름의 전차』를 면밀히 읽으면 읽을수록 블랑쉬와 스탠리의 성(sex) 간의 긴장된 투쟁은 사르트르의 『존재와 무』에서의 타자의 시선과 몸 그리고 자기기만과 성욕의 문제에 대한 고찰로 이끌고 간다. 왜냐하면 윌리엄즈가 블랑쉬의 성적 욕망과 스탠리의 가학적 욕망의 세계의 충돌을 통해 보여주는 존재와 비존재의 싸움은 사르트르의 존재와 무의 개념으로 귀착될 때, 부연하면 사르트르의 타자의 시선과 성적 욕망의 대상으로서의 몸의 개념과 맞닥뜨릴 때 보다 명확하게 해석될 수 있다고 믿었기 때문이다. 따라서 이 극에서는 타자의 시선, 여성의 몸, 자기기만, 마조히즘, 그리고 사디즘 등의 사르트르의 실존적 개념 전반을 통해 블랑쉬가 어떻게 끊임없이 타자인 스탠리의 시선에 몸이 노출되며, 그에 의해 타유화되어, 결국에는 가학적으로 처형되는가를 보여주고자 했다.

(현대영미드라마 2018)

인용 문헌

- Adler, Thomas P. "The Search for God in the Plays of Tennessee Williams." *Tennessee Williams: A Collection of Critical of Essays*. Ed. Stephen S. Stanton. New Jersey: Prentice Hall, 1977. Print.
- Bataille, Georges. *L'erotisme*. Trans. Cho Hankyung. Seoul: Mineumsa, 1997. Print.
  [바타유, 조르주. 『에로티즘』. 조한경 옮김. 서울: 민음사. 1997.]
- Boxill, Roger. *Tennessee Williams*. London: Macmillan, 1987. Print
- Brustein, Robert. "America's New Culture Hero: Feelings without Words." *Tennessee Williams's A Streetcar Named Desire*. Ed. Harold Bloom. New york: Chelsea Hoyse Publishers, 1988. 7-16. Print.
- Cohn, Ruby. "The Garrulous Grotesques of Tennessee Williams." *Tennessee Williams: A Collection of Critical Essays*. ed. by Stephen S. Stanton. Englewood Cliffs : Prentice - Hall, Inc, 1977. Print.
- Costello, Donald P. "Tennessee Williams' Fugitive Kind." *Tennessee Williams: A Collection of Critical Essays*, Ed. Stephen S. Stanton. New Jersey: Englewood Cliffs, Prentice-Hall Inc., 1977. Print.
- Freud, Sigmund. *Beyond the Pleasure Principle*. Trans. Park Chanbu. Seoul: The Open Books Co., 1997. Print.
  [프로이트, 지그문트. 『쾌락의 원칙을 넘어서』. 박찬부 옮김. 서울: 열린책들, 1997.]
- Gilbert, Sandra and Susan Gubar. "The Battle of the Sexes." *No Man's Land: The Place of the Woman Writer in the Twentieth Century* vol. 1. New Haven: Yale UP, 1991. 3-62. Print.
- Hirsch, Foster. A Portrait of the Artist: *The Plays of Tennessee Williams*. London: National Univ. Publications, 1979. Print
- Jackson, Esther Merle. "The Anti-Hero in the Plays of Tennessee

Williams." *Tennessee Williams: A Collection of Critical Essays*, Ed. Stephen S. Stanton. New Jersey: Englewood Cliffs, Prentice-Hall Inc., 1977. 87-99. Print.

- Kernan, Alvin B. "Truth and Dramatic Mode in A Streetcar Named Desire." *Tennessee Williams's A Streetcar Named Desire*. Ed. Harold Bloom. New York: Chelsea Hoyse Publishers, 1988. 17-20. Print
- Lant, Kathleen Margaret. "*A Streetcar Named Misogyny in Violence in Drama.*" *Drama Criticism* Vol 4. Ed. Lawrence J. Trudeau. New York: Gale Research, 1991. 398-404. Print.
- Levinas, Emmanuel. *Totality and Infinity*. Trans. Alphonso Lingis. Pittsburgh: Duquesne UP, 1969. Print.
- Nelson, Benjamin. *Tennessee Williams: His Life and His Work*. New York: Iban Obolensky Inc, 1965. 391-398. Print.
- Riddel, Joseph. "A Streetcar Named Desire--Nietzsche Descending." *Tennessee Williams's A Streetcar Named Desire*. Ed. Harold Bloom. New York: Chelsea House Publishers, 1988. 21-32. Print.
- Sartre, Jean-Paul. *Being and Nothingness*. Trans. Hazel E. Barnes. New York: Washington Square Press, 1984. Print.
- Shin, Ohhyun. *Freedom and Tragedy*. Seoul: Moonji Publishing, 1987. Print.
  [신오현 『자유와 비극』. 서울: 문학과 지성사. 1987.]
- Weales, Gerald. "*Tennessee Williams's Achievement in the Sixties.*" *Tennessee Williams: A Collection of Critical Essays*, Ed. Stephen S. Stanton. New Jersey: Englewood Cliffs, Prentice-Hall Inc., 1977. 61-70. Print.
- Williams, Tennessee. *A Streetcar Named Desire*. New York: New Directions Book, 1980. Print.
- ________. *The Theater of Tennessee Williams: Sweet Bird of Youth*. Vol.

IV. New York: New Directions Book, 1972. Print.

- _________. *Orpheus Descending of Tennessee Williams: Four Plays*. New York: New American Library, 1976, 11-144. Print.
- _________. *The Rose Tattoo*. New York: New Directions Book, 1951. Print.

찾아보기

레비나스 타자철학의 용어 정리

레비나스의 윤리와 도덕의 개념

레비나스는 도덕과 윤리의 개념을 구분하여 사용한다. 그는 도덕의 의미를 통치자들이 사회적 행동과 시민의 의무를 관계시킬 때 사용한다. 그가 볼 때, 도덕은 우리의 생존을 체계화하고 향상시키는 사회적, 정치적 질서 안에서 작동되는 반면에, 윤리는 본질적으로 타자에 대한 배려와 책임에 기초한다. 레비나스는 제1철학으로서 윤리는 질서에 대한 선언문적 성격을 지니지 않으며, 살아있는 지식도, 앎도 아니다. 윤리와 도덕의 차이를 말할 때, 윤리는 내가 타자의 부름에 대한 불면의 수동성이라는 적극적 양식을 가진다는 것을 의미한다. 윤리는 존재에 있어서의 이해관계를 앞선다. 레비나스가 윤리를 사심없음이라고 말할 때, 그것은 무심을 의미하지 않는다. 윤리는 세계-내-존재로서 소유물의 전유에 대한 관심, 그 자신의 것이 아닌 것을 그 자신의 것으로 전유하는 것에 대한 관심에서 벗어난다. 반면에 도덕은 정치적인 이해관계의 세계를, 사회의 시민들 간의 사회적인 교환(교류)을 통제하고 관리하는 것이다. 레비나스는 주체의 타자에 대한 노출이며 감성인 윤리는 우리가 비인격적인 제 3의 정치적인 세계-즉 정부, 기관, 법정, 감옥, 학교, 위원회 등의 세계-로 들어서게 되자마자, 도덕으로 변질되어 굳어진다고 말한다. 중요한 것은 레비나스에 관한 한 윤리가 도덕적 질서를 방향 짓는 인간 간의 규범이 되어야 한다는 것이다. 그 까닭은 만일 도덕적, 정치적 질서가 전적으로 그것의 윤리적인 기반을 무너뜨리면, 파시스트와 같은 전체주의 형태의 사회가 들어서게 되기 때문이다. 이것이 왜 윤리학이 제 1철학으로 존재해야 하는지의 이유이다.

신(神)의 문제

레비나스에게 있어서 신이란 기독교적인 신도, 형이상학적인 신도 아니다. 레비나스가 볼 때 우리와 형이상학과의 관계는 윤리적인 행동이지, 신학도 아니며, 주제화도 아니다. 인간이 신의 형상을 닮았다는 것은 신의 상이라는 것을 의미하는 것이 아니라, 그의 흔적에서 자신을 발견하는 것이다. 신께로 향하는 것은 그의 흔적을 따르라는 것이 아니라, 타자를 향해 가라는 것이다. 레비나스의 신은 상상할 수 없는 신일 뿐 아니라, 정의 속에서 근접 가능한 신이다. 레비나스는 불가지(不可知)의 인격적인 신을 주체-객체 관계로 이끄는 익명의 관계에서는 모든 인간 현존의 외재성(타자성)은 접근될 수 없다고 본다. 그러므로 레비나스는 얼굴의 맞댐을 요구하는 정의의 형이상학은 사회적 관계가 실행되는 곳에서 존재한다고 보며, 인간과의 관계로부터 절연된 신에 대한 앎을 거부한다. 그는 타자가 바로 형이상학적 진리의 거처이고, 신과 나와의 관계에 관한 한 필수 불가결한 요소라고 본다. 레비나스는 형이상학은 윤리적 관계에서 실행된다고 주장하므로 그에게 있어서 신학적 개념은 공허한 형식적 틀로 남는다.

주체(subjectivity)의 정의

주체는 자기 자신을 위해 존재하며, 그것은 자신의 동일성(identity)을 재현하며 그것이 존재하는 한 그 자체를 안다. 하지만 주체가 그 자신을 알고 동일성을 재현함에 있어서 그것은 자신을 소유한다. 즉 자신의 동일성을 유지하기 위해 이를 반박하는 이질성을 제거하고자 한다(이질적인 것을 동질화시킨다). 레비나스는 이러한 "동일성의 제국주의는 총체적인 자유의 본질이다"(This imperialism of the same is the whole essence of freedom)라고 본다(*Totality and Infinity* 87). 실존의 양태로서 동일성의 재현은, 자기 자신을 위함은 타자를 부정하는 자신에 대한 집착으로 드러난다.

동일성(the same)

레비나스는 동일성에 대해 문제를 제기하는 것을 타자윤리학이라고 칭하고, 타자의 낯섦, 타자의 나로의 환원 불가능성, 타자의 나의 개념과 나의 소유로의 환원불가능성을 윤리학으로서 문제 삼는다. 동일성에 의한 타자의 환대, 나에 의한 타자의 환대는 타자가 동일성을 문제 삶음으로서 구체적으로 생겨난다. 서구철학의 형이상학적 전통은 이제까지 내 안에 있는 것을 제외하고는 타자로부터 아무것도 받지 않는 존재론(ontology)에 뿌리를 두었다. 인식론은 이러한 동일성의 과정이다(*Totality and Infinity* 43), 대상을 주제화하는 인식론은 타자와 양립하지 못하며 타자에 대한 억압이고 소유이다. 오로지 타자의 독립성, 독자성을 부정하는 범주에서만. "나는 생각한다," "나는 할 수 있다"가 가능하게 된다. 존재하는 것의 전유와 현실의 착취가 가능하다. 제 1철학으로서의 존재론은 힘, 권력의 철학이다. 레비나스는 힘의 철학인 존재론은 동일성을 문제 삼지 않는 제 1철학으로서 불의(injustice)의 철학이라고 규정한다(*Totality and Infinity* 46). 서구 철학의 전통에서 동일성(the same), 즉 나(I)와 타자 사이의 갈등은 타자가 동일성으로 환원되는 이론에 의해, 즉 국가 공동체에 의해 해결된다. 국가공동체라는 전체성 하에서, 익명의 권력 하에서 나(I)는 동일성으로의 환원을 겪는다.

코나투스(conatus)

레비나스는 "존재는 사이 존재이고 본질은 사심이다"(Esse is Interesse, essence is interest)라고 선언한다. 또한 "존재는 적극적으로 존재자들의 코나투스에 순응한다.…존재자의 이해관계는 서로 서로 투쟁하는 이기주의에서 극적 형식을 띤다"(It is conformed positively to be the conatus of beings. Being's interest takes dramatic form in egoisms struggling with one another, each against all)(40). 레비나스에 따르면 인간은 자신의 존재를 유지하려고 노력하는데, 이 욕구를 코나투스라고 한다. 나의 존재를 실현하려면 타자인 세계가 필요하기 때문에 우리는 '나 중심으로' 세계를 기획하고 관리하게 되고, 나의 존재를 실현한다는 것이다. 결국 자신의 존재를 실현하기 위한 노력의 연장선상에 타자를 두고 보기 때문에, 코나투스는 자기중심적이고, 이기적인 힘을 그대로 작동하며, 타자에 대한 인정이나 존중을 결여한다.

사심 없음(disinterestedness)

레비나스는 "사심 없음은 본질을 넘어서이다…타자를 위한 자신의 대속…자아의 폐위로서 자신의 위치화이다."(disinterestedness is beyond essence... ...the substitution of one for another... the positing of the self as a deposing of the ego)(58)라고 규정한다. 레비나스는 네모(Nemo)와의 대화에서 사심 없음(des-inter-essement)을 보존하지 않고서는 정의란 아무런 의미가 없다고 말하며, 사심 없음은 나를 죽이고 타자에게로 향하는 책임을 의미한다고 규정한다.

레비나스의 타자

레비나스에게 있어서 타자란 서구 형이상학의 전통이 제기하듯이, 인식론적 대상도 아니며, 방해물도 아니며, 죽음으로 나를 위협하는 존재도 아니다. 레비나스는 정당화되지 않는 권력이 타자를 주변부로 몰아넣어 전유의 대상으로 삼는 것이 아니라 곧 타자를 객체로서 주제화시키는 것이 아니라, 주체를 넘어서 초월하여 자신을 열어 타자를 환대하여 욕망해야 한다고 말한다. 타자는 더 이상 내가 힘으로 제압할 수 있는 자로서 현존하지 않으며, 내가 죽일 수 없는 자로서 현존한다. 그러므로 레비나스는 타자를 지배하려는 담론과 욕망은 우리에게 부끄러움을 조건 짓는다고 주장한다. 이러한 부끄러움 속에서만 인간은 타자에 대한 찬탈자와 살인자가 되기를 거부하며 "나의 양심은 타자를 환대한다"(conscience welcomes the Other)(84)는 것이다. 레비나스는 타자철학은 타자가 타자로서 현존하게 하며, 주제화가 전도되는 양심과 더불어 시작된다고 말한다(*Totality and Infinity* 86).

자아의 폐위(the deposing of the self)

레비나스는 "자아의 자신으로의 전환, 자아의 폐위, 자리 없애기, 이것이 바로 사심 없음의 양식이다"(The reverting of the ego into a self, the de-posing or de-situating of the ego, is the very modality of dis-interesteness)라고 말한다. 즉 주체의 폐위는 베풂에 헌신하는 육신적인 삶의 형식으로 "그것은 자신에 반하는 것이다"(it is a self despite itself)(*Otherwise Than Being* 50). 자신을 타자에게 맡기는 이러한 수동성, 곧 주체의 폐위는 세계에 자신을 열어 보이는 것으로 의식의 제국에 대립되는 방식이다. 이러한 자아의 폐위의 수동성은 타자에 대한 책임을 받아들여 자신을 초월함으로써만 가능하다.

여성성(femininity)

다이언 퍼피치(Diane Perpich)는 레비나스가 여성성을 단지 남성성의 반대되는 개념으로 사용한 것이 아니라, 남성성의 결여로서 부정을 통해 여성성을 정의한 어떤 개념도 거절한다고 말한다(32). 레비나스는 여성적인 것이란 개념을 빛 앞에서의 도피로 본다. 그는 "여성적인 것이 존재하는 방식은 스스로 자신의 빛을 감추는 것이고, 스스로 자신을 감추는 수줍음이다. 여성적인 것은 자신을 빛으로 향한 초월 속에서 존재자로서 실현하는 것이 아니라 수줍음 안에서 자신을 실현한다"(The feminine in existence is an event different from that of spatial transcendence or of expression that go toward light. It is a flight before light. hiding is the way of existing of the feminine, and this fact of hiding is precisely modesty(*Time and the other* 87)고 주장한다. 그러므로 여기서 운동의 방향이 역전된다. 여성적인 것의 초월은 물러서는 데서 존립한다. 이것은 주체의 의식의 운동과는 정반대의 운동이다. 레비나스는 현대 사회에서 인간은 각자가 살아남으려는 코나투스에 매몰됨으로써 이러한 이기적인 본능은 타자와의 갈등을 낳는다고 말한다. 캐서린 첼리어(Catherine Chalier)는 레비나스의 여성성(the feminine)은 자신만을 위해 사는 존재의 거침으로부터 타자를 위해 사는 존재의 부드러움으로의 전환이라고 규정한다(120). 남성성은 본질적으로 자신의 일에 매몰되어 있어서 타자를 돌볼 시간을 가지지 못한다는 것이다. 레비나스는 이것이 남성성의 절대적인 소외를 가져오는 이유로 본다. 레비나스가 규정한 여성성은 이러한 소외를 초월하도록 해준다. 여성성은 무엇인가를 만들어내는 것이 아니므로 그것은 일에 매몰될 수 없다. 여성성이란 인간으로 하여금 그의 자연적인 본능적 삶에서 윤리적 삶으로 전환케 하는 공간을 마련해 준다. 그러므로 그는 세계-내-존재로서 여성성이 없으면 이 세상은 거친 세상이 될 것이라고 경고한다.

모성성(maternity)

이리가레(Luce Irigaray)는 레비나스가 모성애, 출산, 아이를 통한 초월을 주장하면서도 여성으로서의 에로스를 통해 여성성의 초월을 주장하지 않는다고 비판을 가한다. 그녀의 주장에 대한 반박을 가한다면 그 까닭은 레비나스의 초월성은 현재의 자아, 이기주의, 자신의 향유, 쾌락을 비우고 미래에서 곧 현재를 벗어남에서 자신에 반하여 타자에 대한 책임에서, 대속하는 죽음에서 찾으려 하기 때문이다. 그가 추구하는 초월성이 자신에 반하여 타자에 대한 책임에서, 대속하는 죽음에서 찾으려 함에 뿌리를 둔다는 점에서 그것은 거룩함이고 지고한 선이며, 그것이 그가 발견하는 신이다. 그러므로 이러한 초월적 영웅이 남성만을 위한 초월성이라는 규정은 편향된 것이라고 생각한다. 오히려 레비나스는 모성성과 여성성의 탁월성을 기반으로 하여 남성 위주의 가부장적 사회, 경제, 정치가 가져온 모든 이기적인 착취와 수탈, 타자에게 강요한 헤게모니를 해체하고자 한다. 여성성과 모성성을 가부장적 동일성의 폐해를 전복하는 힘으로 은유화하는 것이다.

레비나스에게 모성성은 타자에게 사로잡힘과 같은 감성적 경험은 자신의 입속에 든 맛있는 빵을 뱉어내 주는 것과 같은 베풂 속에서 드러난다. 그는 모성성은 인간이 타자에게 먹을 것과 입을 것, 잘 곳을 내주는 환대의 의미화라고 말한다(*Otherwise Than Being* 77). 레비나스는 "모성의 의미화는 타자에 대한 책임이며, 타자의 대속에 이르기까지 하는 책임이며, 박해의 고통과 박해 그 자체를 감당하는 것"(In maternity what signifies is a responsibility for others, to the point of substitution for others and suffering both from the effect of persecution and from the persecuting itself)(*Otherwise Than Being* 75)이라고 말한다. 레비나스에게 모성성은 타자를 위하여 고통을 겪는 몸, 곧 수동성과 체념의 몸이며, 순수한 감내의 몸이다. 왜냐하면 자신에 반하여 타자를 받아들이고 책임지고 대속하는 모성성은 나사의 박해에 대해 상치받기 쉬움을 조건으로 하기 때문이다

자아의 제국주의(ego of imperialism)

레비나스는 '나'의 제국주의와 이기주의는 현대 사회의 황폐성을 극명하게 보여주는 은유이며, 이러한 정글의 사회에서 자신을 비우는 책임성을 대부분의 인간들은 단 한 순간도 보여주지 않는다고 말한다. 인간은 항상 주체로서 타자를 객체로 바라보며 주제화를 시도하며, 항상 나의 유일성을 주장하며, 타자를 변방으로 추방하고 이질성을 문제 삼으며, 예속시키려고 한다는 것이다. 레비나스의 타자철학은 이러한 주체의 확신과 자신감을 전복하는 데서 출발한다. 레비나스는 "자아를 자아의 제국주의로부터 벗어나게 함에 있어서"(In divesting the ego of its imperialism) (*Otherwise Than Being* 121), 타자에 대한 박해를 짊어지는 타자에 대한 책임을 강조하는데 이것이 바로 그의 윤리철학의 기저이다. 결국 레비나스는 현대 사회를 특징짓는 자아의 제국주의는 기독교적 원죄 의식에 의해서도, 어떤 종교적인 가르침에 의해서도 뿌리 뽑혀질 수 없으며, 오로지 이질적 타자를 품어 안는 타자에 대한 대속의 책임윤리로만 제거될 수 있다고 믿는다.

윤리로부터 신의 사유

레비나스는 윤리로부터 신을 사유한다. 그는 인간과 신의 관계에서 신의 거룩함을 보려하지 않고 인간과 인간의 관계에서 신의 성스러움을 보려 한다. 기존 서구의 형이상학적 전통에서 윤리는 언제나 가장 기본적 존재론적 층위를 덮는 층위로 여겨졌다. 그러므로 윤리는 세계, 동일자, 동일자의 인식에 의거하지 않고 의미를 줄 수 있다. 그러나 이와는 정반대로 레비나스는 인식론에 대해 코페르니쿠스적 대전환을 시도한다. 그는 앎은 타자를 향해 스스로를 초월하는 것이고, 동일자로부터 타자로 나가는 것이라고 주장한다(Dieu, le Mort, Le Temps 205). 레비나스는 타자는 무한한 존재로서 채우기를, 담기를, 주제화하기를 기대할 수 없는 무한한 초월그 자체라고 규정한다.

주체와 주체성

레비나스는 "의식은 일치된 동일성"(the identity of the same)이며, "자기-의식"(self-consciousness)은 "타자에 대한 망각"(a forgetting of the other)이며 내부에서 동일성을 일깨운다고 말한다(*Totality and Infinity* 170). 이러한 자기의식의 현전(presence)은 "나는 생각한다"는 주체의 통일성에 의해 끊임없는 재현을 반복한다고 말한다("God and philosophy" 170-1). 주체(sub-ject)라는 낱말은 어원상 "아래에 무엇을 놓다"이다. 중세 신학의 시대에는 종교는 인간을 자신을 신 아래에 놓아 복종하고 예속시켰으며, 성직자와 정치가는 타자를 그들의 정치, 종교 이데올로기 아래 예속시켰으며, 데카르트 이후 근대 철학에서는 주체는 대상을 그의 봄 아래에 예속시키는 것을 의미했다. 그러므로 근대 이후 sub-ject의 의미는 "I think"인 주체는 "나는 타자를 아래에 놓는다"(I sub-ject the other)를 의미한다. 그러나 반대로 레비나스는 그의 타자철학에서 subjectiviti의 의미에 코페르니쿠스적 전환을 보여준다. 그에게 sub-ject의 의미는 "I sub-ject me to the other"의 의미를 지니게 된다. 레비나스 철학에서 '나'는 더 이상 주격이 아니라 목적격이 된다. 나는 타자의 부름에 즉각 응답하여 책임지는 존재로 거듭 나는 것이다. 레비나스는 타자에 대한 초월을 윤리학으로 지칭하며, 주체성은 '나는 생각한다'도 아니고 주제적 인식의 통일도 아닌 타자에 대한 책임으로, 타자에 대한 예속으로 본다("God and Philosophy" 178).

얼굴의 형이상학

레비나스는 얼굴을 정의하면서 발가벗음(nudity)이 얼굴이라고 주장한다. 그는 얼굴의 발가벗음은 내가 그것을 드러내기 때문에 나에게 현존하는 것이 아니므로 나에게, 나의 눈에, 나의 지각에 현존하는 것이 아니라고 말한다. 그는 "얼굴이 내게로 향하는데, 이것이 바로 발가벗음이다"(*Totality and Infinity* 74-5)라고 말한다. 그에게 있어서 얼굴의 관계는 객체의 인식이 아니다. 그는 얼굴의 초월성은 그것이 들어가는 이 세상으로부터의 부재, 존재의 추방인 동시에 낯설고, 가난하고, 프로레타리아적인 존재의 조건으로 본다. 그는 얼굴의 발가벗음을 추워 부끄러워하는 신체의 발가벗음으로 확장시킨다. 이 세상에서의 실존은 결핍이다. 그러므로 얼굴의 발가벗음은 결핍, 빈곤, 궁핍이다. 그러므로 레비나스에게 있어서 타자를 알아보는 것은 기아이고, 배고픔이며, 타자를 인정하는 것은 베풂이다(*Totality and Infinity* 76). 그는 "타자의 현현"(His very epiphany)은 낯선 자, 과부, 고아의 얼굴에서 그의 결핍에 의해 우리에게 간청하는 데 있다"(*Totality and Infinity* 78)고 말한다. 초월자를 낯선 자와 가난한 자로서 위치시키는 것은 신과의 형이상학적 관계가 인간과 사물을 무시하는 데에서 생기는 것을 금지시키는 것이다.

그러므로 성스러움의 차원은 인간의 얼굴에서 발원한다. 레비나스는 얼굴은 살아있는 현존이라고 말한다. 레비나스는 얼굴의 형이상학에 대해 남의 얼굴을 쳐다본다고 할 수 있을지 모르겠다며, 쳐다보는 것은 앎이요, 지각이기 때문이라고 말한다. 레비나스는 얼굴의 개념을 추상적으로 사용한다. 얼굴은 눈으로 보고, 손으로 매만실 수 있는 가시적인 것이 아니다. 그는 차라리 얼굴로 나아가는 것이 윤리라고 본다. 얼굴의 생김새, 색깔은 얼굴과의 관계를 지각으로 만든다. 그러나 얼굴은 지각의 대상이 아니다. 얼굴은 헐벗은 자의 노출이다. 얼굴을 들고 있는 사람은 어떤 대학 교수, 정치인, 또는 누구의 아들이라고 하는 직함에 있는 존재가 아니다. 얼굴은 가시적인 형상에 불과한 대상이 아니라, 당신을 초월하여 저 너머로 인도하는 형이상학적 존재이다. 그러므로 얼굴은 앎과 연관된 있음을 벗어난다. 레비나스는 "얼굴이란 누구도 죽일 수 없는 것이다" (*Ethics and Infinity* 100)라는 선언으로 얼굴의 형이상학을 종결시킨다.

성스러움(the Good)

자크 데리다(Jacques Derrida)는 나 자신을 말하는 주체를 자유와 유일성과 책임의 관점에서 보며, 그럼으로써 주체는 자아로서 타자 앞에 서게 된다고 주장한다. 그는 타자는 무한한 타자성의 관계로서 그의 "무한한 성스러움"(infinite goodness)은 죽음의 선물에 다름 아닌 체험을 수용한다고 말한다(*the Gift of Death* 3). 죽음의 선물은 나로 하여금 초월적 타자와의 관계, "자아를 지우는 성스러움"(selfless goodness)의 관계로 밀어 넣는다는 것이다(6). 여기서 성스러움은 종교적 의미를 떠나 한 인간이 모든 경제적 이해관계를 떠나 타자를 자기 앞에 세우는 베풂의 행위이다. 비슷한 관점에서 레비나스는 "존재를 초월하는 것에 대한 끊임없는 욕망이 사심없음(disinterestedness)이며, 성스러움(the Good)에 대한 욕망이다"(This endless desire for what is beyond being is dis-interestedness, transcendence--desire for the Good)("God and Philosophy" 177)라고 말한다. 레비나스는 성스러움을 이렇게 규정한다.

> 성스러움은 현재로, 재현으로 들어설 수가 없다. 현재는 나의 자유에서 시작된다. 반면에 성스러움은 자유에서 제시되지 않는다. 성스러움은 내가 그것은 선택하기도 전에 나를 선택했다. 누구도 자발적으로 선, 성스러울 수 없다(타자에게 나를 죽이고 나를 내맡기는 것이다.

> The Good cannot become present or enter into a representation. The present is a beginning in my freedom, whereas the Good is not presented to freedom; it has chosen me before I have chosen it....No one is good voluntarily)(11)

레비나스는 플라톤에서 차용하여 존재를 초월한 성스러움(the good beyond being)을 그의 윤리학의 기초로 삼았는데, 여기서 그의 성스러움(goodness)의 개념은 오히려 거룩함(holiness)의 개념에 가깝다. 레비나스는 그의 타자철학에서 타자를 위해 전적으로 바치는 삶을 가장 지고한 인간의 운명으로 보며, 그것을 그리스어인 윤리와 혼용하여 사용한다(Catherine Chalier "Levinas and the Hebraic Tradition" 6)

대속(substitution)

레비나스는 기존의 동일성의 형이상학은 반 휴머니즘(anti- humanism)이라고 비판한다. 왜냐하면 인간을 목적으로 보지 않고 주체의 인식의 대상, 곧 착취의 수단으로 보기 때문이다. 레비나스의 타자철학은 I-ontology에서 me-ontology로 전환하며, 그는 이를 me-ontology로 명명한다. 그는 타자 대신 죽음의 불가능성, 이 불가능성을 가능하게 하는 것이 책임이고 대속(substitution)이라고 말한다. 레비나스는 타자에 의해 책임적 존재로 지정받아 내가 타자를 위해 선택된 존재로 세워지는 것을 대속이라고 한다. 레비나스는 이 책임은 절대적 타율성이고 나의 자유의 한계를 초월하기 때문에 무한책임이라고 부른다. 우리는 이 책임으로부터 도망칠 수 없으며 도망치려 하는 것은 윤리적 의미의 악이라고 볼 수 있다. 악에 반대되는 차원으로 선을 행하는 것은 타인을 환대하는 것이다. 대속은 책임을 완성한다. 대속은 실천적 행동으로 보여지는 것이 아니라 받아들이는 수동성이다. 대속은 자유 선택에 의한 것이 아니라 모든 이기주의와 이타주의를 초월한 자아의 종교적 성스러움화이다. 자신의 존재의 완전한 비움을 통해서만 가능하다.

코나투스와 정반대의 것이다. 대속은 타자의 짐을 지는 것을 의미한다. 이것은 자유선택이 아니기 때문에 이타주의와 관계없다. 대속의 선은 악의 정반대의 것이 아니라 존재와는 다르게(the otherwise than being)이다 (125). 여기서 존재는 생존경쟁에서 자기 위주의 삶을 사는 것을 의미한다. 타자에 대한 책임과 대속에서 주체의 윤리적 종결(ethical finality of a subject)이 시작된다. 대속하는 자는 자신의 죄 없음과 자기 의식적인 목적에 상관없이 다른 자를 대속하는 것이 자신의 소명이라고 느낀다.